古代歷史文化研究輯刊

二六編

王　明　蓀　主編

第7冊

北魏女主政治研究（上）

苗　霖　霖　著

國家圖書館出版品預行編目資料

北魏女主政治研究（上）／苗霖霖 著 -- 初版 -- 新北市：花
木蘭文化事業有限公司，2021〔民 110〕
序 8+ 目 6+206 面；19×26 公分
（古代歷史文化研究輯刊 二六編；第 7 冊）
ISBN 978-986-518-590-9（精裝）
1. 中國政治制度 2. 女性 3. 北朝史
618   110011818

ISBN-978-986-518-590-9

9 789865 185909

古代歷史文化研究輯刊
二六編 第 七 冊   ISBN：978-986-518-590-9

北魏女主政治研究（上）

作　　　者　苗霖霖
主　　　編　王明蓀
總 編 輯　杜潔祥
副總編輯　楊嘉樂
編　　　輯　許郁翎、張雅淋、潘玟靜　美術編輯　陳逸婷
出　　　版　花木蘭文化事業有限公司
發 行 人　高小娟
聯絡地址　235 新北市中和區中安街七二號十三樓
　　　　　　電話：02-2923-1455 ／傳真：02-2923-1452
網　　　址　http://www.huamulan.tw 信箱 service@huamulans.com
印　　　刷　普羅文化出版廣告事業
初　　　版　2021 年 9 月
全書字數　406000 字
定　　　價　二六編 32 冊（精裝）台幣 88,000 元

北魏女主政治研究(上)

苗霖霖 著

作者簡介

苗霖霖，女，1982 年 6 月生，黑龍江省哈爾濱市人，歷史學博士，黑龍江省社會科學院副研究員，碩士研究生導師、研究室副主任。從事東北古代史及北方民族史研究，主持國家社科基金一項，省社科基金三項，院青年課題二項，參與國家級和省級社科基金項目多項。出版學術專著四部，在《中國社會科學報》、《古代文明》、《史林》、《社會科學戰線》、《學術交流》、《唐都學刊》等學術刊物發表學術論文 30 餘篇，並有一篇論文被人大報刊資料全文轉載。其學術成果中一篇論文和一部專著分獲黑龍江省社科優秀成果三等獎，一篇論文獲黑龍江省社會科學優秀成果佳作獎，一篇論文獲哈爾濱市社會科學優秀成果二等獎，一篇論文獲齊齊哈爾市社會科學優秀成果三等獎，並有一篇論文獲黑龍江省社會科學學術年會優秀論文一等獎。

提　　要

　　北魏是由鮮卑族建立的政權，由於受到鮮卑族傳統的影響，女性在北魏有著較高的社會地位，尤其是在部落制時代「母強子立」繼任模式影響下，鮮卑族一直存在著母子關係優於夫妻關係的傳統，這也造就了北魏的皇太后不僅能夠統管後宮，更能夠插手前朝，甚至臨朝稱制的現象。

　　本書將出土文獻與史書記載相結合，首次通過對北魏臨朝的皇太后以及統管後宮的皇后和嬪妃的行為方式、政治布局、家族脈絡等分析，展現了女主政治在北魏的發展狀況。全書共分為十個章節，從女性的社會地位、行為特徵和家庭問題等方面入手，分析了宮廷女性的結構、貴族女性的等級以及平民女性的特徵等內容。駁斥了傳統認識中的女禍論，提出了女主政治的優劣不由其性別決定，而是受到他們文化水平和執政能力的影響。同時也指出，女主政治對於促進女性家庭地位的提升和文化素養的提高也有著積極的作用。

本書稿為國家社科基金一般項目
「中古鮮卑拓跋氏士族化進程研究」
階段性成果（項目號：19BZS056）

序　言

　　「女主政治」一般是指男性君主的母親、妻子等人直接或間接參與或干預國家政治，並對國家政局走向產生影響的治理方式。我國古代的女主政治自政權產生之時就已出現，並都曾或多或少的對國家政局產生影響，最終使「女主政治」成為我國古代社會特有的政治歷史現象。

　　杜芳琴教授指出：女主政治是男性政權的調節和補充，又是宗法制度和尊母傳統的產物。在儒家文化氛圍較濃或國勢較弱甚至偏安一隅的漢人政權中，女主都較循規蹈矩、克己奉守。而在少數民族建立的政權和受少數民族風習影響較大的漢人政權，女主由於受到的束縛與禮教習染較少，其自決權相對大些。[註1] 這也造成少數民族政權中，女主政治的影響也相對較大。北魏、遼、金以及元朝都曾出現過女主政治。其中女主統治時間最長、影響最大、頻度最高的當屬北魏。

一、研究意義與目的

　　北魏終結了東晉十六國以來的北方混戰局面，形成了與南朝政權的對峙之勢，也實現了北方地區的統一與穩定。由於北魏的建立者鮮卑貴族在國家建立前一直處於游牧生活之中，不僅沒有形成穩定的都城，官員的任用和國家制度等方面也大都沿用行國時期的官職體系。此時的北魏皇帝一方面忙於對外征戰，鞏固和擴張領土，另一方面也著力改變母族部落過度干預最高權力傳承等部落體制的弊端。於是，「子貴母死」制度便在北魏後

〔註 1〕杜芳琴：《中國古代女主政治論略》，《山西師大學報》（哲學社會科學版），
　　　　1993 年第 2 期，第 82～86 頁。

宮出現，並長時間充當著抑制新君生母參與朝政的角色，但這一制度的弊端也在該制度出現不久便已顯現，即一方面，后妃對於生育熱情不高，皇子頻繁幼年夭折；另一方面，新君的嫡母和保母取代了其生母的角色，也開始染指，甚至控制朝政。

隨著北魏國內漢族士人的增多和漢族文化的引入，最終實現了制度的完善和文化的提升。北魏前期的各項制度大都是在延續漢晉舊制、參考南朝制度的基礎上，結合了鮮卑民族自身特色而制定的。尤其是在鮮卑族長期存在的女性有著極高的社會地位、主導家庭事務習俗的影響下，使北魏政權中的女性不僅有著極強的參政熱情，更通過自身的努力實現了臨朝參政。

在我國古代政權中，最高統治者是天子，「天子之妃曰后。」〔註 2〕由於天子又稱為王，天子之妃也有了王后之稱。秦始皇統一六國後，認為「名號不更，無以稱成功，傳後世。」〔註 3〕遂將天子的稱呼由「王」改為「皇帝」，其配偶也隨之由「王后」改為「皇后」。皇后作為皇帝嫡妻的稱號也隨之確立，並逐漸擁有了「明配至尊，為海內小君」〔註 4〕的社會地位。

雖然在封建國家中，皇后的地位遠低於皇帝，但其也由於與最高統治者——皇帝間的夫妻關係而在政治等級和社會地位上都要高於其他任和臣屬。同時，皇后還可以也借助皇帝至高無上的權威，與官僚集團和社會民眾間形成了名義上的「君臣」關係，並使皇后有了能夠參與國家事務的法律權威，並為其參與國家政務提供了可能性。

在北魏建立前，鮮卑族領袖「世崇儉質，妃嬪嬪御，率多闕焉，惟以次第為稱。」〔註 5〕並無明確的等級區分，母族背景成為領袖諸子繼任與否的重要決定因素，並最終形成了「母強子立」的繼位模式，也導致了鮮卑族中母子關係優於夫妻關係的傳統。在北魏建立後，為了降低新君生母和母族對朝政的干預和影響，道武帝通過「子貴母死」制，在皇位傳承中刻意去除了生母對新君的影響，最終也造成了北魏新君在既無尊嫡母之習俗、亦無生母之在世的情況下，將情感寄託在對其有撫育之恩的保母身上，

〔註 2〕《十三經注疏》第六《禮記正義》卷五《曲禮下》，中華書局，1980 年，第 1267 頁。

〔註 3〕《史記》卷六《秦始皇本紀》，中華書局，1963 年，第 236 頁。

〔註 4〕《十三經注疏》第六《禮記正義》卷五《曲禮下》注引《白虎通·嫁娶篇》，中華書局，1980 年，第 1267 頁。

〔註 5〕《魏書》第一三《皇后列傳》，中華書局，1974 年，第 321 頁。

進而造成了保母登位皇太后的後果。

　　保太后的登位和參與朝政為日後北魏皇太后的登位奠定了基礎。此後，隨著北魏漢化的推進，漢族政權內「孝」的觀念逐漸在北魏蔓延，加之此時皇后制度也已經建立並日趨完善，皇太后的地位也隨之得到了凸顯。

　　此外，我國古代社會中既有賤視婦女的偏見，又有尊崇母親的傳統。由此也造成了我國古代社會中沒有形成女權和妻權，但卻有禮制完備尊崇母權傳統，這一傳統主要建立於古代社會中「以孝治天下」的執政理念之中。加之我國古代政權的皇權傳遞中一般以血緣親疏關係為主要依據，按照「父死子繼」的方式進行傳遞，繼任者的年齡、智力與能力對繼任與否的影響較小，甚至很多時候還會出現稚子繼任的現象。在幼主繼位不具備執政能力的情況下，皇太后以母后身份代替兒子實行統治，更具備不容置疑的合法性與正當性。

　　自文成帝時期以來，北魏君主頻頻早逝，年幼的太子「成績大統」給「母后攝政」提供了最便利的條件。〔註6〕相比較於父子之間更類似於正式責任的關係而言，母子關係則「更富有情感，更私有，並且更親密」。〔註7〕加之在傳統的「孝道思想」影響下，新君對於有著「母親」身份的皇太后（無論是生母還是嫡母）都有盡孝的義務，這也為皇太后對於政治發表意見，甚至直接參與國家治理提供了文化和道義上的合法性支撐，最終造成「君主在父親死後尊重和秉承母后的意志，身為臣子的官員尊重母后對國事的發言權，從而為母權提供了道義上的合法性，為母后干政打開了一個缺口」〔註8〕。

　　皇太后作為新君之母，無論是生母還是嫡母，都使她的社會地位很大程度上脫離了皇帝制度所規定的，只有皇帝才是「最高權力所有者」的基本理念，也使她的社會地位反而居於皇帝之上。因此，皇太后對政治的參與不僅不會被認為「僭越」，反而還會受到整個社會的推崇與尊重。由於皇太后的臨朝不僅能夠實現自身的政治抱負，更能為家人乃至親族帶來榮耀和利益。因而，北魏女性不僅有著參政的熱情，甚至還會頻頻為了參與國

〔註6〕楊知勇：《家族主義與中國文化》，雲南大學出版社，2000年，第177頁。
〔註7〕董慕達：《中國戰國和漢朝時期的母子關係》，收于伊佩霞、姚平主編《當代西方漢學研究集粹・婦女史卷》，上海古籍出版社，2012年，第29頁。
〔註8〕張星久：《母權與帝制中國的後妃政治》，《武漢大學學報》，2003年第1期，第41～51頁。

－序3－

政、實現自身價值，而對後宮乃至前朝官員都進行刻意的安排和布局，甚至還會刻意安排家族成員成為新君的皇后和嬪妃，從而保證家族利益長盛不衰，也保證了自己能夠順利控制朝廷和後宮勢力，並最終造就了北魏外戚家族勢力的過度擴張，也對國家的發展產生了重要的影響。

女主政治在北魏的出現和延續，皇太后能夠以合法的身份躋身最高權力層，與其說與傳統的鮮卑婦女地位有關，不如說與鮮卑民族習俗和漢族文化傳統息息相關。女性執政能力的高低也由其個人能力決定，而不是由其性別所決定。

文成文明皇后馮氏和宣武靈皇后胡氏是北魏歷史上最著名的兩位臨朝主政的皇太后，雖然她們一為新君嫡母（後為祖母）、一為新君生母，二人不僅掌握了國家的實際權力，更通過自身的素質和能力，將北魏的發展軌跡帶向了兩個相反的方向。其中馮太后在位時期是北魏的黃金時代，她對北魏的貢獻足以彪炳史冊；胡太后則一手摧毀了前代君主的繁盛局面，造成了北魏的動盪與衰亡。因而，對待女主執政，不應將關注點集中於她們的性別和作風，應該關注於她們的素質、能力和對國家的貢獻，這樣才能在實際上破除了對女性執政的偏見，給予女性政治家以公正的評價。

二、相關研究成果

在北魏社會中，女性有著極高的社會地位，尤其是在傳統「母強子立」的繼位模式影響下，女主臨朝的現象多有出現，這也引起了學者的注意，形成了較豐富的研究成果，為本書提供了有益的思路提示和方向參考。其代表性成果主要有：

米莉先生的《帝制中國的女主與政治——關於女性統治的合法性探析》〔註9〕指出在帝制時代，女主們曾經獲得了代替男性君主進行統治的「公開」、「正式」的政治權力與一定程度上的統治合法性，並對整個帝國的政治體系、文化傳統和性別秩序產生了深遠的影響。古代君主「一元統治理念」和「家天下」體制，也在客觀上賦予了女主們參與政治事務的外在機緣與制度保障。但是在「女禍論」的形成和盛行之後，輿論試圖將女性統被排擠於政治領域之外，為女主執政創造了極大的困難。杜芳琴先生的《中

〔註 9〕 米莉：《帝制中國的女主與政治——關於女性統治的合法性探析》，中國社會科學出版社，2009 年。

國古代女主政治略論》〔註10〕指出女主政治是中國封建社會特有的政治現象。皇帝的母、后、妃常常以各種不同的方式直接或間接參與其最高權力的交接與分配。這種狀況的產生與發展，與封建社會最高統治層的婚姻狀況、權力結構以及一定的社會文化風氣息息相關。朱子彥先生的《帝國九重天——中國後宮制度變遷》〔註11〕對皇后的等級與地位進行了論述，說明皇后名稱的來源及其統轄後宮、輔助天子的責任，並指出皇后與嬪妃之間既是妻妾關係，又是君臣關係，這就注定了她們不同的地位與權利。此外，該書還對后妃、女官的來源、命運以及後宮禮儀制度、喪葬制度等方面的內容都進行了系統的論述，對本文的論述有著重要的參考價值。以上成果著眼於古代女主政治特徵與後宮制度的建立與演變，探討了古代女主政治形成的社會原因和歷史背景。

　　北魏的佛教信仰極為興盛，不僅社會中多有女性出家，後宮女性也都是虔誠的佛教信徒，尤其是在女性主政的時期，更將佛教推向了一個新的高度，對此學者也有所關注和研究。陳開穎先生的《性別、信仰、權力——北魏女主政治於佛教》〔註12〕指出北魏女主的活躍與這一時期社會動盪、民族融合、文化交流的時代大背景息息相關，同時女主政治與佛教的交和關係幾乎貫穿了北魏歷史，成為北魏歷史的一個顯著特徵，並為後世留下了珍貴的佛教資料。許智銀先生的《論北魏女性出家為尼現象》〔註13〕對北魏女性出家現象進行了較為完整的闡述，並通過對北魏女性出家者的社會類別、出家原因的論述，說明北魏女性出家對整個社會的影響。夏毅輝先生的《北朝皇后與佛教》〔註14〕以及苗霖霖先生的《北魏后妃出家現象初探》〔註15〕指出北魏佛教興盛，僧尼人數眾多，而且出現了眾多后妃捨

〔註10〕杜芳琴：《中國古代女主政治略論》，《山西師大學報》（社會科學版），1993年第 2 期，第 82～86 頁。

〔註11〕朱子彥：《帝國九重天——中國後宮制度變遷》，中國人民大學出版社，2006年。

〔註12〕陳開穎：《性別、信仰、權力——北魏女主政治於佛教》，鄭州大學出版社，2017 年。

〔註13〕許智銀：《論北魏女性出家為尼現象》，《許昌師專學報》，2001 年第 6 期，第 43～45 頁。

〔註14〕夏毅輝：《北朝皇后與佛教》，《學術月刊》，1994 年第 11 期，第 65～73 頁。

〔註15〕苗霖霖：《北魏後妃出家現象初探》，《古代文明》，2011 年第 1 期，第 72～76 頁。

身寺院、出家為尼的現象。雖然她們出家的原因各異，但卻對北魏社會產生了巨大影響，不僅帶動了這一時期女性出家的風尚，而且還造成了寺院裝飾奢華、僧尼生活腐化，一些寺廟還成為男性安置妻妾的場所，導致了寺廟風氣和戒律敗壞。

皇后是皇帝的嫡妻，也是法理上國家地位最高的女性，一直都受到學者的關注，尤其是對於女主頻現的北魏，關於其皇后的研究一直都是學者的主要關注點。王曉衛先生的《論文明太后族屬及所受教育》〔註 16〕、李憑先生的《北魏兩位高氏皇后族屬考》〔註 17〕兩篇文章分別論述了馮太后以及兩位高氏皇后的族屬問題，從中我們可以瞭解到馮氏與高氏兩位都是來自十六國時期北魏以外政權的女子，這也反映出北魏后妃選拔中並無民族芥蒂。李憑先生的《北魏龍城諸后考實》〔註 18〕闡述了生活於龍城的常氏、高氏以及祖籍於龍城的馮氏等幾位皇太后相互輔助、提攜，最終形成了對北魏影響巨大的常氏、馮氏以及高氏三大外戚集團。他還指出：北魏從興安元年（452 年）常氏被尊為保太后開始，至延昌四年（515 年）宣武皇后高氏被迫出家為止，六十四年間先後有六位皇后出身於此。可以說，在這一歷史時期內，北魏已經形成了一個勢力龐大的龍城皇后集團，對北魏歷史的發展產生了巨大的影響。康樂的《文明太后及其時代》〔註 19〕通過對馮太后執政的分析，認為中古時期女主頻繁掌權有其文化、民族及政治背景，即傳統倫理價值體系接替、北亞游牧民族風習及女主因與皇帝親近而有援引帝權的便宜等諸多因素有關。

「子貴母死」制度是北魏歷史上影響較大且獨具特色的制度，對此學者也進行過較多的關注和研究。田餘慶先生的代表作《拓跋史探》〔註 20〕不僅對北魏建立以前諸帝后妃的部族背景進行了介紹，書中還對北魏王朝後宮中實行的「子貴母死」制度進行簡要的說明，可視為對這一課題研究

〔註 16〕王曉衛：《論文明太后族屬及所受教育》，《歷史教學》，1998 年第 1 期，第 11～15 頁。

〔註 17〕李憑：《北魏兩位高氏皇后族屬考》，收於《北朝研究存稿》，商務印書館，2006 年。

〔註 18〕李憑：《北魏龍城諸後考實》，《歷史研究》，2007 年第 3 期，第 20～32 頁。

〔註 19〕康樂：《北魏文明太后及其時代》，收於氏著《從西郊到南郊——國家祭典與北魏政治》，稻香出版社，1995 年。

〔註 20〕田餘慶：《拓跋史探》，三聯書店，2003 年。

的開山之作。李憑先生的代表作《北魏平城時代》〔註21〕對北魏後宮中實施的「子貴母死」制度進行了系統的論述，指出了北魏前期與中期該制度性質與作用的變化，並說明其對北魏王朝所產生的消極影響，以及北魏後期該制度消亡的合理性。

此外，有關北魏後宮中「子貴母死」制度相關的論文還有李憑先生的《北魏子貴母死故事考述》〔註22〕、謝寶富先生的《北魏後庭制度的兩個問題》〔註23〕、崔廣彬的《北魏「立子殺母」制度考證》〔註24〕、謝斌先生的《淺析胡太后從「立子殺母」制度中幸免的原因》〔註25〕、鄒清泉先生的《「子貴母死」與北魏中晚期孝風驟盛及孝子圖的刻畫》〔註26〕和李靜飛先生的《淺議北魏「子貴母死」制度的原因》〔註27〕等，以上各位先生從不同的角度對「子貴母死」制進行了考證，說明了該制度的施行對北魏歷史發展產生的影響。

與中原王朝一樣，北魏後宮中也存在著為皇太后、皇后以及嬪妃生活服務的女官和宦官，這些人負責管理宮女，照料皇帝、后妃們的生活。學者對於北魏後宮官員的研究以女官研究為主。周文英先生的《略論中國古代的女官制度》〔註28〕，對中國古代女官制度的產生、發展以及演變進行了論述，從中我們可以瞭解到古代女官制度的整體狀況以及女官制度對國家政治生活的影響。蔡幸娟先生的《北朝女官制度研究》〔註29〕，對《魏書》以及出土墓誌中提及的女官的名號及職掌進行了細緻的考察，並指出

〔註21〕李憑：《北魏平城時代》，社會科學出版社，2000年。
〔註22〕李憑：《北魏子貴母死故事考述》，《山西大學學報》，1990年第1期，第69～74頁。
〔註23〕謝寶富：《北魏後庭制度的兩個問題》，《青海社會科學》，1997年第5期。
〔註24〕崔廣彬：《北魏「立子殺母」制度考證》，《北方文物》，1997年第1期，第74～80頁。
〔註25〕謝斌：《淺析胡太后從「立子殺母」制度中倖免的原因》，《廣西右江民族師專學報》，2005年第5期，第61～63頁。
〔註26〕鄒清泉：《「子貴母死」與北魏中晚期孝風驟盛及孝子圖的刻畫》，《文藝研究》，2006年第10期，第132～138頁。
〔註27〕李靜飛：《淺議北魏「子貴母死」制度的原因》，《內蒙古農業大學學報》，2009年第2期，第369～370頁。
〔註28〕周文英：《略論中國古代的女官制度》，《遼寧大學學報》，1996年第3期，第56～60頁。
〔註29〕蔡幸娟：《北朝女官制度研究》，《國立成功大學歷史學報》，1998年第6期，第175～213頁。

了《魏書》、《北史》中女官名號記載的不同。

　　北魏後宮中的宦官也有著重要的作用，尤其是在女主執政時期，女官和宦官的任用更空前的增加，尤其是宦官更對女主統治起到了重要的幫扶作用，相關研究成果主要有：陳連慶先生的《北魏宦官的出身及其社會地位》〔註 30〕對北魏宦官的來源、出身及其在社會中的政治、經濟地位進行了系統的論述，說明了北魏宦官集團勢力發展對北魏社會的影響。冷東先生的《試論北魏宦官制度》〔註 31〕對宦官的來源、文化程度、官職等方面內容進行了論述，說明了北魏時期宦官制的特點及其社會地位，以及宦官對北魏社會產生的影響。

　　自道武帝建國至孝武帝出關，北魏共歷經十三帝，而其中能夠直接或間接參與國家事務的皇太后便有六位，女性在北魏參政的比例較前代有著明顯的提高，但史書和學者的研究中仍對於這些帝王的關注較多，對於影響朝政乃至臨朝的「女主」的關注嚴重不足。尤其是對於女主執政期間輔政官員的任免、外戚家族的發展、國家政治的走向、女主的歷史功過等問題，更鮮少有學者關注和研究。

　　由於女主政治不僅是北魏皇權統治的輔助，更直接影響了北魏歷史的發展，通過分析北魏女主政治的特徵，探討其對隋唐時期女主政治的影響，分析由北魏時期母子一體「並稱二聖」，到唐朝的夫妻一體「並稱二聖」的變化對於女性稱帝的影響，並由此揭示出鮮卑族在我國古代民族和文化融合中的作用，這也成為本書成為的重要目的。

〔註 30〕陳連慶：《北魏宦官的出身及其社會地位》，《東北師大學報》，1983 年第 6
　　　　期，第 91～98 頁。
〔註 31〕冷東：《試論北魏宦官制度》，《汕頭大學學報》，1988 年第 1 期，第 17～20
　　　　頁。

目

次

第一章 鮮卑女性的社會地位與權力意識

　　北魏是北方游牧民族鮮卑族的拓跋部建立的政權，由於國家建立之初，拓跋部剛剛脫離部落聯盟體制，在奴隸制發展尚不成熟時就已步入了封建社會的行列之中。鮮卑族部落制時代，婦女在家庭和社會中佔有重要的地位，受此習俗影響，女性在北魏社會中也有著較高的地位。雖然隨著北魏漢化的演進，女性的社會地位受到了一定的抑制，但也仍高於同一時期的其他政權。

第一節 北魏女性的社會地位

　　鮮卑族早期一直實行著部落外婚，其部落中的女性都來自其他部落，從而造就「母有族類，父兄以已為種」[註1]，為了防止由於女性的死亡而引發其母家部落的報復，「其性悍驚」的鮮卑人對女性卻有著較多的尊重和保護，進而在鮮卑族中形成了「怒則殺父兄，而終不害其母」[註2]的社會傳統。這也在鮮卑社會中造就了女性有著極高社會和家庭地位，並最終形成「其俗從婦人計，至戰鬥時，乃自決之」[註3]的傳統和風俗。由於北魏的建立者拓跋

〔註 1〕《三國志》卷三〇《烏桓鮮卑東夷列傳・烏桓傳》注引《魏書》，中華書局，1964 年，第 832 頁。

〔註 2〕《三國志》卷三〇《烏桓鮮卑東夷列傳・烏桓傳》注引《魏書》，中華書局，1964 年，第 832 頁。

〔註 3〕《三國志》卷三〇《烏桓鮮卑東夷列傳・烏桓傳》注引《魏書》，中華書局，1964 年，第 832 頁。

部是鮮卑族中漢化較晚的一個部落，鮮卑族中的傳統在北魏建國之初基本都得到了保留，這也造成北魏女性一直有著較高的家庭和社會地位，這種地位在女性生活的方方面面都有所體現。

一、女性婚姻的自主與自由

北魏國內有鮮卑、烏桓、匈奴、高車以及漢族等眾多民族存在，其中尤其以鮮卑族和漢族人數最多。從民族特徵和習俗上看，北魏國內除漢族以外，其他民族大都是游牧民族，這些民族中女性也大都有著較高的社會地位。在北魏建立後，女性也基本維持著傳統地位，漢族女性受此影響，也與鮮卑女性擁有者相似的社會和家庭地位，這也造成整個北魏王朝各民族女性有著較高的地位，其最主要、最直接的表現便是北魏女性有著較大的婚姻自主權。

（一）婚俗體現

鮮卑女性在婚姻方面與漢族女性有著明顯的差異，她們沒有漢族家庭中以「父母之命，媒妁之言」為表現形式的婚俗，可以自由選擇婚姻對象。鮮卑女性甚至還可以對愛情進行大膽的追求，其「處女歌謠云：「求良夫，當如倍侯。」〔註4〕倍侯利也一度成為鮮卑女性理想的伴侶。關於倍侯利的生平和品行，《北史》卷九八《高車傳》有載稱：

> 蠕蠕社崙破敗之後，收拾部落，轉徙廣漠之北，侵入高車之地。斛律部帥倍侯利患之，曰：社崙新集，兵貧馬少，易與耳！」乃舉眾掩擊，之其國落。……社崙登高望見，乃招集亡散得千人，晨掩殺之，走而脫者十二三。倍侯利遂奔魏，賜爵孟都公。侯利質直，勇健過人，奮戈陷陣，有異於眾。北方人畏之，嬰兒啼者，語曰：「倍侯利來！」便止。處女歌謠云：「求良夫，當如倍侯。」其服眾如此。善用五十著筮吉凶，每中，故得親幸，賞賜豐厚，命其少子曷堂內侍。及倍侯利卒，道武悼惜，葬以魏禮，謚曰忠壯王。

倍侯利是高車斛律部部帥，在柔然「社崙破敗之後，收拾部落，轉徙廣漠之北，侵入高車之地。」〔註5〕倍侯利乃率部「乃舉眾掩擊，之其國落。」〔註6〕

〔註4〕《北史》卷九八《高車傳》，中華書局，1974年，第3272頁。
〔註5〕《北史》卷九八《高車傳》，中華書局，1974年，第3272頁。
〔註6〕《北史》卷九八《高車傳》，中華書局，1974年，第3272頁。

由於高車與早期的鮮卑族一樣「無都統大帥,當種各有君長。為性粗猛,黨類同心,」〔註7〕這也使他容易取得鮮卑女性的敬仰和認同。只是由於此時的高車無力徹底消滅柔然,未能取得成功,但倍侯利的勇猛行為也得到了當時北方社會的敬畏和認可,以至於「北方人畏之,嬰兒啼者,語曰:『倍侯利來』便止。」〔註8〕雖然倍侯利最終還是被柔然打敗,只得率領所部投奔北魏,但他洞察時局的眼界和勇猛過人的戰鬥力,也使他成為當時鮮卑女性理想的伴侶,並且還勇於通過詩歌直接表達出來。

在婚俗方面,在北方民族的原始婚俗中保持著女性的自主權和財產權,高車族「婚姻用牛馬納聘以為榮,結言既定,男黨營車闌馬,令女黨恣取上馬,衵乘出闌,馬主立闌外,振手驚馬,不墜者即取之,墜則更取,數滿乃止。」〔註9〕這種婚姻形式也使鮮卑女性不僅有著不受干擾的自主選擇權,更由於男性需要給付女性較大數額的聘禮,而使女性在家庭中有著一定的經濟自主權,進而保證了她們在家庭中的地位。

鮮卑族也有類似的婚俗,男性不僅要支付聘禮,並且在締結婚姻之後,還要到女方家進行勞作,以此表達對女方親屬的敬重和補償。《三國志》卷三〇《烏桓鮮卑東夷列傳‧烏桓傳》注引《魏書》載:

> 嫁娶皆先私通,略將女去,或半歲百日,然後遣媒人送馬牛羊以為聘娶之禮。婿隨妻歸,見妻家無尊卑,旦起皆拜,而不自拜其父母。為妻家僕役二年,妻家乃厚遣送女,居處財物,一出妻家。故其俗從婦人計,至戰鬥時,乃自決之。父子男女,相對蹲踞,悉髡頭以為輕便。婦人至嫁時乃養髮,分為髻,著句決,飾以金碧,猶中國有冠步搖也。父兄死,妻後母執嫂;若無執嫂者,則己子以親之次妻伯叔焉,死則歸其故夫。

可見,在鮮卑族的婚俗中,男性不僅要向女方支付聘禮,更要在婚後到女方家服役兩年,才可以帶走妻子,特別是鮮卑男女可以相對而坐,漢族封建政權中婦女地位較低,這種現象是不可能出現的,這也是其女性地位的直接表現。

(二)再嫁自由

在漢族政權中,女性家庭和社會地位都相對較低,受到儒家文化的影

〔註7〕 《北史》卷九八《高車傳》,中華書局,1974 年,第 3271 頁。
〔註8〕 《北史》卷九八《高車傳》,中華書局,1974 年,第 3272 頁。
〔註9〕 《北史》卷九八《高車傳》,中華書局,1974 年,第 3271 頁。

響，國家倡導女性對待婚姻「從一而終」。與此不同，鮮卑女性有著較高的家庭和社會地位，且接受儒家思想較晚，儒家思想對其影響較小，加之受到北方戰亂造成的人口凋敝等社會因素影響，北魏社會中婦女再婚、再嫁現象十分普遍。

在北魏女性再嫁中，尤以公主的婚姻最引人注目，爭相贏取公主的現象在北魏也屢見不鮮。《魏書》卷一三《皇后列傳·孝文幽皇后馮氏傳》載：

> 彭城公主，宋王劉昶子婦也，年少嫠居。北平公馮夙，後之同母弟也，後求婚於高祖，高祖許之。公主志不願，後欲強之。婚有日矣，公主密與侍婢及家僮十餘人，乘輕車，冒霖雨，赴懸瓠奉謁高祖，自陳本意，因言後與菩薩亂狀。高祖聞而駭愕，未之全信而秘匿之，惟彭城王侍疾左右，具知其事。

《魏書》卷六三《王肅列傳》又載：

> 王肅，字恭懿，琅邪臨沂人，司馬衍丞相導之後也。……父奐及兄弟並為蕭賾所殺，肅自建業來奔，是歲，太和十七年也。……高祖崩，遺詔以肅為尚書令，與咸陽王禧等同為宰輔，微肅會駕魯陽。……詔肅尚陳留長公主，本劉昶子婦彭城公主也，賜錢二十萬，帛三千匹。

彭城公主本南朝宋降附宗親劉承緒的妻子，在劉承緒死後，公主在寡居，孝文幽皇后馮氏的同母弟馮夙想要求娶，並得到了孝文帝和幽皇后的許可，但是彭城公主自己卻不願意，於是幽皇后趁孝文帝外出征戰之時，強令二人成婚，但卻遭到公主激烈的反抗，不僅最終婚事作罷，更直接導致了她對孝文帝舉報了幽皇后私通之事，造成了幽皇后失寵。孝文帝逝世前留下遺詔，改封彭城公主為陳留公主，將其賜婚於漢人宰輔王肅，獲得了雙方的許可。

孝文帝逝世後，宣武帝繼任，陳留公主也以帝姑的身份進封陳留長公主。但不幸的是，就在宣武帝繼位的第二年，即景明二年（501年），王肅也英年早逝，陳留長公主再度寡居。她的婚姻也再度為朝臣所關注。《魏書》卷六四《張彝列傳》載：

> 時陳留公主寡居，彝意願尚主，主亦許之。僕射高肇亦望尚主，主意不可。肇怒，譖彝於世宗，稱彝擅立刑法，勞役百姓。詔遣直後萬二興馳驛檢察。二興，肇所親愛，必欲彝深罪。彝清身奉法，求其愆過，遂無所得。見代還洛，猶停廢數年，因得偏風，手腳不

便。然志性不移，善自將攝，稍能朝拜。

在陳留長公主寡居後，張彝和高肇都想要與公主成婚，只是公主更中意張彝，於是高肇便企圖以誣陷的方式構害張彝，以達到迎娶公主的目的，雖然最終未能實現，但也阻止了二人婚事的締結。

如果說陳留公主雖然多次寡居，但也仍為多人爭相迎娶，更多的是出於她公主身份的考量，那麼，社會普通寡婦再嫁則更能代表整個北魏社會的習俗和風尚。《北史》卷一六《道武七王列傳‧河南王曜傳》傳：

> 初，和聘乙氏公主女為妃，生子顯，薄之，以公主故，不得遣出。因忿，遂自落髮為沙門。既不幸其母，乃捨顯，以爵讓其次弟鑒。

> 孝文崩後，和罷沙門歸俗，棄其妻子，納一寡婦曹氏為妻。曹氏年長，大和十五歲，攜男女五人，隨鑒至歷城，干亂政事。和與曹及五子七處受納，鑒皆順其意，言無不從。於是獄以賄成，取受狼籍，齊人苦之，鑒名大損。

道武帝玄孫元和曾與公主聯姻，當二者婚後不睦，而元和又不能與公主離婚，於是只能以出家的方式擺脫家庭困擾。直至孝文帝逝世後，元和才得以還俗，並娶寡婦曹氏為妻。曹氏嫁於元和時還帶著她與前夫所生的五個孩子，這也反映出當時社會對於寡婦再嫁的接納與寬容。

從以上這些記載不難看出，寡婦再嫁已經得到了北魏社會的認可，上至宗室貴族，下至普通平民女性，都有再嫁的行為。可以說，在當時的社會認知層面，女人不以守寡為榮，男人也不以娶之為辱。這種思想風尚，直接推進了國家婚姻的數量，促進了北魏人口的增長。

（三）善妒成風

在夫妻關係上，在儒家思想的影響下，中原政權中的女性大都依附於男性生存，無論是妻子還是女兒，在家庭中的地位都比較低，即使丈夫要納妾，作為妻子也不可以提出異議。但在北魏社會中，由於鮮卑族女性有著較高的社會地位，加之北魏建立後形成了「鄴下風俗，專以婦持門戶」〔註10〕的社會風俗，造成北魏社會中女性「悍妒」成風，上至皇室貴胄下至平民百姓，家庭中都有「悍妒」女性的身影，她們對於丈夫的納妾的行為一般都會給予了

〔註10〕《顏氏家訓集解》卷一《治家篇》，中華書局，1996 年，第 48 頁。

強烈的反對。如鮮卑貴族長孫承業妻子的羅氏「年大承業十餘歲，酷妒忌。承業雅相敬愛，無姬妾。」〔註11〕這段材料在強調長孫承業與羅氏互敬互愛的同時，也對羅氏善妒行為進行了說明，由此看來，與其說長孫承業無姬妾源於他與羅氏的感情，不如說是在羅氏嫉妒下，才造成了長孫承業只有羅氏一妻。

針對女性的善妒，一些男性也表達出了不滿，最終導致夫妻失和現象在北魏社會中也屢見不鮮。《北史》卷八〇《外戚列傳·胡國珍傳》載：

> （胡）長粲性溫雅，在官清潔。但始居要密，便為子叔泉取清河王崔德儉女為妻。在晉陽處分，用妻弟王逖與德儉對為司徒主簿，時論以此譏之。又性好內，有一侍婢，其妻王驕妒，手刺殺之，為此忿恨，數年不相見。親表為之語曰：「自我不見，于今三年。」後納妾李氏，仍與王氏別宅，亦無朝拜之禮。婺婦公孫氏也，已殺三夫，長粲不信，強取之，令與李氏同住，未期而亡。

胡長粲是胡國珍兄胡真的玄孫，其乃安定胡氏外戚家族成員，其妻則出自漢人世族清河崔氏，二人家族門第相當，但由於崔氏善妒並殺胡長粲的侍婢，導致了二人間夫妻的關係惡化並最終分居。或是由於受到崔氏的激烈反對，亦或是受到崔氏擅殺侍妾事件的影響，胡長粲最終也未能在家中納妾，而是與妾李氏單獨居住。

雖然胡長粲妻崔氏由於善妒而導致夫妻分居，但卻仍保持了正常家庭的表象，還有部分北魏女性更由於妒悍，直接失去了家庭。《魏書》卷五三《李孝伯列傳附李安世傳》載：

> 安世妻博陵崔氏，生一子瑒。崔氏以妒悍見出，又尚滄水公主，生二子，謐、郁。……瑒叔倜有大志，好飲酒，篤於親知。……與弟謐特相友愛，謐在鄉物故，瑒慟哭絕氣，久而方蘇，不食數日，暮年之中，形骸毀悴。人倫哀歎之。

李安世出身頓丘李氏家族，其妻亦出於與其門第相當的博陵崔氏家族，二人育有一子，但是由於崔氏妒悍而導致夫妻失和，她也由此被丈夫所出。此後李安世再娶滄水公主，再生二子。雖然崔氏被棄，但她所生的兒子卻與公主的兒子相處和諧，也成為當時難能可貴的佳話。

北魏女性的悍妒行為遍及社會各個階層，即便是在後宮中也不可避免。

〔註11〕《北史》卷二二《長孫道生傳附長孫承業傳》，中華書局，1974年，第815頁。

如孝文幽皇后馮氏「及至，寵愛過初，專寢當夕，宮人稀復進見。拜為左昭儀，後立為皇后。」〔註12〕宣武皇后高氏「性妒忌，宮人希得進御。……世宗暮年，高后悍忌，夫人嬪御有至帝崩不蒙侍接者。由是在洛二世，二十餘年，皇子全育者，惟肅宗而已。」〔註13〕在馮氏和高氏的獨寵和善妒之下，孝文帝和宣武帝的子嗣都很少，這也直接造成了他們日後的皇位繼承危機。

在整個社會女性皆妒的社會風氣下，對於受到儒家文化影響的不妒之人，社會中也有著不同的認識。《魏書》卷二一《獻文六王列傳‧北海王詳傳》記載：

> 妃，宋王劉昶女，不見答禮。寵妾范氏，愛等伉儷，及其死也，痛不自勝，乃至葬訖，猶毀墳視之。表請贈平昌縣君。詳又烝於安定王變妃高氏，高氏即茹皓妻姊。

> 詳之初禁也，乃以烝高事告母。母大怒，……乃杖詳背及兩腳百餘下，自行杖，力疲乃令奴代。……詳苦杖，十餘日乃能立。又杖其妃劉氏數十，云：「新婦大家女，門戶匹敵，何所畏也，而不檢校夫婿。婦人皆妒也，獨不妒也！」劉笑而受罰，卒無所言。

北海王元詳的母親高氏本為獻文帝嬪妃，在元詳封王后，她也隨同兒子居住，進封為王國太妃。元詳的嫡妻劉氏出自南朝宋皇室後裔，在劉氏的默許下，元詳先娶妾范氏，後又以烝報婚俗娶了安定王元變妃高氏為妾。在高太妃得知兒子元詳的烝報婚行為後，甚為震怒，她指責元詳妻劉氏稱：「新婦大家女，門戶匹敵，何所畏也，……婦人皆妒也，獨不妒也！」〔註14〕這也足以說明女性悍妒已經成為整個北魏社會的共識，甚至還成為夫妻門第相當家庭中女性的普遍做法。

北魏舉國上下女性普遍悍妒的狀況，已經受到了國家的重視，並有人對此也提出了質疑。《魏書》卷一八《太武五王列傳‧臨淮王譚傳附拓跋孝友傳》記載其曾上書皇帝稱：

> 將相多尚公主，王侯亦娶后族，故無妾媵，習以為常。婦人多

〔註12〕《魏書》卷一三《皇后列傳‧孝文幽皇后馮氏傳》，中華書局，1974 年，第332 頁。

〔註13〕《魏書》卷一三《皇后列傳‧宣武皇后高氏傳》，中華書局，1974 年，第336頁。

〔註14〕《魏書》卷二一《獻文六王列傳‧北海王詳傳》，中華書局，1974 年，第560頁。

幸，生逢今世，舉朝略是無妾，天下殆皆一妻。設令人強志廣娶，
則家道離索，身事迍邅，內外親知，共相嗤怪。凡今之人，通無準
節。父母嫁女，則教之以妒；姑姊逢迎，必相勸以忌。持制夫為婦
德，以能妒為女工。

鮮卑族家庭中，嫉妒不僅成為女性的交流方式之一，也是父母對子女進行教
育的一項內容，女性也在這種社會氛圍中不自覺的接受，進而造成北魏社會
中多數家庭都能夠維持一夫一妻制的家庭模式，這也從一個側面體現了鮮卑
婦女在家庭中擁有較高的地位。但隨著漢化的不斷推行，儒家傳統思想逐漸
深入人心，雖然仍無法徹底改變女性善妒之風，但女性的不妒行為卻也得到
了社會的讚許，並以這種方式作為壓制女性善妒風氣的途徑，也使之成為史
書中對於北朝女性美德記載中重要的一項。《魏書》卷四〇《陸俟列傳附陸昕
之傳》載：

公主奉姑有孝稱，神龜初，與穆氏頓丘長公主並為女侍中。又
性不妒忌，以昕之無子，為納妾媵，而皆育女。公主有三女無男，
以昕之從兄道第四子子彰為後。

陸昕之出身鮮卑貴族丘穆陵氏家族，他以鮮卑世族嫡子身份襲爵，並「尚顯
祖女常山公主，拜駙馬都尉。」〔註15〕常山公主乃獻文帝女、孝文帝異母妹，
在孝文帝漢化改革中，她也在後宮中接受了漢族文化教育，她不僅有著較高
的文化素養，摒棄了善妒的鮮卑社會習氣，她還親自為陸昕之納妾以廣子嗣，
體現出了漢族社會女性婦德的要求。在陸昕之無子的情況下，她也沒有仿照
武威長公主的先例以自己的女兒襲爵，而是按照漢族的傳統方式為陸昕之在
家族內過繼子嗣繼承爵位，她的這些行為也得到了社會的認可和表彰。

在孝文帝漢化改革後，雖然悍妒仍然是女性的主流，但不妒忌的女性也
受到社會的讚譽。孝文廢皇后馮氏乃文成文明皇后的侄女，由於馮氏家族嫡
女的身份而被孝文帝封為皇后，隨後孝文帝將她的姐姐也接入後宮，並封為
左昭儀，馮皇后不僅失寵，更由於姐姐「輕后而不率妾禮。后雖性不妒忌，時
有愧恨之色。昭儀規為內主，譖構百端。尋廢后為庶人。」〔註16〕並出家瑤
光寺，開啟了她的新生命歷程。《魏書》卷九四《閹官列傳·王遇傳》載：

〔註15〕《魏書》卷四〇《陸俟列傳附陸昕之傳》，中華書局，1974 年，第 909 頁。
〔註16〕《魏書》卷一三《皇后列傳·孝文廢皇后馮氏傳》，中華書局，1974 年，第
　　　　332 頁。

> 廢后馮氏之為尼也，公私罕相供恤。遇自以常更奉接，往來祇
> 謁，不替舊敬，衣食雜物，每有薦奉。后皆受而不讓。又至其館，
> 遇夫妻迎送謁伏，侍立執臣妾之禮。

馮氏雖不妒忌，卻被善妒的姐姐構害而被廢，但她的品行也受到了社會的尊重。即便在出家後，她也得到了宦官王遇夫婦的尊敬和照顧，在他們的幫助下，廢皇后馮氏沒有過度的降低生活質量。

宣武順皇后于氏出身鮮卑貴族勿忸于氏家族，她入宮之初為貴人，「時年十四，甚見寵愛，立為皇后，謁於太廟。后靜默寬容，性不妒忌。生皇子昌，三歲夭歿。其後暴崩，宮禁事秘，莫能知悉，而世議歸咎於高夫人。」〔註17〕順皇后于氏雖然在後宮爭寵中被高氏暗害，但她「性不妒忌」也得到了當時社會的尊重，進而被史書記載。

北魏女性有著較高的家庭和社會地位，進而造就了她們豁達、直爽的性格，她們對待婚姻樂觀、勇敢的態度，並且敢於將心中所想直接表達出來，與東晉南朝婦女害羞、靦腆的性格形成了鮮明的對比，這種性格差異不僅僅源自民族和文化的差異，更重要的是來自社會地位的區別。

二、女性的社會交往自由

部落制時代的鮮卑女性，由於受到母系氏族傳統的影響以及部落外婚的實際，擁有著較高的社會地位。社會地位也直接影響和決定著她們的家庭地位，以致北魏女性有著較強烈的對外交往和參與政治的意識和熱情，並通過積極的對外活動獲取自我價值的實現。

（一）社交活動

我國古代社會中，女性一般依附於男性而存在，她們不僅不能夠與男性私自接觸，更不能夠參與家庭以外的活動，但北方民族卻由於大都處於游牧或漁獵社會，灑脫豁達的生活方式造就了她們開朗的性格，加之他們受到文化和禮教的束縛較少，因而女性與男性一樣參與社會交往的熱情受到一定程度上的保護。在鮮卑族建立政權後，雖然隨著漢化的推行，女性也逐漸受到了一定的禮教束縛，但卻較其他王朝要弱化很多，進而造成北魏女性參與社交活動較其他政權更為普遍和頻繁。《魏書》卷四八《高允列傳》載：

〔註17〕《魏書》卷一三《皇后列傳・宣武順皇后于氏傳》，中華書局，1974 年，第
　　　　 336 頁。

> 夫饗者，所以定禮儀，訓萬國，故聖王重之。至乃爵盈而不飲，
> 肴乾而不食，樂非雅聲則不奏，物非正色則不列。今之大會，內外
> 相混，酒醉喧譊，罔有儀式。又俳優鄙藝，污辱視聽。朝庭積習以
> 為美，而責風俗之清純。

以上記載是高允針對北魏初期「風俗仍舊，婚娶喪葬，不依古式」〔註18〕，
提出的當時社會中實際存在的問題。這裡的「內」指婦女，「外」則指男人。
從這些記載中可以看出北魏的男女交往是自由的，也是被社會所允許和認
可的。

《顏氏家訓》卷一《治家篇》中也記載了有關北方婦女執掌門戶、從事
社交的一些狀況，其記載稱：

> 鄴下風俗，專以婦持門戶，爭訟曲直，造請逢迎，車乘填街衢，
> 綺羅盈府寺，代子求官，為夫訴屈。此乃恒、代之遺風乎？

> 河北人事，多由內政，綺羅金翠，不可廢闕，嬴馬悴奴，僅充
> 而已；倡和之禮，或爾汝之。

這些記載都說明北魏社會中女性可以從事較多的對外交往活動，她們可以主
持家務、甚至還能進行為夫申冤、為子求官等活動，這一切活動都在無形中
證明了她們在社會和家庭都有著較高的地位。她們不僅可以不必以夫為天，
甚至還能夠承擔起漢族家庭中男人所承擔的責任。

（二）參政議政

在全社會女性普遍擁有較高地位的狀況下，女性持家、參政的熱情空前
高漲。後宮是皇帝生活的場所，以皇太后、皇后和嬪妃為代表的後宮女性，
於家庭而言，她們也是皇帝的母親與妻妾，她們與皇帝的親密關係使她們
的持家、社交行為影響更大，很多時候直接表現為對國家重要事務或對外關
係方面的參與和干涉。

雖然中原王朝中也不乏有后妃干政的例子，只是由於受到了整個社會風
俗與文化的抵制，未能長時間的保持后妃秉政局面。但在北魏王朝中，由
於受到女性持家、干政社會風俗的影響，后妃干政的行為非常的普遍，尤
其是作為皇帝母親的皇太后更是頻繁參與政治。

鮮卑族中的后妃干政，自部落制時代就已經出現，如拓跋部落聯盟部帥

〔註18〕《魏書》卷四八《高允列傳》，中華書局，1974年，第1075頁。

拓跋猗㐌死後，其妻祁氏幫助她跟猗㐌的三個兒子先後繼任，祁氏的兒子雖然繼任部帥，但他們只是名義上的領袖，實際上卻「未親政事，太后臨朝，」〔註19〕「后攝國事，時人謂之女國。」〔註20〕祁氏也成為鮮卑歷史上第一位臨朝的太后。在拓跋部建立政權後，也多有太后干政的狀況。《魏書》卷一三《皇后列傳・平文皇后王氏傳》載：

> 昭成初欲定都於灅源川，築城郭，起宮室，議不決。后聞之，曰：「國自上世，遷徙為業。今事難之後，基業未固。若城郭而居，一旦寇來，難卒遷動。」乃止。烈帝之崩，國祚殆危，興復大業，后之力也。

王氏乃拓跋部落聯盟的部帥拓跋什翼犍之母，在拓跋什翼犍異母兄拓跋翳槐逝世後，王氏幫助兒子拓跋什翼犍順利繼任，並在拓跋什翼犍執政過程中對部落大事多有參與。尤其是對國家影響至關重要的遷都事宜中，拓跋什翼犍「朝諸大人於參合陂，議欲定都灅源川，連日不決，乃從太后計而止。」〔註21〕

　　北魏建國後，太后干政的現象也沒有消失，而且出現了愈演愈烈的趨勢，如太武帝保母竇「太后訓釐內外，甚有聲稱。」〔註22〕「世祖征涼州，蠕蠕吳提入寇，太后命諸將擊走之。」〔註23〕隨著太后參政的不斷發生，並逐漸為整個社會所接受，最終導致皇太后正式臨朝稱制，其中第一位正式臨朝的皇太后便是文成文明皇后馮氏。《魏書》卷一三《皇后列傳・文成文明皇后馮氏傳》載：

> 顯祖即位，尊為皇太后。丞相乙渾謀逆，顯祖年十三，居於諒闇，太后密定大策，誅渾，遂臨朝聽政。
>
> 及高祖生，太后躬親撫養。是後罷令，不聽政事。……自太后臨朝專政，高祖雅性孝謹，不欲參決，事無鉅細，一稟於太后。太后多智略，猜忍，能行大事，生殺賞罰，決之俄頃，多有不關高祖

〔註19〕《魏書》卷一《序記・惠帝紀》，中華書局，1974年，第10頁。

〔註20〕《魏書》卷一三《皇后列傳・桓帝皇后祁氏傳》，中華書局，1974年，第322頁。

〔註21〕《魏書》卷一《序記・昭成帝紀》，中華書局，1974年，第12頁。

〔註22〕《魏書》卷一三《皇后列傳・明元密皇后杜氏傳附太武帝保母竇氏傳》，中華書局，1974年，第326頁。

〔註23〕《魏書》卷一三《皇后列傳・明元密皇后杜氏傳附太武帝保母竇氏傳》，中華書局，1974年，第326頁。

者。是以威福兼作，震動內外。

文成文明皇后馮氏不僅在獻文帝、孝文帝兩朝三度臨朝稱制，更曾以太皇太后身份與孝文帝共同臨朝，並稱「二聖」，開皇帝與皇太后共理朝政之先河。

此後，孝明帝母胡太后也傚仿馮太后臨朝參政。她不僅與兒子孝明帝共主朝政，更已經儼然成為了實際意義上的北魏皇帝。《魏書》卷一三《皇后列傳‧宣武靈皇后胡氏傳》記載：

> （靈太后）臨朝聽政，猶稱殿下，下令行事。後改令稱詔，群臣上書曰陛下，自稱曰朕。太后以肅宗沖幼，未堪親祭，欲傍《周禮》夫人與君交獻之義，代行祭禮，訪尋故式。門下召禮官、博士議，以為不可。而太后欲以幃幔自鄣，觀三公行事，重問侍中崔光。光便據漢和熹鄧后薦祭故事，太后大悅，遂攝行初祀。

靈太后臨朝聽政期間不僅自稱曰「朕」，臣下稱之為「陛下」。她還主持祭祀活動，這一系列言行足以說明她儼然已經成為專制帝王。

雖然在中原王朝中也有過皇太后或皇后主持朝政的現象，但是卻沒有一位皇太后或皇后能夠用「朕」自稱，這種稱呼在統治階層看來是皇帝專用的稱謂，任何人不可僭越。北魏的皇太后能夠自稱為「朕」，而並未遭到朝臣的反對，足以說明其已經擁有了皇帝的權力和身份，成為實際意義上的女皇。一直延續到了唐朝，最終形成了女皇的正式出現。

（三）尚武、從軍風尚

尚武、從軍的社會風尚多流行於北方民族政權的男人中間，由於鮮卑女性在心理上一直追求與男性平等的社會地位，從而造就了鮮卑族女性也有著尚武、從軍的社會風尚，縱觀我國古代各封建王朝，這種風尚也是絕無僅有的。鮮卑女性尚武、從軍的風尚不僅為其史書所記載，即便是在以樂府詩歌為代表的文學作品中也有所展現，如《木蘭詩》描寫的就是北方婦女替父從軍的事情，其文稱：

> 萬里赴戎機，關山度若飛。朔氣傳金柝，寒光照鐵衣。將軍百戰死，壯士十年歸。歸來見天子，天子坐明堂。策勳十二轉，賞賜百千強。可汗問所欲，木蘭不用尚書郎，願馳千里足，送兒還故鄉。

由於中原地區的漢族地區女子未嫁就被三從、四德捆綁，出嫁後又有七出之條束縛，根本不可能有尚武的情況產生，對於女性的從軍行為進行記載和頌揚在漢族的詩詞中是不可能出現的情況。但女性從軍的行為不僅在北朝存

在，並且有可能還為數不少，因而也成為詩詞記載的重要內容。

《魏書》卷五三《李孝伯傳附李安世傳》載：

> 初，廣平人李波，宗族強盛，殘掠生民。前刺史薛道㰇親往討
> 之，波率其宗族拒戰，大破㰇軍。遂為逋逃之藪，公私成患。百姓
> 為之語曰：「李波小妹字雍容，褰裙逐馬如卷蓬，左射右射必疊雙。
> 婦女尚如此，男子那可逢！」安世設方略誘波及諸子姪三十餘人，
> 斬於鄴市，境內肅然。

李波最多只能算是地方武裝，且多侵擾村民，而他的妹妹也非常英勇善戰，經常陪同他一起行動，這也從一個側面展現出了北朝女性尚武的精神。

關於北魏女性從軍並指揮戰爭的記載，史書中記載的就更為詳細和具體。《魏書》卷七三《楊大眼列傳》記載：

> 大眼妻潘氏，善騎射，自詣軍省大眼。至於攻陳遊獵之際，大
> 眼令妻潘戎裝，或齊鑣戰場，或並驅林壑。及至還營，同坐幕下，
> 對諸僚佐，言笑自得，時指之謂人曰：「此潘將軍也。

楊大眼妻潘氏不僅與他共同處理軍政並參與戰鬥，而且還能夠與楊大眼一同與幕僚同聚，儼然已經成為整個軍隊都接受的女將領。

《魏書》卷九二《列女傳·苟金龍妻劉氏載》：

> 世宗時，金龍為梓潼太守，郡帶關城戍主。蕭衍遣眾攻圍，值
> 金龍疾病，不堪部分，眾甚危懼。劉遂率屬城民，修理戰具，一夜
> 悉成。拒戰百有餘日，兵士死傷過半。戍副高景陰圖叛逆，劉斬
> 之，及其黨與數十人。自餘將士，分衣減食，勞逸必同，莫不畏而
> 懷之。井在外城，尋為賊陷，城中絕水，渴死者多。劉乃集諸長
> 幼，喻以忠節，遂相率告訴於天，俱時號叫，俄而澍雨。劉命出公
> 私布絹及至衣服，懸之城中，絞而取水，所有雜器悉儲之。於是人
> 心益固。

在苟金龍生病期間，其妻劉氏代夫指揮作戰，鎮定自若，並且順利的度過了難關，受到了宣武帝的嘉獎。

此外，北魏皇室女性也大都對軍事指揮有所熱衷，不僅有太武帝保母竇氏在「世祖征涼州，蠕蠕吳提入寇，太后命諸將擊走之。」〔註24〕更有直

〔註24〕《魏書》卷一三《皇后列傳·明元密皇后杜氏傳附太武帝保母竇氏傳》，中華書局，1974年，第326頁。

接指揮戰爭的任城國太妃孟氏。《魏書》卷九二《列女傳‧任城國太妃孟氏傳》載：

> 澄為揚州之日，率眾出討。於後賊帥姜慶真陰結逆黨，襲陷羅城。長史韋纘倉卒失圖，計無所出。孟乃勒兵登陴，先守要便。激厲文武，安慰新舊，勸以賞罰，喻之逆順，於是咸有奮志。親自巡守，不避矢石。賊不能克，卒以全城。澄以狀表聞，屬世宗崩，事寢。

孟氏乃任城王拓跋雲妻、拓跋澄之母，在兒子襲爵後，她也由任城王妃晉為任城國太妃。在拓跋澄領兵出征期間，孟氏不僅指揮守軍維持著封國的安定，更直接指揮軍隊抗擊入侵。在她的指揮下，任成國取得了戰爭的勝利，她也由此獲得了宣武帝的表彰。

北魏女性的尚武行為遍及社會各個階層，處於社會下層的普通平民女性表現為參軍作戰，而中上層女性則主要是充當戰爭的指揮者。雖然她們在戰爭中發揮的作用不盡相同，但卻都為保衛國家做出自己的貢獻。

三、女性地位的法律保障

隨著鮮卑族接觸漢族文化的日益增多，尤其是自孝文帝以來的北魏諸帝對文化的重視與推廣，使儒家思想和禮教淺移漢化的影響著北魏社會，但卻不能迅速削弱已經根深蒂固的女權思想與意識，於是北魏統治者也在漢化變革時，刻意為女性留下一定的保障措施，使她們不會像南朝漢族婦女那樣徹底淪為男人的附庸。

（一）經濟保障

經濟獨立是女性能夠在社會中獨立生存的根基，北魏在發展農業生產時，通過授田的方式賜予女性土地，從而保障了她們的基本生活。北魏對婦女授田規定的產生有其特殊的歷史和社會因素：

首先，北魏的建立者是活躍於我國北方的少數民族——鮮卑族，在五胡十六國時期，它是最後一個進入中原的民族，因此其漢化也最晚，所以其實行的一些政策、措施有原始社會平均主義思想的痕跡。北魏素有「女國」之稱，在北魏社會中婦女特別是鮮卑婦女在思想深處有著一定的男女平等觀念，對婦女授田也正是他們這種平等要求在經濟上的反映。

其次，由於長時間的戰亂使得北方人口銳減、大量土地荒蕪，從而使北魏

政府掌握了大量的無主荒地，這也為其對婦女授田規定的產生創造了條件。

第三，長期的戰亂打破了儒家思想一統天下的局面，她們所受到的思想束縛較少，加之鮮卑婦女在思想中有著母系氏族的殘餘，她們要求與男子有平等的權力，這也成為北魏對婦女授田規定產生的思想基礎。

正是由於這些原因才使得北魏政府在推廣農業生產時，也適時的作出了對婦女授田的決定。《魏書》卷一一〇《食貨志》記載孝文帝太和十五年實行均田制規定：

> 諸男夫十五以上，受露田四十畝，婦人二十畝，奴婢依良，丁牛一頭受田三十畝，限四牛。所授之田率倍之，三易之田再倍之，以供耕作及還受之盈縮。

> 諸麻布之土，男夫及課，別給麻田十畝，婦人五畝，奴婢依良。皆從還受之法。

> 諸有舉戶老小癃殘無授田者，年十一已上及癃者，各授以半夫田；年逾七十者，不還所受；寡婦守志者，雖免課亦授婦田。

根據北魏政府對婦女授田的規定，普通女性都可以獲得國家賜予的露田二十畝、倍田二十畝、麻田五畝，共計四十五畝。雖然國家對女性授田的數字遠遠少於男子，但對女性授田卻是古代國家在夫權社會裏承認婦女在經濟獨立性的表現，而經濟上的獨立也使她們能夠免於完全淪為男性的附庸，使女性即便是與男性離婚，也可以憑藉自己獨立的經濟力量，擁有維持自己生活的能力。由於女性的土地是由國家分封並受到國家保護的個人財產，這也使她們對家庭收入有所貢獻，並由此擁有一定的家庭地位。

在夫權制社會中對婦女授田的做法，確保了婦女在經濟領域也佔有一席之地。她們以租調形式與封建政府建立起了隸屬關係。同時，由於她們擁有了土地，可以將土地耕種的產品一部分交給國家，剩餘的部分也足夠她們生存的需要，不再成為男人的附庸，這種經濟上的獨立也為他們參與政治提供了保證。

（二）婚姻保障

鮮卑族女性一直都有著自主追求婚姻的風俗，但隨著對漢文化的推行，社會中也逐漸出現了以父母主宰婚姻的行為，甚至還出現了買賣婚姻的現象，針對這一婚姻弊端，北魏皇帝則通過詔令解除了災年買賣婚姻的行為。《魏書》卷七《孝文帝紀上》記載：

> （太和九年八月）庚申，詔曰：「數州災水，飢饉薦臻，致有賣
> 鬻男女者。天之所譴，在予一人，而百姓無辜，橫罹艱毒，朕用殷
> 憂夕惕，忘食與寢。今自太和六年已來，冀定、冀、幽、相四州饑
> 民良口者盡還所親，雖娉為妻妾，遇之非理，情不樂者亦離之。

由於北魏女性的婚姻受到法律保護，即便在災年被迫成婚者，也可以自願
離婚，這也是國家對於女性婚姻自主權的保護，對於維繫女性的社會和家庭
地位也起到了至關重要的作用。

第二節　母強子立的權力傳承

由於鮮卑族女性有著較高的社會地位，使她們有能力、也有實力為實現
自身的政治追求而努力。特別是在部落制時代，處於社會上層的鮮卑族女
性，大都願意借助母家勢力幫助自己的兒子繼任部帥，從而實現自身執政的
政治願望，這也使鮮卑族部落制時代的權力傳承表現為「母強子立」的獨特
繼任模式。

一、鮮卑早期的權力傳承

鮮卑族是發源於我國古代北方地區的游牧民族，由於受到中原政權的影
響，使該民族在部落聯盟基礎上直接跨入封建王權社會，進而使鮮卑政權中
保留有明顯的母系氏族的印記，主要表現為女性在家庭和社會生活中都擁有
著較高的地位，並在發生問題時能夠參與制定對策。

鮮卑族本是東胡部落聯盟成員，東胡部落聯盟被匈奴打敗而解體後，鮮
卑從中分離出來並發展成為一個獨立的民族。西漢時期，匈奴在漢朝政府和
周邊民族的聯合打擊下分裂並遷出了統治區「匈奴故地」，鮮卑則乘機南下，
建立起了部落軍事大聯盟。此時的鮮卑部落剛剛脫離母系氏族不久，女性在
家庭和社會中都擁有這較高的地位，並扮演著重要的角色，鮮卑族家庭事務
的決策以女性為主，男性則主導戰爭事宜。

鮮卑族以女性主持家政的風俗也在其建立政權中延續，並最終演變為
「鄴下風俗，專以婦持門戶，爭訟曲直，造請逢迎，車乘填街衢，綺羅盈府
寺，代子求官，為夫訴屈。」［註25］由於鮮卑婦女有著較高的家庭和社會地

［註25］《顏氏家訓集解》卷一《治家篇》，中華書局，1996年，第48頁。

位，她們不僅可以不必以夫為天，而且還部分或全部承擔著漢族家庭中男性的家庭責任，主持家門、為夫申冤、為子求官等對外活動更增添了她們對外交往的自信心，這也直接形成了鮮卑女性的治家、參政之心。

由於一直以來女性在鮮卑社會中都擁有著較高的社會地位，在鮮卑政權中也長期存在的女性外出社交的風尚，使鮮卑女性有能力、有實力，也有信心參與對外事宜，一些部落上層女性更積極參與部落事務，甚至借助母族勢力參與部帥的傳承並影響著部落走向。

鮮卑族南下並佔據匈奴故地後，建立起了部落軍事大聯盟，留居故地的匈奴部落亦自稱鮮卑，並加入到鮮卑部落聯盟之中。隨著雙方關係的日益緊密，匈奴部落與鮮卑部落開始聯姻，並最終通過聯姻形成了「胡父鮮卑母」的匈奴鐵弗部和「鮮卑父胡母」的鮮卑拓跋部兩個新的部落。在拓跋力微繼任拓跋部部帥後，他通過兼併周邊部落，「控弦上馬二十餘萬」〔註26〕，不僅建立起了以拓跋部為中心的部落聯盟，更使之成為當時鮮卑部落聯盟中實力最強的一個。

在早期的鮮卑部落中，部帥由全體部落成員選舉產生，部帥首要特質就是「英勇善戰」和「公正無私」，此時的部帥不過是一種「部落職務」，部落權力歸屬全體部民。南遷匈奴故地後，鮮卑部落與當地的匈奴、高車部落逐漸融合，並建立起了部落軍事大聯盟。隨著鮮卑部落聯盟與中原地區的漢、晉政權聯繫的加劇，受到他們的影響，部落大人的權力逐漸擴大，他們不僅能夠主宰部落事物，還通過分部大人統管整個部落聯盟事宜。由是，部落大人成為部落的主宰，並逐漸產生了皇權化傾向，並最終形成「自檀石槐後，諸大人遂世相傳襲。」〔註27〕自此，部落大人也由公眾選舉的「部落職務」變為私相傳授的「社會地位」，部帥也隨之成為部落核心家族成員競相爭奪的對象。

二、「母強子立」繼任模式的形成

由於此時的鮮卑族剛剛脫離母系氏族不久，母系氏族的遺風在鮮卑族中仍有著較大的影響，具體表現為「俗從婦人計，至戰鬥時，乃自決之。」〔註28〕的母系氏族傳統仍然存在，從而使女性在部落中有著較高的社會地位。同時，

〔註26〕《魏書》卷一《序紀·神元帝紀》，中華書局，1959 年，第 3 頁。
〔註27〕《後漢書》卷九〇《烏桓鮮卑列傳·烏桓傳》，中華書局，1965 年，第 2994 頁。
〔註28〕《三國志》卷三〇《烏桓鮮卑東夷列傳·烏桓傳》注引《魏書》，中華書局，1959 年，第 832 頁。

由於此時的鮮卑族仍實行著族外婚制，女性在婚後仍與母家及其所在部族保持著密切的聯繫，這也使她們有機會和能力對部落權力傳承產生影響，而母族、妻族勢力的強弱便成為部落核心家族成員爭奪部帥的最終決定因素。

以拓跋部落聯盟為例。自拓跋力微建立起部落聯盟，部帥便開始在他的後裔各支系中無序移動（如表一所示），其權力傳承特點是以兄終弟及為主、父死子繼為輔，這一權力傳承方式也造成了拓跋部核心家族兄弟間殘酷的繼位競爭，有時甚至會發展為部落戰爭。

表一：拓跋力微以來拓跋權力傳承

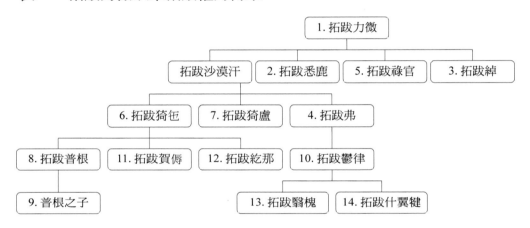

拓跋沙漠汗是拓跋力微的長子，他不僅曾以國太子的身份多次赴曹魏和西晉進行交往，更是拓跋力微親定的部帥繼承人，但他卻由於西晉的刻意離間而被拓跋力微誤殺。拓跋力微死後，他的兩個兒子拓跋悉鹿與拓跋綽先後繼任部帥。在二人相繼逝世後，部帥又為力微之孫、沙漠汗之子拓跋弗所取得，但拓跋弗僅在位一年而亡，權力再度轉回至拓跋力微子拓跋祿官手中，而後又由拓跋沙漠汗子拓跋猗㐌取得。此後，部帥便一直在拓跋沙漠汗後人中傳承。

關於此時鮮卑部落權力傳承混亂情況發生的原因及其所引發的嚴重後果，史書並無隻言片語提及。但通過分析拓跋弗、拓跋祿官、拓跋猗㐌和拓跋猗盧這四位部帥之間的關係，我們可以發現，拓跋弗是拓跋力微孫、拓跋沙漠汗少子，他繼位的年次、名分本應在拓跋力微子拓跋祿官以及拓跋沙漠汗子拓跋猗㐌、拓跋猗盧兄弟之後，但他卻在他們之前執掌了部落。這一情況的出現，必然與四人的背後依靠的勢力息息相關。

此外，拓跋力微長子拓跋沙漠汗有二位妻子，即封氏與蘭氏，她們的兒子大都繼任過部落聯盟的部帥。《魏書》卷一三《皇后列傳·文帝皇后封氏傳》載：

> 文帝皇后封氏，生桓、穆二帝，早崩。桓帝立，乃葬焉。
>
> 次妃蘭氏，生二子，長子曰藍，早卒；次子思，帝也。

可見，封氏乃拓跋猗㐌、拓跋猗盧二人之母，出自鮮卑是賁部〔註 29〕；蘭氏為拓跋弗之母，出自匈奴蘭部〔註 30〕。當拓跋沙漠汗的三個兒子與叔父們進行部落帥爭奪之時，封氏已死，拓跋猗㐌、拓跋猗盧兄弟就此失去了母族部落的支持，而此時蘭氏尚存，匈奴蘭部就成為拓跋弗參與部帥爭奪的主要依靠。在蘭部的幫助下，拓跋弗順利取得了部帥之權，但他僅在位一年而亡，部落權力又轉入拓跋力微子拓跋祿官〔註 31〕手中。但由於此時拓跋祿官的實力有限，他根本無力獨掌部落。為了拓跋部的發展，他將部落一分為三，自己與沙漠汗長子拓跋猗㐌、次子拓跋猗盧共掌握部落。隨後，在拓跋祿官、拓跋猗㐌相繼逝世後，拓跋猗盧再度統一了拓跋部落聯盟，拓跋部勢力也在三人的共同努力下迅速壯大。

拓跋猗盧晚年寵愛少子比延並意圖將部帥傳於他，於是他令長子「（拓跋）六修出居新平城，而黜其母。」〔註 32〕拓跋猗盧這一行為的目的在於：一方面隔離拓跋六修母子間的聯絡，從而使六修無法獲得母族支持而勢單力孤，無法與比延爭奪繼承權；另一方面，他還以此將拓跋六修驅逐出權力中心，使他無法獲得部落上層的支持，以確保比延能夠順利繼任。

拓跋猗盧的這一做法也引起了拓跋六修極大的不滿，拓跋猗盧與拓跋六修父子也由此交惡，並最終引發了部落戰爭。在此次部落戰爭中，拓跋猗盧與幼子拓跋比延相繼被殺，拓跋猗㐌子拓跋普根在母親祁氏及其母家廣寧烏桓的支持下，殺六修，奪得了部帥。此次部落爭奪戰也造成了拓跋猗盧子孫消失殆盡，他的後人也由此退出了部落爭奪，部帥也開始在拓跋猗㐌後裔與拓跋弗後裔兩支間傳承。

〔註 29〕《魏書》卷一一三《官氏志》，中華書局，1974 年，第 3007 頁。
〔註 30〕《後漢書》卷八九《南匈奴列傳》，中華書局，1965 年，第 2945 頁。
〔註 31〕拓跋祿官的母族、妻族不詳，但無疑他所依靠的部落勢力在蘭氏部落之上，或許就是由於這次部帥權力爭奪使蘭氏戰敗，並直接造成了拓跋弗的死亡。
〔註 32〕《魏書》卷一四《神元平文諸帝子孫列傳·穆帝長子六修傳》，中華書局，1974 年，第 348 頁。

　　拓跋猗㐌與妻子祁氏有三子，分別是長子拓跋普根，次子拓跋賀傉和三子拓跋紇那。拓跋普根首先在母族的支持下奪取了權力，但不幸的是，他僅繼任月餘而亡。祁氏乃選立剛剛出生的普根子（名字不詳）為部帥，但不久他也夭折。拓跋弗子拓跋郁律則利用這一難得的時機，在妻族的支持下奪取了權力〔註33〕。為繼續掌控拓跋部，祁氏乃聯合母族殺害拓跋郁律，並使自己在世的兩個兒子拓跋賀傉與拓跋紇那先後任部帥。此時的拓跋部實際為祁氏所掌控，拓跋賀傉與拓跋紇那兄弟「未親政事，太后臨朝，遣使與石勒通和，時人謂之女國使。」〔註34〕祁氏成為了當時拓跋部實際意義上的部帥。

　　祁氏逝世後，拓跋紇那的統治也隨即被推翻，他被迫逃往了慕容部。拓跋郁律的兒子拓跋翳槐則在以母族賀蘭部為首的諸部大人的擁戴下，順利的取得了部落大權，但他也僅在位一年而崩，其異母弟拓跋什翼犍在母族廣寧烏桓的支持下回部繼位〔註35〕，並建立起了拓跋鮮卑歷史上的第一個政權——代國。

　　此後，部落權力開始在什翼犍子孫中以「父死子繼」的方式進行傳承，「兄終弟及」的權力傳承模式也隨之被廢止。

三、「母強子立」傳承模式的終結

　　拓跋什翼犍孫拓跋珪於登國元年（386年）即代王位，皇始元年（398年）稱帝，改國號為魏，世稱北魏。北魏建國後，經歷了一系列的對外戰爭擴大了國家疆域，成為當時北方地區勢力最大、幅員最廣的政權，但隨之而來皇位繼承問題便也成為了擺在他面前的首要問題。

　　在早期部帥繼承問題上，拓跋部一直採取的是以「兄終弟及」為主、「父死子繼」為輔的世襲方式傳承，后妃及其所在部族在部帥繼承中發揮了巨大的作用。此時的北魏社會才脫離母系制不久，女性在家庭和社會生活中擁有極高的地位，為了杜絕鮮卑社會中長期存在的母權干政現象，也為了抑制與

〔註33〕拓跋鬱律共有兩位妻子，即出自賀蘭部的賀蘭氏與出自廣寧烏桓的王氏，其是在賀蘭部還是烏桓，亦或是兩部共同的幫助下奪取的政權，史書沒有明確記載，暫不可考。

〔註34〕《魏書》卷一《序記・惠帝紀》，中華書局，1974年，第10頁。

〔註35〕北魏建立後，賀蘭部與烏桓王氏同樣有著較高的地位，雖然王氏著力將賀蘭部的勢力排斥於權力繼承外，但隨著拓跋什翼犍與賀蘭部的聯姻，賀蘭部的勢力再度影響著部落權力的傳承，其對拓跋權力傳承的影響遠大於烏桓王氏。

拓跋聯姻的部落勢力威脅北魏皇權，道武帝乃「遠同漢武」，制定了「子貴母死」（又稱「立子殺母」）制。

　　早在北魏建立之前，中原大地上就已建立起了眾多封建政權，在這些政權中，無一例外的出現過后妃、外戚干政的現象，特別是在西漢以來，這種現象有愈演愈烈之勢。西漢建立之後，先有呂后當權大封諸呂，幾乎導致西漢改姓異統，後又有竇太后秉政，左右皇位傳承。漢武帝就是在這種環境下，艱難繼位並穩固朝局。他晚年由於戾太子劉據「巫蠱之禍」事件而對冊立太子之事格外慎重。其時，他的諸子中只有「鉤弋夫人之子弗陵，年數歲，形體壯大，多知，上奇愛之，心欲立焉」〔註36〕漢武帝「以其年稚母少，恐女主顓恣亂國家」〔註37〕。於是他採取了「立其子而去其母」（亦稱「子貴母死」）的方式，冊立劉弗陵為太子的同時賜死了他的生母鉤弋夫人趙氏。

　　與漢武帝時期的情形不同，道武帝晚年欲冊立拓跋嗣為太子時，拓跋嗣已經成年，並不存在「年稚母少」的問題，他之所以選擇這種方式冊立太子，則與他本人獨特的成長經歷以及鮮卑族女主干政的傳統密切有關。

　　北魏道武帝拓跋珪是代王拓跋什翼犍長子拓跋寔的遺腹子，由於當時鮮卑社會中廣泛存在著「烝報婚」。賀氏在丈夫拓跋寔死後，先帶著拓跋珪嫁給了公公、代王拓跋什翼犍。在代國被前秦打敗後，賀氏以拓跋珪的名義「縛父請降」，使他長期背負著「執父不孝」之名。代國亡國後，賀氏又帶著他嫁給了拓跋寔的弟弟拓跋翰，並先後生下拓跋儀、拓跋烈和拓跋觚三子。〔註38〕而後，在經歷了數年的漂泊流亡後，拓跋珪後在母親賀氏及其所在賀蘭部的支持下復國，建立了北魏。

　　北魏建國後，賀氏更長期把持朝政、左右朝局，這引起了拓跋珪強烈的不滿。此外，賀氏晚年尤愛幼子秦王拓跋觚，並欲令道武帝傳位於其。為了實現皇位間的父子傳承，道武帝乃令「后少子秦王觚使於燕，慕容垂止之。」〔註39〕而後他又派兵進攻後燕，造成拓跋觚為慕容垂所害，賀氏也「以觚不

〔註36〕《資治通鑒》卷二二《漢紀一四‧武帝後元元年條》，中華書局，1956年，第744頁。

〔註37〕《漢書》卷九七《外戚列傳上‧孝武鉤弋趙婕妤傳》，中華書局，1964年，第3956頁。

〔註38〕李憑：《北魏平城時代》，上海古籍出版社，2011年，第102～107頁。

〔註39〕《魏書》卷一三《皇后列傳‧獻明皇后賀氏傳》，中華書局，1974年，第324頁。

返，憂念寢疾」〔註40〕，並最終在傷懷下病逝。

　　在北魏的初建過程中，為了鞏固拓跋部與部落聯盟內部其他部落的聯繫，他先後娶了來自賀蘭部的賀氏、來自獨孤部的劉氏、來自段部的段氏，以及來自烏桓的王氏和來自後燕的慕容氏等人入後宮。這些人的兒子一旦繼位，她們便會聯合母家勢力控制朝局，乃至影響皇位傳襲，為了保證皇位以父死子繼方式傳遞，「不令婦人后與國政，使外家為亂。」〔註41〕道武帝乃「遠同漢武」，制定了「後宮產子將為儲貳，其母皆賜死。」〔註42〕（即「子貴母死」）制度。此後，明元帝的母親劉氏、太武帝的母親杜氏、景穆帝的母親賀氏、文成帝的母親郁久閭氏、獻文帝的母親李氏、孝文帝的母親李氏等人都先後「依舊制薨」，成為了這一制度的犧牲者。

第三節　「子貴母死」制的矯枉過正

　　「子貴母死」又稱「立子殺母」，是北魏道武帝在建國後，針對鮮卑族長期以來存在的「母強子立」權力傳承模式引發的母權干政而制定的政策。該政策雖然解決了皇帝的生母憑藉母子親情干預政治的狀況，但卻無法從根本消除鮮卑族女性長久以來的參政熱情，最終導致了「養母」干政在北魏形成。

一、「子貴母死」制的產生

　　鮮卑族女性有著極高的社會地位，鮮卑族更長期存在著「怒則殺父兄，而終不害其母，」〔註43〕的獨特民族性格和「俗從婦人計，至戰鬥時，乃自決之」〔註44〕的社會風尚。在部落制時代，鮮卑部帥的妻妾「惟以次第為稱」〔註45〕，部帥的諸子也並無嫡庶之分，他們擁有著平等的繼承權，而母族勢力的強弱就成為他們繼任與否的決定性因素。在母親和母族支持下繼任的部

〔註40〕《魏書》卷一三《皇后列傳・獻明皇后賀氏傳》，中華書局，1974年，第324頁。

〔註41〕《魏書》卷三《明元帝紀》，中華書局，1974年，第49頁。

〔註42〕《魏書》卷一散《皇后列傳・道武宣穆皇后劉氏傳》，中華書局，1974年，第325頁。

〔註43〕《三國志》卷三〇《烏桓鮮卑東夷列傳・烏桓傳》注引《魏書》，中華書局，1959年，第832頁。

〔註44〕《三國志》卷三〇《烏桓鮮卑東夷列傳・烏桓傳》注引《魏書》，中華書局，1959年，第832頁。

〔註45〕《魏書》卷一三《皇后列傳》，中華書局，1974年，第321頁。

帥，他們的母親也大都會在他們繼任後參與部落治理，有時甚至會出現部帥母親親自掌管部落〔註46〕的局面。

在代國滅亡後，拓跋珪在母族賀蘭部的支持下，集合拓跋部殘餘勢力，於登國元年（386年）稱代王，繼續採用代國國號。皇始元年（398年），拓跋珪稱帝。隨著國家的發展，拓跋珪認識到：

> 昔朕遠祖，總御幽都，控制遐國，雖踐王位，未定九州。逮於朕躬，處百代之季，天下分裂，諸華乏主。民俗雖殊，撫之在德。故躬率六軍，掃平中土，凶逆蕩除，遐邇率服。宜仍先號，以為魏焉。〔註47〕

他將國號改為魏，世稱北魏或後魏。這一改變不是簡單意義上的國號的更改，更宣告了拓跋珪所統的國家不再是東晉冊封的王國，而是上承戰國時期的魏國，展露出與同一時期諸國爭雄的決心。

為了保證皇權的順利過渡，實現皇位在自己後裔中世襲傳承，就需要擺脫部落制時代「兄終弟及」的權力傳承模式，將「父死子繼」的繼任模式確定為唯一的繼承方式。「兄終弟及」的權力繼承模式依託於母族勢力，而「父死子繼」的繼任模式則建立於父系血統，這兩種繼承模式的變革，實際上也是鮮卑族擺脫母系影響，走向父系社會的關鍵。

在北魏建立後，「父死子繼」與「兄終弟及」兩種權力傳承模式間的糾葛，直接表現為道武帝拓跋珪和其生母賀氏間的矛盾。隨著道武帝長子拓跋嗣於登國七年（392年）出生，使道武帝母子間的關係變得更為緊張。

在拓跋珪建國過程中，其母賀氏及賀蘭部是他的主要支持者。在代國建立後，賀氏通過母族勢力，影響著國家的決策。為了維繫她本人及賀蘭部的特權，賀氏想要效法部落聯盟時代拓跋猗㐌妻祁氏那樣，〔註48〕使自己的幼子拓跋觚繼任，自己便可以長期把持國家的最高權力。道武帝則意圖以長子拓跋嗣繼位，從而擺脫自己母親及母族的掣肘，實現皇權的徹底獨立。有鑒於賀氏及其背後的賀蘭部在當時朝中的勢力，道武帝根本無法直接扼制賀氏對皇位傳承的影響，那麼去除她支持的繼任者，便成為當時最便捷也是最行

〔註46〕《魏書》卷一《序記·惠帝紀》，中華書局，1974年，第10頁。
〔註47〕《魏書》卷二《道武帝紀》，中華書局，1974年，第32頁。
〔註48〕拓跋猗㐌妻祁氏借助母家廣寧烏桓勢力先後扶植自己的三個兒子拓跋普根、拓跋賀傉和拓跋紇那先後繼任部帥，從而使部落最高權力一直控制在自己手中，並一度使部落聯盟有了「女國」之稱。

之有效的辦法，道武帝也對此進行了刻意的安排。《魏書》卷一三《皇后列傳・獻明皇后賀氏傳》載：

> 獻明皇后賀氏，父野干，東部大人。后少以容儀選入東宮，生太祖。……後后少子秦王觚使於燕，慕容垂止之。后以觚不返，憂念寢疾，皇始元年崩，時年四十六，祔葬於盛樂金陵。

道武帝先派幼弟拓跋觚出使後燕，復又借後燕之手殺害了拓跋觚，解除了他對皇權的威脅，並造成了母親賀氏抑鬱而終。同年，他改國號為魏，徹底宣告擺脫母權控制的新政權的誕生。天興六年（403 年），道武帝冊封拓跋嗣為齊王、相國並加封車騎大將軍，使他逐步接觸國家的軍政事務，為順利實現權力過渡做著準備。

鮮卑族長期以來的母權干政傳統，特別是北魏建國後賀氏對朝政的控制，都使道武帝深刻意識到必須切斷母權對政治的影響。隨著與中原政權接觸的增多，發生於漢武帝晚年的皇位繼承安排也為他提供了借鑒。《漢書》卷六三《武五子列傳・燕剌王旦傳》載：

> 旦壯大就國，為人辯略，博學經書雜說，好星歷數術倡優射獵之事，招致游士。及衛太子敗，齊懷王又薨，旦自以次第當立，上書求入宿衛。上怒，下其使獄。後坐臧匿亡命，削良鄉、安次、文安三縣。武帝由是惡旦，後遂立少子為太子。

《漢書》卷九七《外戚列傳・孝武鉤弋趙婕妤傳》又載：

> 拳夫人進為婕妤，居鉤弋宮，大有寵，泰始三年生昭帝，號鉤弋子。任身十四月乃生，上曰：「聞昔堯十四月而生，今鉤弋亦然。」乃命其所生門曰堯母門。後衛太子敗，而燕王旦、廣陵王胥多過失，寵姬王夫人男齊懷王、李夫人男昌邑哀王皆蚤薨，鉤弋子年五六歲，壯大多知，上常言「類我」，又感其生與眾異，甚奇愛之，心欲立焉，以其年稚母少，恐女主顓恣亂國家，猶與久之。

漢武帝在冊立劉弗陵為太子時，擔心「往古國家所以亂也，由主少母壯也。女主獨居驕蹇，淫亂自恣，莫能禁也。」〔註49〕於是他採取了立子殺母的方式，冊立劉弗陵為太子的同時賜死了他的生母鉤弋夫人趙氏。

北魏道武帝在確立皇位繼承人時也採取了「後宮產子將為儲貳，其母皆

〔註49〕《史記》卷四九《外戚列傳・鉤弋夫人姓趙氏傳》，中華書局，1963 年，第1986 頁。

賜死。」〔註50〕看似他與漢武帝所要達到的目的相似，即通過殺死太子生母的方式切斷母子親情，防止太子繼位後其生母以皇太后身份干政。但他們實施這一政策時的現實情況卻有著明顯不同。

漢武帝冊立太子時，由於太子年幼需要母親的照顧，其母親則很有可能通過母子親情掌控朝政。但道武帝晚年欲冊立拓跋嗣為太子時，拓跋嗣已經成年，並不存在「年稚母少」的問題。他之所以「遠同漢武」，制定「子貴母死」（又稱「立子殺母」）制，主要是為了改變鮮卑族中長期存在的「母強子立」的傳承模式及其所帶來的「母權干政」的結果，將皇權與后權分離，最終實現權力完全集中於皇帝手中。

道武帝在逐步提升長子拓跋嗣的地位和官爵，給他繼位打下基礎的同時，賜死了拓跋嗣的生母劉氏，以達到「不令婦人后與國政，使外家為亂。」〔註51〕從而徹底切斷了母權干政的渠道，並將「後宮產子將為儲貳，其母皆賜死。」〔註52〕（即「子貴母死」）作為一項固定的制度在北魏後宮中推行，該制度幾乎伴隨了整個北魏歷史而存在，直至宣武帝時期才正式在北魏後宮消失。

可以說，「子貴母死」制作為北魏建立之初在皇權擺脫后權控制、實現皇位父子傳遞中發揮了一定的作用，但隨著政權和穩固和皇權的集中，這一制度已經失去了存在的意義和價值，但卻一直在北魏後宮中所推行，這必然與北魏後宮中特殊的政治需求直接相關。

二、「常制」化的「子貴母死」

北魏道武帝是「子貴母死」制度的制定者和堅定貫徹者，他為了實現皇權的父子相承，他不僅規定「後宮產子將為儲貳，其母皆賜死。」〔註53〕還直接賜死了長子拓跋嗣的生母、獨孤部帥之女劉氏，造成了「素純孝，哀泣不能自勝」〔註54〕的拓跋嗣外逃。於是，道武帝便將目光投向了次子拓跋

〔註50〕《魏書》卷一三《皇后列傳·道武宣穆皇后劉氏傳》，中華書局，1974年，第325頁。

〔註51〕《魏書》卷三《明元帝紀》，中華書局，1974年，第49頁。

〔註52〕《魏書》卷一三《皇后列傳·道武宣穆皇后劉氏傳》，中華書局，1974年，第325頁。

〔註53〕《魏書》卷一三《皇后列傳·道武宣穆皇后劉氏傳》，中華書局，1974年，第325頁。

〔註54〕《魏書》卷三《明元帝紀》，中華書局，1974年，第49頁。

紹，意欲冊立拓跋紹為太子，拓跋紹的生母賀氏也即將作為「子貴母死」實施的對象。

拓跋紹的母親賀氏不僅是賀蘭部部帥之女，更是「獻明皇后妹也，美而麗。……太祖密令人殺其夫而納之」〔註55〕。由於賀氏極得道武帝寵愛，道武帝在選定拓跋紹為太子時，沒有像處死劉氏那樣迅速實施「子貴母死」，而是「幽之於宮，將殺之，會日暮，未決。」〔註56〕在賜死賀氏問題上，道武帝的猶豫給了賀氏母子聯絡的機會。於是，拓跋紹在賀蘭部的支持下，採取了極端的弒父行為，為營救母親而努力。《魏書》卷一六《道武七王列傳·清河王紹傳》載：

> 紹母夫人賀氏有譴，太祖幽之於宮，將殺之，會日暮，未決。賀氏密告紹曰：「汝將何以救吾？」紹乃夜與帳下及宦者數人，逾宮犯禁。左右侍御呼曰：「賊至！」太祖驚起，求弓刀不獲，遂暴崩。……於是朝野凶凶，人懷異志。

> 先是，太宗在外，聞變乃還，潛於山中，使人夜告北新侯安同，眾皆響應。太宗至城西，衛士執送紹。於是賜紹母子死，誅帳下閹官、宮人為內應者十數人，其先犯乘輿者，群臣於城南都街生臠割而食之。

拓跋紹弒父的目的不僅僅在於營救母親，也為了迅速繼任帝位。但他的行為卻引起了朝廷的恐慌，流亡在外的拓跋嗣則利用這一時機率軍平定了拓跋紹的叛亂，並順利繼任帝位。雖然皇位仍按照道武帝的最初設想傳遞到了長子明元帝拓跋嗣手中，但這場戰爭卻不僅造成了道武帝的被殺，而且造成北魏宗室成員的動盪。

雖然道武帝晚年爆發的叛亂看似是由「子貴母死」制度所引發的，但細緻分析可以發現，這場戰爭是部落制時代「母強子立」權力繼承模式的延續。道武帝雖然通過「離散諸部，分土定居，不聽遷徙，其君長大人皆同編戶」〔註57〕的方式將部落體制完全消化與皇權控制之下，但鮮卑部民卻仍然保持著聚居狀態，「離散部落」也只是削弱了部帥對部民的控制力，部落體制的影

〔註55〕 《魏書》卷一六《道武七王列傳·清河王紹傳》，中華書局，1974 年，第 390 頁。

〔註56〕 《魏書》卷一六《道武七王列傳·清河王紹傳》，中華書局，1974 年，第 390 頁。

〔註57〕 《魏書》卷八三《外戚列傳·賀訥傳》，中華書局，1974 年，第 812 頁。

響在短時間內卻不能徹底消除。在北魏建國之初，勢力最大的部落仍是獨孤部與賀蘭部。獨孤部由於叛亂被征服，部落勢力遭到了削弱，而賀蘭部作為道武帝的母家，則在北魏建國初期仍得到了較大的發展。

拓跋嗣是道武帝親自安排的繼承人，其母親便出自獨孤部，此時的獨孤部力量已經大不如前，無法支持他奪位，但他卻得到了以北新侯安同為代表的道武帝近臣的支持。拓跋紹則在奪權中得到了賀蘭部的全力支持，「故賀蘭部人皆往赴之，其餘舊部亦率子弟招集族人，往往相聚。」〔註 58〕但最終拓跋嗣卻戰勝了拓跋紹，他不僅殺死了謀害道武帝的拓跋紹母子，更順利繼任帝位。所以說，「子貴母死」制並不是道武帝晚年繼位戰爭的直接誘因，這本就是鮮卑舊俗與皇權體制的一次對抗，是一場無可避免的戰爭。

作為這一制度的直接受害者，失去母親的感受讓明元帝萬分悲痛，他在繼位後本可以對這一制度加以糾正或禁止，但道武帝晚年的繼位戰爭，卻使他深切意識到母族的支持是皇位爭奪爆發的根本癥結。他在繼位後追封生母為皇后、為她追加諡號，更將「後宮人為帝母，皆正位配饗焉。」〔註 59〕的做法作為「子貴母死」制度的補充。他的這項措施也只是從情感上降低繼位皇帝對母親心裏上的愧疚，卻並未將「子貴母死」制度加以抑制或廢止。

明元帝長子拓跋燾出生於天賜五年（408 年），在他出生時道武帝仍然在世，道武帝曾認為「成吾業者，必此子也。」〔註 60〕但在當時太子未定的情況下，尚無法給予拓跋燾繼任者身份。明元帝繼位後，忙於穩定國內外的政局，沒有在第一時間確立皇儲。有鑒於清河王叛亂主要是由於母子親情，為救母而弒父，明元帝較道武帝更進了一步，他在長子拓跋燾出生後，就將他交由保母照顧，從而使使拓跋燾與母親杜氏一直處於分離的狀態，進而造成「帝生不逮密太后，及有所識，言則悲慟，哀感傍人」〔註 61〕。明元帝這麼做的目的在於降低日後由於母親被殺，而造成他與太子間的父子感情疏離，為「子貴母死」制度的繼續實施降低感情阻礙。

與道武帝時期嬪妃均出自部帥之家或周邊政權不同，拓跋燾生母杜氏「以

〔註 58〕《魏書》卷一六《道武七王列傳・清河王紹傳》，中華書局，1974 年，第 390 頁。

〔註 59〕《魏書》卷一三《皇后列傳・道武宣穆皇后劉氏傳》，中華書局，1974 年，第 325 頁。

〔註 60〕《魏書》卷四《太武帝紀》，中華書局，1974 年，第 69 頁。

〔註 61〕《魏書》卷四《太武帝紀》，中華書局，1974 年，第 107 頁。

良家子選入太子宮，有寵」〔註62〕，她並無部落或政權背景。或許是明元帝對於是否繼續執行「子貴母死」制有所猶豫，因而並未迅速執行該制度。但此時他的後宮嬪妃中也有如姚氏這樣來自周邊政權的公主，為了防止其他有背景的皇后或嬪妃覬覦皇權，該制度也只能繼續推行。

泰常五年（420年）杜氏被以「舊制」賜死，此時拓跋燾已經十二歲，具備了承接權力的能力，隨即明元帝開始著手為冊封拓跋燾為太子做準備。「泰常七年四月，封太平王。五月，立為皇太子。及明元帝疾，命帝總攝百揆。」〔註63〕這一系列行動使拓跋燾真正取得了皇太子的身份，並開始真正接觸治國實踐，為日後順利繼任做準備。

三、「子貴母死」制的「變軌」

明元帝繼位後，為了防止再度發生皇子為救母而弒父的情況，他在長子拓跋嗣出生後，便將他交給保母竇適撫育，使他雖然不能與母親相見，卻得到了保母竇氏的悉心照顧。太武帝長大後，「感其恩訓，奉養不異所生。」〔註64〕並與之建立起了母子親情。

北魏建國後首次設立後宮體系，但此時皇后「明配至尊，為海內小君。」〔註65〕的地位尚未成型，北魏後宮中處於權力頂端的乃是皇太后，但隨著「子貴母死」制度的實施，新君生母不可能在他繼位後仍然在世，那麼按照中原政權的慣例，先帝皇后便順理成章被封為皇太后，成為後宮的主宰。明元帝在位時卻並未冊立皇后，後宮事宜由夫人姚氏主持。《魏書》卷一三《皇后列傳·明元昭哀皇后姚氏傳》載：

> 明元昭哀皇后姚氏，姚興女也，興封西平長公主。太宗以后禮納之，後為夫人。后以鑄金人不成，未升尊位。然帝寵幸之，出入居處，禮秩如后焉。是後猶欲正位，而后謙讓不當。泰常五年薨，帝追恨之，贈皇后璽綬，而後加諡焉。

明元帝寵妃姚夫人由於「以鑄金人不成，未升尊位。然帝寵幸之，出入居處，

〔註62〕《魏書》卷一三《皇后列傳·明元密皇后杜氏傳》，中華書局，1974年，第326頁。

〔註63〕《北史》卷二《太武帝紀》，中華書局，1974年，第41頁。

〔註64〕《魏書》卷一三《皇后列傳·明元密皇后杜氏傳附太武帝保母竇氏傳》，中華書局，1974年，第326頁。

〔註65〕《十三經注疏》第六《禮記正義》卷五《曲禮下》注引《白虎通·嫁娶篇》，中華書局，1980年，第1267頁。

禮秩如后焉。」〔註66〕出於對姚氏的寵愛，明元帝此後再未冊立皇后，從而使姚氏得以以嬪妃身份掌控後宮。姚氏逝世於泰常五年（420年），明元帝在她死後追封其為皇后。但是由於姚氏並非太武帝生母，亦對他沒有撫養關係，她自然無緣在太武帝繼位後被追封為皇太后。

由於在鮮卑族中「怒則殺父兄，而終不害其母」〔註67〕的傳統一直存在，並造成了家庭中的母子親情凌駕於夫妻感情之上，與太武帝間有著母子親情的竇氏承載著太武帝對母親的情感，她也在太武帝繼位後，登上了歷史舞臺。《魏書》卷一三《皇后列傳·明元昭哀皇后姚氏附太武帝保母竇氏傳》載：

> 世祖保母竇氏，初以夫家坐事誅，與二女俱入宮。操行純備，進退以禮。太宗命為世祖保母。性仁慈，勤撫導。世祖感其恩訓，奉養不異所生。及即位，尊為保太后，後尊為皇太后，封其弟漏頭為遼東王。太后訓釐內外，甚有聲稱。性恬素寡欲，喜怒不形於色，好揚人之善，隱人之過。世祖征涼州，蠕蠕吳提入寇，太后命諸將擊走之。真君元年崩，時年六十三。詔天下大臨三日，太保盧魯元監護喪事，謚曰惠，葬崞山，從后意也。

竇氏本由於夫家犯罪而被沒入宮中服役，宮人身份的她原本也無緣走入皇權中心，但此時北魏的特殊情況卻給了她機會。由於與太武帝間的撫養關係，使她成為太武帝情感上的母親。太武帝繼位後，先尊竇氏為保太后，復又尊其為皇太后，首開保母為皇太后之先例，更埋下了皇太后以皇帝「養母」身份，以母子親情影響朝政的後患。

此後，「子貴母死」的發令者也由皇帝變為皇太后，如太武帝長子拓跋晃出生於神䴥元年（428年），此時掌控後宮者為保太后竇氏，賀氏也在生下拓跋晃後不久便被賜死，皇子的撫養權也為竇氏所取得。延和元年（432年），太武帝「尊保太后為皇太后，立皇后赫連氏，立皇子燾（晃）為皇太子，謁於太廟，大赦，改年。」〔註68〕此後，太武帝開始悉心培育皇太子，並使太子監國，培養他作為繼承人的能力。但在監國過程中，東宮給事仇尼道盛等人

〔註66〕《魏書》卷一三《皇后列傳·明元昭哀皇后姚氏傳》，中華書局，1974年，第325頁。

〔註67〕《三國志》卷三〇《烏桓鮮卑東夷列傳·烏桓傳》注引《魏書》，中華書局，1959年，第832頁。

〔註68〕《魏書》卷四《太武帝紀上》，中華書局，1974年，第80頁。

與宦官、中常侍宗愛不睦，宗愛「遂構告其罪……時世祖震怒，恭宗遂以憂薨。」〔註69〕隨後，宗愛又謀害了太武帝，並造成皇位的懸空、政局動盪。

在拓跋晃為太子期間，太平真君元年（440 年）六月，拓跋晃的長子拓跋濬生於東宮。「世祖愛之，常置左右，號世嫡皇孫。」〔註70〕在這場宮廷政變中，太武帝拓跋燾和太子拓跋晃都被殺，拓跋晃長子拓跋濬的保母常氏不僅對他起到了保護作用，更給予了他母親的關懷，二者間建立起了親密的母子關係。特別是有了竇太后的先例，常氏也想要效法竇氏那樣，登上權力頂端。

拓跋濬於正平二年（452 年）十月繼位，同年改元興安，次月「追尊景穆太子為景穆皇帝，皇妣為恭皇后；尊保母常氏為保太后。」〔註71〕將冊封保太后與追封生父、生母同時進行，足見常氏在文成帝心裏的重要性。

此後，保母常氏一脈以「劬勞保護之功」〔註72〕，掌握著北魏的實權。此時太武帝皇后赫連氏已經成為太皇太后，而文成帝生母郁久閭氏也仍然在世，她們二人就成為常氏成為皇太后的阻滯。於是她首先迫使太武帝皇后赫連氏以「子貴母死」制處死郁久閭氏，而後又將赫連氏害死，從而登上了皇太后之位，成為後宮中的主宰。此後「子貴母死」的發令者正式由皇帝轉為皇太后，〔註73〕「子貴母死」的性質也由防止母權干政變為母權干政的手段，成為後宮權力爭奪的重要手段。

文成帝皇后馮氏更將前代皇太后臨政的方式進行的進一步的整合，她以皇太后身份施行「子貴母死」制，賜死太子的生母，獲取太子的撫養權，切斷保姆成為皇太后的可能性，使皇后撫育太子成為北魏慣例，並通過母子親情實現政治夙求。

文成帝長子獻文帝拓跋弘乃夫人李氏之子，「（常）太后令依故事，令后具條記在南兄弟及引所結宗兄洪之，悉以付託。……遂薨。」〔註74〕太安二

〔註69〕《魏書》卷九四《閹官列傳·宗愛傳》，中華書局，1974 年，第 2012 頁。

〔註70〕《魏書》卷五《文成帝紀》，中華書局，1974 年，第 112 頁。

〔註71〕《魏書》卷五《文成帝紀》，中華書局，1974 年，第 112 頁。

〔註72〕《魏書》卷一三《皇后列傳·景穆恭皇后郁久閭氏傳附高宗乳母常氏傳》，中華書局，1974 年，第 327 頁。

〔註73〕李憑：《北魏文成帝初年的三后之爭》，收於氏著《北朝研究存稿》，商務印書館，2006 年，第 138～161 頁。

〔註74〕《魏書》卷一三《皇后列傳·文成元皇后李氏傳》，中華書局，1974 年，第 331 頁。

年（456 年），年僅二歲的拓跋晃被冊立為太子，馮氏也由貴人被冊封為皇后。但此時的馮氏或是由於年輕，未能真正認識到撫育皇子的重要性，因而在拓跋晃生母李氏被殺後，馮氏並未第一時間接手撫育皇子，拓跋弘仍為乳母或保母所撫育，這也為她日後與獻文帝間的矛盾埋下了隱患。

　　獻文帝繼位不久就爆發了「丞相乙渾謀逆，顯祖年十三，居於諒闇，太后密定大策，誅渾，遂臨朝聽政。」〔註 75〕雖然獻文帝與馮太后合力解決了乙渾的政變，二人還有著名義上的母子關係，但他們卻並沒有真正的母子親情。二人在共同臨朝中，爆發了巨大的矛盾。在這一過程中馮氏也意識到了母子親情對自身臨朝主政的重要性，馮太后在獻文帝長子拓跋宏出生後，「躬親撫養。是後罷令，不聽政事。」〔註 76〕將全部精力放在了培養新君身上。皇興三年（469 年），年僅三歲的拓跋宏被立為皇太子，兩年後，拓跋宏繼位，獻文帝稱太上皇，繼續主政。獻文帝與馮太后二人以這種折衷的方式，實現了權力的平衡。直至獻文帝逝世後，馮太后復與孝文帝共同臨朝主政，並稱「二聖」。《魏書》卷一三《皇后列傳・文成文明皇后馮氏傳》載：

　　　　自太后臨朝專政，高祖雅性孝謹，不欲參決，事無鉅細，一稟
　　於太后。太后多智略，猜忍，能行大事，生殺賞罰，決之俄頃，多
　　有不關高祖者。是以威福兼作，震動內外。

馮太后與孝文帝雖為祖孫，卻有著真正意義上的母子親情，二人在共同執政期間相處較為和諧，也開創了北魏的盛世局面。

　　孝文帝執政期間，北魏國內的鮮卑部落勢力已經消亡殆盡，他們根本無法支持有著本部落血統的皇子取得皇位，因而，北魏也已經無需再以「子貴母死」的方式切斷母族與皇子的聯絡。

　　孝文帝在長子拓跋恂出生後，意圖廢除這一殘忍制度，但卻遭到了該制度的既得利益者——馮太后的反對。在拓跋恂出生的同年，馮太后便「以恂將儲貳，太和七年，后依舊制薨。」〔註 77〕沒能挽救林氏的性命成為了孝文帝的遺憾，為了表達對林氏的愧疚，孝文帝未即長子拓跋恂繼位，便在第一

〔註 75〕《魏書》卷一三《皇后列傳・文成文明皇后馮氏傳》，中華書局，1974 年，第
　　　　328 頁。

〔註 76〕《魏書》卷一三《皇后列傳・文成文明皇后馮氏傳》，中華書局，1974 年，第
　　　　328 頁。

〔註 77〕《魏書》卷一三《皇后列傳・孝文貞皇后林氏傳》，中華書局，1974 年，第
　　　　332 頁。

時間冊封林氏為皇后，以示對「子貴母死」制的不滿，但他卻無力對抗馮太后及其所代表的鮮卑勢力，只能讓該制度繼續在北魏後宮中存在。

在拓跋恂的生母林氏被賜死後，時為太皇太后的馮氏再度取得了孝文帝皇長子拓跋恂的撫育權，「文明太后撫視之，常置左右。」〔註78〕並在拓跋恂十歲之時，順利將他推上太子之位。馮太后仍然想要按照對孝文帝的撫育方式，以祖孫親情控制皇太子，為其侄女、孝文帝嬪妃馮氏成為皇后以及日後的臨朝做準備，用以實現馮氏家族權勢的穩固。

早在馮太后逝世前，孝文帝就已經意識到皇后通過撫育太子而以母子親情影響朝政的弊端，但由於他不僅與馮太后之間有著深厚的感情，馮太后背後也有著強大的政治勢力，他無法消除該制度。馮太后逝世後，孝文帝便將太子拓跋恂留在自己身邊撫養，並切斷了皇后馮氏與太子間的聯繫，進而斷絕了皇后在太子繼位後以母子親情臨朝的可能性。

馮太后逝世後，孝文帝便著手遷都洛陽，想要脫離鮮卑勢力盤踞的中心和馮太后及其所屬勢力的控制，但拓跋恂卻在此事上與孝文帝的想法背道而馳。《魏書》卷二二《孝文五王列傳・廢太子恂傳》載：

> 恂不好書學，體貌肥大，深忌河洛暑熱，意每追樂北方。中庶子高道悅數苦言致諫，恂甚銜之。高祖幸嵩岳，恂留守金墉，於西掖門內與左右謀，欲召牧馬輕騎奔代，手刃道悅於禁中。領軍元儼勒門防遏，夜得寧靜。厥明，尚書陸琇馳啟高祖於南，高祖聞之駭惋，外寢其事，仍至汴口而還。引恂數罪，與咸陽王禧等親杖恂，又令禧等更代，百餘下，扶曳出外，不起者月餘。拘於城西別館。引見群臣於清徽堂，議廢之。司空、太子太傅穆亮，尚書僕射、少保李沖，並免冠稽首而謝。……乃廢為庶人，置之河陽，以兵守之，服食所供，粗免飢寒而已。

此次拓跋恂北逃事件不僅導致了他本人的太子之位被孝文帝所廢，其母貞皇后林氏也隨之被追廢為庶人。而後，「中尉李彪承間密表，告恂復與左右謀逆。」〔註79〕孝文帝乃派人「賜恂死，時年十五。殮以粗棺常服，瘞於河

〔註78〕《魏書》卷二二《孝文五王列傳・廢太子恂傳》，中華書局，1974年，第587頁。

〔註79〕《魏書》卷二二《孝文五王列傳・廢太子恂傳》，中華書局，1974年，第587頁。

陽城。」〔註80〕

　　在太子拓跋恂被廢後，選立皇太子便成為了新的需求，「子貴母死」制度便再度成為當時皇后所要採用的手段，但由於「子貴母死」制度在馮太后的逝世後，最終為孝文帝所摒棄。皇后已經不能直接以該制度賜死太子的生母，獲取皇子的撫養權，只是由於「子貴母死」制度在北魏存在已久，加之該制度為皇后帶來的利益已經深入人心，以其他方式處死皇子的生母，獲取皇子撫養權便成為皇后臨朝的又一途徑。

四、「子貴母死」制的「終結」

　　太子拓跋恂因遷都而北逃，並由此被廢後，再度冊立太子便成為此時北魏最重要的政治需求。此時能夠下達「子貴母死」制之人即太皇太后馮氏已經逝世，獻文帝又沒有冊封皇后，從而造成該制度發令者的缺失，孝文帝皇次子元恪生母也由此得以存活。在拓跋恂被廢後，元恪就成為皇太子的首選，而「子貴母死」制度在此時被孝文帝逐漸廢止。那麼，時為皇后馮氏也就無法獲取皇子的撫養權，進而實現日後臨朝主政的目的。為了取得皇子的撫養權，她只能以其他方式實現去除太子生母、獲取太子撫養權的目的。早期的北魏皇帝一般會在皇子出生後隔絕母子，以乳母或保母撫育皇子。但自馮太后開始，在皇子生母被以「子貴母死」賜死後，皇后便替代他們的生母，承擔起撫育皇子的責任。但隨著「子貴母死」制度被廢除，賜死皇子生母已不可行，只能採取其他方式造成皇子生母逝世的局面，用以獲取皇子的撫育權。孝文帝遷都則為皇后暗害皇次子元恪生母提供了時機。根據史書所載，元恪生母高氏在孝文帝將都城由平城遷往洛陽的途中「暴薨於汲郡之共縣，或云昭儀遣人賊後也。」〔註81〕但從時間上分析，在孝文帝遷都洛陽之時，馮昭儀尚未被接回宮，而高氏則「以太和廿年□四更時，薨於洛宮」，〔註82〕此時秘密殺害高氏者只能是當時的皇后馮氏，只是後來她由於失寵並被其姐所譖構而被廢，元恪的撫養權才為馮昭儀所獲取。

〔註80〕《魏書》卷二二《孝文五王列傳·廢太子恂傳》，中華書局，1974 年，第 588 頁。

〔註81〕《魏書》卷一三《皇后列傳·孝文昭皇后高氏傳》，中華書局，1974 年，第 335 頁。

〔註82〕羅新、葉煒：《新出魏晉南北朝墓誌疏證》，《文昭皇后高照容墓誌》，中華書局，2005 年，第 89 頁。

　　馮昭儀在長期的撫育太子元恪過程中與之產生了深厚的母子感情。太和二十一年（497 年），元恪和馮昭儀先後被冊立為太子與皇后。史載：「世宗之為皇太子，三日一朝幽后，后拊念慈愛有加。高祖出征，世宗入朝，必久留後宮，親視櫛沐，母道隆備。」〔註 83〕但是另馮氏意想不到的是，她由於自身不端而失寵，她所悉心安排的臨朝之路也由此終結。《魏書》卷一三《皇后列傳·孝文幽皇后馮氏傳》載：

> 此後，后漸憂懼，與母常氏求託女巫，禱厭無所不至，願高祖疾不起，一旦得如文明太后輔少主稱命者，賞報不資。又取三牲宮中妖祠，假言祈福，專為左道。母常或自詣宮中，或遣侍婢與相報答。

> 高祖尋南伐，后留京師。雖以罪失寵，而夫人嬪妾奉之如法，惟令世宗在東宮，無朝謁之事。

> 高祖疾甚，謂彭城王勰曰：「後宮久乖陰德，自絕於天。若不早為之所，恐成漢末故事。吾死之後，可賜自盡別宮，葬以後禮，庶掩馮門之大過。」高祖崩，梓宮達魯陽，乃行遺詔。

幽皇后馮氏由於淫亂而失寵，但孝文帝「素至孝，猶以文明太后故，未便行廢。」〔註 84〕但他也「敕后母常入，與后杖，常撻之百餘乃止。」〔註 85〕更重要的是，他還直接切斷了馮氏與太子元恪的聯繫，扼制了她效法馮太后以母子親情主政的道路。但馮氏姑侄取得皇子撫育權的方式卻為後世所效法，成為北魏後期代替「子貴母死」制度，取得太子撫養權，實現皇太后臨朝的主要途徑。

　　雖然元恪的生母高氏並非直接死於「子貴母死」制度之下，但她逝世後「有司奏請加昭儀號，諡曰文昭貴人，高祖從之。」〔註 86〕宣武帝繼位後，也仍追封其為皇后。雖然「子貴母死」制在孝文帝後期就已經被廢除，但與「子貴母死」相伴的追封皇子生母為皇后、由乳母或保母撫育皇子制度卻仍

〔註 83〕《魏書》卷一三《皇后列傳·孝文昭皇后高氏傳》，中華書局，1974 年，第 335 頁。

〔註 84〕《魏書》卷一三《皇后列傳·孝文幽皇后馮氏傳》，中華書局，1974 年，第 334 頁。

〔註 85〕《魏書》卷一三《皇后列傳·孝文幽皇后馮氏傳》，中華書局，1974 年，第 334 頁。

〔註 86〕《魏書》卷一三《皇后列傳·孝文昭皇后高氏傳》，中華書局，1974 年，第 335 頁。

然在北魏後宮中實施，並未隨著該制度的消亡而一同消失。

宣武帝時期雖然「子貴母死」制度已經被實際廢除，但前代「椒掖之中，以國舊制，相與祈祝，皆願生諸王、公主，不願生太子。」〔註87〕的情緒仍然在後宮中蔓延，加之宣武帝皇后高氏又是「性妒忌，宮人希得進御。」〔註88〕造成宣武帝只有一子元詡，他也就成為太子的不二人選。元詡生於永平三年（510年），三歲被冊立為太子，七歲繼位，宣武帝對這個獨子看護的甚嚴，「為擇乳保皆取良家宜子者。養於別宮，皇后及充華嬪皆莫得而撫視焉。」〔註89〕宣武帝一方面留下皇子的生母性命，另一方面也切斷了皇后及皇子生母與之的母子感情，防止她們在皇子繼位後臨朝聽政。《魏瑤光寺尼慈義墓誌銘》載：

> 尼諱英，姓高氏，勃海蓨人也。文昭皇太后之兄女。世宗景明四年納為夫人。正始五年拜為皇后。帝崩，志願道門，出俗為尼。以神龜元年九月廿四日薨於寺。十月十五日遷葬於芒山。〔註90〕

《魏書》卷一三《皇后列傳·宣武皇后高氏傳》載：

> 初，世宗崩後，高太后將害靈太后。劉騰以告侯剛，剛以告忠。忠請計於崔光，光曰：「宜置胡嬪於別所，嚴加守衛，理必萬全，計之上者。」忠等從之，具以此意啟靈太后，太后意乃安。故太后深德騰等四人，並有寵授。

宣武帝逝世時，皇后高氏和太子的生母胡氏都仍然在世。孝明帝繼位後，封嫡母，宣武帝皇后高氏為皇太后、自己的生母胡氏為皇太妃。雖然高氏的地位仍高於胡氏，但是在高氏兄高肇被殺後，使她處於孤立無援的境地，為了避免胡太后的打擊，她不得不選擇出家，「居瑤光寺，非大節慶，不入宮中。」〔註91〕

「子貴母死」制度設立於北魏道武帝時期，主要目的在於防止太子繼位

〔註87〕《魏書》卷一三《皇后列傳·宣武靈皇后胡氏傳》，中華書局，1974 年，第337 頁。

〔註88〕《魏書》卷一三《皇后列傳·宣武皇后高氏傳》，中華書局，1974 年，第336頁。

〔註89〕《魏書》卷一三《皇后列傳·宣武靈皇后胡氏傳》，中華書局，1974 年，第337 頁。

〔註90〕趙超：《漢魏南北朝墓誌彙編》，《魏瑤光寺尼慈義墓誌銘》，天津古籍出版社，2008 年，第 102 頁。

〔註91〕《魏書》卷一三《皇后列傳·宣武皇后高氏傳》，中華書局，1974 年，第336頁。

後，其生母以母子親情影響朝政。自明元帝開始，以追封死於該制度下的嬪妃為皇后以及乳母保母撫育皇子作為該制度的補充。太武帝時期以後「子貴母死」制度發令者由皇帝變為皇太后，該制度也成為皇太后獲取皇子撫養權的手段。皇太后通過撫育皇子與之形成母子親情，進而實現自己臨朝稱制的政治夙求。

北魏制定「子貴母死」制度最初的目的在於防範新君生母臨朝，但最終卻造成了新君養母（即保母或嫡母）臨朝，既然該制度無法實現其制定時的初衷，也便沒有了存在的必要，因而孝文帝便在漢化改革的同時將其廢除，但該制度所衍生出的另外兩項補充制度卻一直延續至北魏末，並最終隨著北魏的分裂而消亡。

田餘慶先生認為：「道武帝以前是母強子立，道武帝以後是子貴母死，從前者到後者，反映了歷史的一種飛躍。」〔註92〕「子貴母死」制不僅改變了鮮卑部落長久以來「母強子立」的權力傳承模式，確保了皇位經由父子傳遞，保證了皇位傳承的穩定，避免了兄弟之間因為皇位引發的戰爭，取得了積極的效果，以致整個北魏都在未發生過諸王武力權奪皇權的現象。另一方面，這一政策對於抑制母權干政也起到了積極的作用，在一定程度上抑制了女性過度參與國家政治的熱情和行為。但由於該政策只是針對太子的生母，年幼喪母的太子需要由皇后或乳母、保母照看，乳母或保母有時也會與他們形成真正意義上的母子親情，她們也可以在太子繼位後，以皇太后身份影響朝政。但由於缺少血緣聯繫，她們對新君及國家朝政的影響也受到了限制，這在一定程度上也造成了北魏女性地位的降低。

「母強子立」的權力傳承模式確保了部落制時代女性在鮮卑部落中擁有極高的家庭和社會地位，以致北魏建立後，其國內女性持家、參政之風盛行，女性在這一政權中有著其他政權無可比擬的地位。為了抑制女權在國內的過度滋生和發展，道武帝制定了「子貴母死」制，這一制度雖然能夠在一定程度上抑制後族對皇位傳承的影響和控制，進而剪除外戚控制朝政這一弊端，並在無形中對國內女性的地位也起到了一定的抑制作用。最終，隨著孝文帝漢化的推行，北魏女性逐漸接受漢族政權的影響，漸漸退出了持家、參政的行列，但是就整體而言仍高於我國古代任何政權，這也成為北魏政權的一個獨特之處。

〔註92〕田餘慶：《拓跋史探》，生活・讀書・新知三聯書店，2011 年，第 14 頁。

第二章　北魏宮廷女性結構

　　宮廷女性由於能夠較便利的接觸到皇權，這也使她們更便於影響朝政。北魏的宮廷女性主要包括皇后、嬪妃、公主、女官與宮女等五個人數較多的群體，尤其是皇后和嬪妃更成為臨朝稱制的重要人群。

第一節　皇后地位的確立與演變

　　在我國古代王朝中，「皇后」是皇帝嫡妻的專用稱呼，也是舉國女性的代表，她們「正位宮闈，同體天王。」〔註1〕在後宮中的地位如同皇帝，有統御後宮的權力和責任。由於北魏是由少數民族建立的政權，其後宮制度也與中原王朝有著明顯的差異，其中皇后制度更歷經了從無到有的變化過程。

一、皇后制度的創立

　　我國古代社會等級森嚴，不同等級的人有著不同的稱謂，與之相應，他們的妻子也有著不同的稱號。根據禮書記載「天子之妃曰后。諸侯曰夫人。大夫曰孺人。士曰婦人。庶人曰妻。」〔註2〕可見，在古代社會中，天子在國家中的地位最高，稱為「王」，他們的妻子是國家地位最高的女性，稱為「后」或「王后」，所謂「后，君也。明配至尊，為海內小君。」〔註3〕在整個國家

〔註1〕《後漢書》卷一〇《皇后紀》鄭玄注，中華書局，1965 年，第 397 頁。
〔註2〕《十三經注疏》第六《禮記正義》卷五《曲禮下》，中華書局，1980 年，第 1267 頁。
〔註3〕《十三經注疏》第六《禮記正義》卷五《曲禮下》注引《白虎通・嫁娶篇》，中華書局，1980 年，第 1267 頁。

中，天子與后也有不同的分工，「天子聽男教，后聽女順；天子理陽道，后治陰德；天子聽外治，后聽內職。……天子之與后。猶日之與月。陰之與陽。相須而後成者也。天子脩男教。父道也后脩女順。母道也。故曰。天子之與后。猶父之與母也。」〔註4〕天子掌管國家政事，后處理內廷事物，以輔助天子。天子與后的這種分工形式為後代王朝世代相傳，成為我國古代王朝集權的重要形式。

中原大地在經歷了春秋、戰國的戰亂後，秦始皇統一了全國，建立了我國歷史上第一個統一的王朝——秦朝，他認為自己功勞蓋過三皇、五帝，「名號不更，無以稱成功，傳後世。」〔註5〕因而將最高統治者的名稱由「王」改為「皇帝」，與之相伴，最高統治者的妻子也就由「王后」改稱為「皇后」了。

皇后在後宮中有著至高無上的地位，所謂「后亦君也。天曰皇天，地曰后土，故天子之妃，以後為稱，取象二儀。」〔註6〕在我國古代王朝中，皇帝可以同時擁有眾多嬪妃和姬妾，但在一般情況下，皇帝卻只能設立一位皇后，所謂「一帝一后，禮也。至荒亂之朝，則漫無法紀，有同時立數後者。」〔註7〕一帝一后作為後宮典制，為歷代王朝皇帝沿襲，這也是皇后地位高於嬪妃的直接體現。

皇后制度作為我國古代君主專制制度中「家天下」直接體現，與君主專制政體相生相伴。魏晉以來，隨著少數民族建立政權，漢族王朝的一統格局被打破，少數民族政權紛紛建立，最終鮮卑族統一了這些少數民族政權，開啟少數民族政權入主中原的新格局。原本存在於中原政權中的各項制度開始在北族政權中流淌，其中最早進入鮮卑社會的便是皇后制度。

鮮卑族於部落聯盟基礎上建立起了代國，這也使鮮卑民族的習俗開始在國內傳承。在我國古代北方民族政權中，其首領大都稱為「可汗」或「單于」，只是首領的配偶稱呼則有所不同，如匈奴最高領袖的妻子稱為「閼氏」、突厥最高領袖的妻子則稱為「可賀敦」，而鮮卑早期的首領及其妻子的稱謂，史書中卻並無任何記載。但從嘎仙洞石刻銘文中「薦於皇皇帝天、皇皇后土。

〔註4〕《十三經注疏》第六《禮記正義》卷六一《昏義》，中華書局，1980年，第1681頁。

〔註5〕《史記》卷六《秦始皇本紀》，中華書局，1982年，第236頁。

〔註6〕《漢書》卷九七《外戚傳上》顏師古注，中華書局，1964年，第3935頁。

〔註7〕趙翼著，王樹民校正：《廿二史劄記校正》卷一五《魏齊周隋書並北史》一帝數后條，中華書局，1984年，第331頁。

以皇祖先可寒配、皇祖先可敦配」的記載可以看出部落聯盟時代的鮮卑首領亦稱「可汗」，其配偶則稱「可敦」。〔註8〕

部落制時代的鮮卑首領大都會有多位妻子，她們的地位相對平等、「惟以次第為稱」〔註9〕。首領的諸妻既無明確的等級區分，她們的子嗣亦無嫡庶之別，在權力繼承中，首領的諸子也有著平等的繼承權。

圖一：嘎仙洞石刻祝文

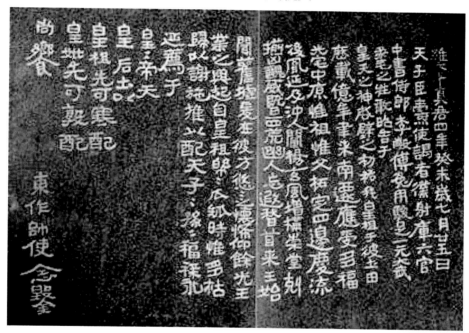

晉愍帝時期曾冊封拓跋部落聯盟的部帥拓跋猗盧為代王，拓跋部落聯盟也隨之進入王國時代。拓跋珪在繼任代王後，又改國號為魏，宣告著其國已經由東晉的封國轉變為上承於三國曹魏的王國，並「始營宮室，建宗廟，立社稷。」〔註10〕命以鄧淵為代表的漢官「典官制，立爵品，定律呂，協音樂」〔註11〕，制禮儀、定律令、考天象，北魏在建國的同時開始了制度上的漢化變革。隨著拓跋珪由魏王改稱皇帝，其配偶也隨之由王后改稱皇后，北魏歷

〔註8〕「可寒」即「可汗」;「可敦」，即「可賀敦」。由《北史・后妃列傳下》所載，
　　　　北齊文宣皇后李氏曾被封「可賀敦皇后」可知其應為「可賀敦」之簡稱。
〔註9〕《魏書》卷一三《皇后列傳》，中華書局，1974年，第321頁。
〔註10〕《魏書》卷二《道武帝紀》，中華書局，1974年，第34頁。
〔註11〕《魏書》卷二《道武帝紀》，中華書局，1974年，第33頁。

史上的皇后一稱開始出現，皇后制度也藉此發端。

　　從皇后的選立程序上看，北魏冊立皇后首先要經由主要朝臣集議，如道武帝朝選立皇后時「左丞相衛王儀等奏請立皇后，帝從群臣議」〔註12〕，孝文帝朝選立皇后乃是「太尉元丕等表以長秋未建，六宮無主，請正內位。」〔註13〕經過朝臣集議、皇帝首肯的皇后候選人，還要經過占卜預測，方才能獲得國家的認可。

　　通過「手鑄金人」方式進行預測在我國古代北方民族中流傳較廣，不僅匈奴中有以金人祭天的習俗〔註14〕，鮮卑中更有以金人占卜之風，其意義在於祈禱上天之庇護。由於金人乃是鑄造者自己的像〔註15〕，因而其占卜意味就更濃，而通過手鑄金人所選納的皇后也更受鮮卑族民所重視。《魏書》卷一三《皇后列傳》載：

　　　　魏故事，將立皇后，必令手鑄金人，以成者為吉，不成則不得立也。

　　　　道武皇后慕容氏，寶之季女也。中山平，入充掖庭，得幸。左丞相衛王儀等奏請立皇后，帝從群臣議，令后鑄金人，成，乃立之，告於郊廟。

《資治通鑒》卷一一一《晉紀》隆安四年條亦載：

　　　　初，魏主珪納劉頭眷之女，寵冠後庭，生子嗣。及克中山，獲燕主寶之幼女。將立皇后，用其國故事，鑄金人以卜之，劉氏所鑄不成，慕容氏成，三月，戊午，立慕容氏為皇后。

經過「鑄金人」預測的嬪妃，則需要通過告郊廟的方式宣告她們的身份。在漢晉的納后中也有告宗廟的禮儀程序，鮮卑族也有著西郊祭天的習俗。在北魏皇后冊立中所採取的「告郊廟」禮儀形式，正是將漢族的告宗廟與鮮卑族西郊祭天的習俗相結合的產物。孝文帝漢化改革後，將西郊祭天改為圓丘祭祀，隨之而來的皇后冊立中的「告於郊廟」也為「告於圓丘」所取代，並為北

〔註12〕《魏書》卷一三《皇后列傳·道武皇后慕容氏傳》，中華書局，1974 年，第325 頁。

〔註13〕《魏書》卷一三《皇后列傳·孝文廢皇后馮氏傳》，中華書局，1974 年，第332 頁。

〔註14〕《漢書》卷九四《匈奴列傳上》顏師古注：「作金人以為天神之主而祭之，即今佛像是其遺法。」

〔註15〕苗霖霖：《北魏「手鑄金人」制試探》，《哈爾濱學院學報》，2011 年第 11 期。

齊所繼承，成為北朝皇后冊立禮中重要的一環。

　　此外，在北魏建國後，有鑒於長期以來國內存在的「母強子立」權力傳承模式對皇權的掣肘，道武帝制定了「子貴母死」制度，在冊立太子的同時賜死太子的生母，以達到防止帝母掌權〔註16〕、外戚干政的目的，但也造成很多嬪妃由於兒子被選為太子而被賜死，這些太子繼位後首先便會追封逝世的生母為皇后，進而造成北魏「後宮人為帝母，皆正位配饗焉」〔註17〕。由是也出現了先帝已經立有皇后，而繼任皇帝生母又被追封皇后，這樣一帝二后的現象。在宗廟祭祀中，按照傳統禮制規定卻只有一帝一后能夠進入宗廟享受後人的祭祀。那麼進入宗廟享受祭祀者，是先帝皇后，還是繼帝的生母，便需要再度進行抉擇。

　　在漢族政權中，普遍實行著「嫡長子繼承制」，這也使先帝皇后更具權威，能夠享受宗廟祭祀者也當屬先帝皇后無疑。但鮮卑族政權中卻與此有所不同。在部落制時代，鮮卑部帥的諸位妻子的地位相對平等，部帥諸子亦無嫡庶之分，加之鮮卑族「怒則殺父兄，而終不害其母，以母有族類，父兄以己為種，無復報者故也。」〔註18〕的社會風尚，以及「母強子立」的繼位傳統，使繼任部帥之母在部落中有著極高的政治地位和社會影響力。在北魏建國後，國內仍遵從著母子關係強於夫妻關係的傳統，這也造成新帝生母在社會地位上優於先帝皇后，史書記載中也印證了這種關係。

　　北魏道武帝共有兩位皇后，分別是道武皇后慕容氏和道武宣穆皇后劉氏。慕容氏是道武帝通過一系列程序選定的皇后，而宣穆皇后劉氏本是道武帝嬪妃，由於兒子繼任帝位而被追封為皇后。若在儒家思想為主導的漢族政權中，慕容氏作為道武帝的嫡妻，地位當在劉氏之上，死後配享祭祀者當為慕容氏無疑。但北魏卻「以太祖道武皇帝配圓丘，宣穆皇后劉氏配方澤」〔註19〕，

〔註16〕在「母強子立」的權力傳承模式下，前任部帥妻在幫助兒子繼任部帥後便自己執政，其中以桓帝皇后祁氏在兩個兒子拓跋賀傉和拓跋紇那擔任部帥時，自己親掌國政，從而使部落聯盟有了「女國」之稱。特別是北魏道武帝在母親賀蘭氏的幫助下繼任，賀蘭氏不僅一度控制朝政，更欲令道武帝傳位給幼弟拓跋觚，以實現自己長期掌控朝政。

〔註17〕《魏書》卷一三《皇后列傳·道武宣穆皇后劉氏傳》，中華書局，1974年，第325頁。

〔註18〕《三國志》卷三〇《烏桓鮮卑東夷列傳·烏桓傳》注引《魏書》，中華書局，1959年，第832頁。

〔註19〕《魏書》卷一〇八《禮志二》，中華書局，1974年，第2762頁。

似乎在國內更加認可劉氏的皇后地位。

無獨有偶，明元帝的皇后冊立中也出現了相似的狀況。《魏書》卷一三《皇后列傳・明元昭哀皇后姚氏傳》載：

> 明元昭哀皇后姚氏，姚興女也，興封西平長公主。太宗以后禮納之，後為夫人。后以鑄金人不成，未升尊位。然帝寵幸之，出入居處，禮秩如后焉。是後猶欲正位，而后謙讓不當。泰常五年薨，帝追恨之，贈皇后璽綬，而後加諡焉。

《魏書》卷一三《皇后列傳・明元密皇后杜氏傳》載：

> 明元密皇后杜氏，魏郡鄴人，陽平王超之妹也。初，以良家子選入太子宮，有寵，生世祖。及太宗即位，拜貴嬪。泰常五年薨，諡曰密貴嬪，葬雲中金陵。世祖即位，追尊號諡，配饗太廟。又立后廟於鄴，刺史四時薦祀。

在姚氏和杜氏二人中，明元帝更屬意後秦公主姚氏，因而才讓她進行封后的「手鑄金人」預測，但姚氏卻由於鑄金人不成而未能立后，以致明元帝一直都未曾冊立皇后，姚氏死後，才被明元帝追封為皇后。杜氏本為明元帝嬪妃，死於「子貴母死」制度之下，她的兒子太武帝拓跋燾繼位後，也追封她為皇后。在國家的祭祀與配享中，以「太宗明元皇帝配上帝，明密皇后杜氏配地祇」〔註20〕，說明當時國家所認可的皇后是以新君的生母的身份獲得追封的杜氏，而非明元帝親自追封的姚氏。

這一現象的出現，便是鮮卑族長久以來在權力繼承中，「母強子立」繼承模式的延續，即只有繼任皇帝的生母才能與先帝成為並肩而行的夫妻，而皇帝親自冊封的皇后則只具備禮儀上的地位。

北魏後宮中由於「子貴母死」制度的施行，新君的生母在其被冊立為太子時就已經逝世，那麼後宮中地位最高的女性當屬新帝的皇后，但事實卻並非如此。太武帝在生母杜氏逝世後，由保母竇氏撫育成人，他不僅「感其恩訓，奉養不異所生。」〔註21〕更在繼位後冊封她為皇太后，她也是北魏歷史上第一位皇太后，宣示著北魏後宮制度向著漢族政權後宮制度邁進，後宮體系的完備性也於此時得到了一定的提升。

〔註20〕《魏書》卷一〇八《禮志二》，中華書局，1974 年，第 2762 頁。

〔註21〕《魏書》卷一三《皇后列傳・明元密皇后杜氏傳附世祖保母竇氏傳》，中華書局，1974 年，第 326 頁。

二、皇后地位的確立

北魏皇后嫡妻地位的凸顯最初發生於太武帝時期。太武帝晚年著力培養的太子拓跋晃英年早逝，在繼位者未定的情況下，太武帝又在宦官宗愛政變中逝世，其時，後宮的權力在保太后逝世後也為皇后赫連氏所取得。宗愛政變爆發後，「矯皇后令，殺東平王翰，迎南安王余入而立之，大赦，改元為永平，尊皇后赫連氏為皇太后。」〔註22〕雖然赫連氏在拓跋余繼位後，身份也由皇后成為皇太后，宗愛扶立拓跋余繼位表面上也是赫連氏的意志，但這也並不意味著北魏皇后已經獲得了如同中原漢族政權一樣，擁有了皇帝嫡妻的權力和地位。事實上，這一時期北魏仍實行著鮮卑族早期的集體推選繼承人的方式，但這個集體中卻不包含先帝的皇后。《魏書》卷九四《閹官列傳·宗愛傳》載：

> 世祖暴崩，愛所為也。尚書左僕射蘭延、侍中吳興公和疋、侍中太原公薛提等秘不發喪。延、疋二人議以高宗沖幼，欲立長子，徵秦王翰置之秘室。提以高宗有世嫡之重，不可廢所宜立而更求君。延等猶豫未決。

在太武帝逝世後，參與皇位繼承人討論的有尚書左僕射蘭延、侍中吳興公和疋、侍中太原公薛提等人，皇后仍未能具備中原王朝皇后般的話語權，這也正是她們沒有具備相應社會地位的直接體現。赫連氏皇太后身份的獲得只是她先帝皇后身份為政變者所需要，她並未真正擁有如中原政權的皇后般，在先帝逝世後主理朝政的皇太后之權。

未及拓跋余將生母、太武帝左昭儀閭氏追封為皇后，他便為宗愛所殺。不久，宗愛集團也被平定，文成帝拓跋濬以皇長孫身份繼位，他追封生母郁久閭氏為皇后，冊封保母常氏為皇太后、貴人馮氏為皇后。三年後，常太后逝世，馮氏真正統領後宮，北魏後宮進入了一個新時代。

文成帝逝世後，其子獻文帝拓跋弘繼位，追封生母李氏為皇后，尊馮氏皇太后。在此之前，北魏已經有三位皇太后，其中二人（竇太后和常太后）是由保母或乳母得封，另一人（赫連太后）則由於政變之故而得封。馮氏在獻文帝繼位之初，以先帝皇后身份得封皇太后，不僅統領後宮，更在「丞相乙渾謀逆，……誅渾，遂臨朝聽政。」〔註23〕這在北魏歷史上尚屬首次，彰

〔註22〕《魏書》卷四《太武帝紀下》，中華書局，1974年，第106頁。
〔註23〕《魏書》卷一三《皇后列傳·文成文明皇后馮氏傳》，中華書局，1974年，第

顯了先帝皇后卓越的地位，其根本原因在於漢族文化的深入以及漢族士人的不斷推動。

此時的北魏隨著與南朝政權的作戰，朝廷中的漢人官員人數不斷增多，他們「雖不至大官，常掌機要。」〔註24〕多次上書針對鮮卑「風俗仍舊，婚娶喪葬，不依古式」〔註25〕提出了建議。正是在漢官集團的不斷推動下，才最終使「皇后」與「皇太后」位號開始在北魏正式接軌，皇后作皇帝嫡妻身份也在此後得到彰顯並取代了皇太后，成為後宮爭奪的主要對象。

北魏孝文帝繼位初期並未冊立皇后，後宮由時為太皇太后的馮氏統領〔註26〕，馮太后逝世後，「高祖既終喪，太尉元丕等表以長秋未建，六宮無主，請正內位。高祖從之，立後為皇后。」〔註27〕不久，馮皇后的異母姐姐馮昭儀得寵於孝文帝，在她的不斷譖構下，馮皇后被廢〔註28〕，馮昭儀便成為繼後的最佳人選。

此時的北魏國內隨著漢化的不斷推行，鮮卑舊俗的地位有所動搖，為了確保馮氏能順利冊封，孝文帝廢除了以往了冊后程序。對此，《魏書》卷四七《盧玄列傳附盧淵傳》也有著明確記載：

> 高祖將立馮后，方集朝臣議之。高祖先謂淵曰：「卿意以為何如？」對曰：「此自古所慎，如臣愚意，宜更簡卜。」高祖曰：「以先後之侄，朕意已定。」淵曰：「雖奉敕如此，然於臣心實有未盡。」及朝臣集議，執意如前。

自此，北魏皇帝可以按照自己的意願冊立皇后，也標誌著皇后制度又向漢制邁進了一大步。

此前的北魏皇后選拔更加注重群臣推選和「手鑄金人」結果，皇帝與皇后的情感互動較少；自孝文帝開始，隨著皇后選立為皇帝所控，皇后與皇帝間的互動也不斷加強，如孝文幽皇后馮氏「專寢當夕，宮人稀復進見。」

---

328 頁。
〔註24〕《魏書》卷三三《賈彝列傳附賈秀傳》，中華書局，1974 年，第 793 頁。
〔註25〕《魏書》卷四八《高允列傳》，中華書局，1974 年，第 1073 頁。
〔註26〕獻文帝在位時並未冊立皇后，孝文帝生母李氏亦以「子貴母死」制被殺。因而，孝文帝統治初期，北魏前朝由馮太后和孝文帝祖孫共治，後宮則由馮太后統領。
〔註27〕《魏書》卷一三《皇后列傳‧孝文廢皇后馮氏傳》，中華書局，1974 年，第 332 頁。
〔註28〕史書記載稱其為孝文廢皇后馮氏。

〔註29〕宣武順皇后于氏「甚見寵愛，立為皇后」〔註30〕。為了穩固皇帝對自己的愛寵，一些皇后更出現了「性妒忌，宮人希得進御」的行為〔註31〕皇后也最終擁有了皇帝嫡妻的地位和威嚴，嫡庶之別也隨之開始在國內推廣。

宣武帝繼位後，秉承前制，追封逝世的生母高氏為皇后〔註32〕，但他在冊封皇子元恪為皇太子時，卻並未賜死皇太子的生母充華嬪胡氏。元恪繼位後，尊宣武帝皇后高氏為皇太后，生母胡氏為皇太妃，直至高氏出家後，胡氏才最終被封為皇太后。由是，在嫡妻未廢的情況下，皇帝生母只能被尊為太妃，不可僭越皇太后之名，以示嫡庶之分、別人倫之異，這在北魏末年外藩繼位中表現的就更為明顯。《北史》卷五《節閔帝紀》載：

> 節閔皇帝諱恭，字修業，廣陵惠王羽之子也。母曰王氏。帝少有志度，事祖母、嫡母以孝聞。正始中，襲爵。位給事黃門侍郎。……及莊帝崩，尒朱世隆等以元曄疏遠，又非人望所推；以帝有過人之量，將謀廢立。
>
> 普泰元年春二月己巳，皇帝即位於太極前殿，群臣拜賀。禮畢，遂登閶闔門大赦。以魏為大魏，改建明二年為普泰元年。……（九月）癸巳，追尊皇考為先帝，皇妣王氏為先太妃。封皇弟永業為高密王，皇子子恕為勃海王。

《北史》卷五《孝武帝紀》又載：

> 孝武皇帝諱修，字孝則，廣平武穆王懷之第三子也。母曰李氏。帝性沉厚，學涉，好武事，遍體有鱗文。年十八，封汝陽縣公。……中興二年，高歡既敗尒朱氏，廢帝自以疏遠，請遜大位。……於是假廢帝安定王詔策而禪位焉。
>
> 永熙元年夏四月戊子，皇帝御太極前殿，群臣朝賀，禮畢，升閶闔門大赦。改中興二年為太昌元年。……二年春正月庚寅朔，朝

〔註29〕《魏書》卷一三《皇后列傳·孝文幽皇后馮氏傳》，中華書局，1974 年，第332 頁。

〔註30〕《魏書》卷一三《皇后列傳·宣武順皇后于氏傳》，中華書局，1974 年，第336 頁。

〔註31〕《魏書》卷一三《皇后列傳·宣武皇后高氏傳》，中華書局，1974 年，第336 頁。

〔註32〕宣武帝母並非死於「子貴母死」制度，而是在孝文帝遷都過程中為孝文廢皇后馮氏所害，以達到傚仿馮太后母養皇子、控制朝局的目的。參看苗霖霖：《北魏孝文帝朝四后之爭》，《黑龍江社會科學》，2016 年第 6 期。

> 饗群臣於太極前殿。……丁巳，追尊皇考為武穆皇帝，太妃馮氏為
> 武穆皇后，皇姊李氏曰皇太妃。

從節閔帝、孝武帝繼位後，沒有追封生母為皇后，而是追封嫡母為皇后來
看，此時北魏嫡庶禮制已經確立，也標誌著皇后卓越地位的最終形成。

　　北魏皇后制度的完善，標誌著鮮卑族以「次第為稱」的妻妾體制，向皇
后統領下的後宮制度邁進的完成。北魏不僅以法律的形式規定了皇后在國家
中的地位，更以「多悉婦人儀飾故事」〔註33〕的蕭氏按照南朝宋、齊制度完
善北魏後宮禮制。至孝明帝以後，更對車輦、服飾進行了更細緻的規定，皇
后制度也隨著後宮禮制的完善而最終完善。可以說，北魏皇后制度經歷了一
個從無到有，由簡而繁的變化過程，皇后的地位也隨著漢化的推進而不斷得
到彰顯。

三、皇后地位的演變

　　道武帝創立皇后制度之初，雖然打破了鮮卑部落領袖諸妻地位相對平
等、「惟以次第為稱」〔註34〕的格局，並賦予了皇后「正位宮闈，同體天王」
〔註35〕的地位，但此時的北魏皇后只是禮儀方面的稱謂，其在後宮中的實
際作用極其有限，這也成為北魏前期在「胡風」影響下皇后制度與中原王
朝皇后制度最本質的區別。由於「國之大事，唯祀與戎」〔註36〕，此時北
魏皇后的地位，只是在西郊祭天中才有所體現。《魏書》卷一〇八《禮志一》
載：

> 天賜二年夏四月，復祀天於西郊，……帝立青門內近南壇西，
> 內朝臣皆位於帝北，外朝臣及大人咸位於青門之外，后率六宮從黑
> 門入，列於青門內近北，並西面。……女巫升壇，搖鼓。帝拜，若
> 肅拜，百官內外盡拜。祀訖，復拜；拜訖，乃殺牲。執酒七人西向，
> 以酒灑天神主，復拜，如此者七。禮畢而返。

就目前掌握的資料來看，北魏前期皇后參與的社會活動僅限於西郊祭天。在
祭天活動中，皇后不僅率領後宮參與祭典，更在祭天禮儀中處處彰顯其與皇
帝夫妻一體、至高的社會地位。但在實際的生活中，此時統領後宮、與皇帝

〔註33〕《魏書》卷九四《閹官列傳・張宗之傳》，中華書局，1974 年，第 2019 頁。
〔註34〕《魏書》卷一三《皇后列傳》，中華書局，1974 年，第 321 頁。
〔註35〕《後漢書》卷一〇《皇后紀》鄭玄注，中華書局，1965 年，第 397 頁。
〔註36〕《魏書》卷一〇八《禮志二》，中華書局，1974 年，第 2762 頁。

同理朝政的是與皇帝有著母子親情的皇太后，皇后在整個社會的認可度尚不足夠，這主要與鮮卑族的傳統意識和社會習俗密切相關。

早在部落制時代中，鮮卑族存在著「母強子立」的權力繼承模式，這也造成新任部帥的生母在幫助他取得部帥後，得以與兒子共掌部落，實現其自身的政治價值。即便是在國家建立後，在重大問題上，皇太后的態度也能夠起到至關重要的作用，如拓跋什翼犍建立代國後，「朝諸大人於參合陂，議欲定都灅源川，連日不決，乃從太后計而止。」〔註37〕北魏建立後，這種狀況仍在國內延續。

道武帝拓跋珪在母親賀氏和母族賀蘭部的幫助下建國，賀氏也由是在北魏中有著極高的政治地位和社會影響力，以致道武帝晚年，賀氏意圖令他傳位給幼弟拓跋觚，拓跋珪卻無法直接拒絕。為了實現皇位的父子相承，道武帝被迫派遣拓跋觚出使後燕，並借後燕之手殺害了拓跋觚，造成「后以觚不返，憂念寢疾，」〔註38〕保證了皇權的順利過渡。

此外，為了防止「母權干政」不斷上演，道武帝還制定了「子貴母死」制，以切斷儲君與母親及外戚間的聯繫，但卻造就了乳母、保母取代儲君生母，與之建立實際意義上的母子親情，並被冊立為皇太后，成為後宮的實際統領著，母權干政以新的姿態再度在北魏上演。

但至獻文帝繼位時，其生母李氏已經逝世，亦無相對穩定的乳保對他進行撫育，因而文成帝皇后馮氏便在獻文帝繼位後被封為皇太后。馮氏與獻文帝並非親生母子，亦沒有母養之恩，她本應如赫連氏般只是名義上的皇太后，並無干政之可能。但是由於馮氏出自龍城，她更是文成帝乳母常氏親選的皇后。在常太后逝世後，馮氏不僅繼承了她的勢力，〔註39〕更在與獻文帝合力誅滅乙渾謀逆中取得了鮮卑貴族的支持，這使她有了第一次臨朝參政的機會。在獻文帝和馮太后在共同臨朝中，由於缺少母子親情和有效的溝通，二人政見分歧嚴重，最終造成馮太后退居後宮撫養孝文帝，獻文帝也在後期傳位於孝文帝，自己則以太上皇之名繼續主政。

獻文帝逝世後，孝文帝與馮太后共同臨朝，二人雖名為祖孫，實則有著

〔註37〕《魏書》卷一《序紀・昭成帝紀》，中華書局，1974 年，第 12 頁。

〔註38〕《魏書》卷一三《皇后列傳・獻明皇后賀氏傳》，中華書局，1974 年，第 324 頁。

〔註39〕李憑：《北魏龍城諸后考實》，《歷史研究》，2007 年第 3 期。

母子親情，他們「近集群官，共論政治，平秩民務。」〔註40〕朝臣的上書也
會同時呈送二人，「二聖」之稱也在此時首次見於史書記載之中。

　　此後，孝明帝和胡太后母子也曾共同臨朝，他們也被史書稱為「二聖」。
特別是胡太后更儼然一副君主之姿，成為北魏社會中唯一一位實際意義上的
女皇。《魏書》卷一三《皇后列傳·宣武靈皇后胡氏傳》載：

> 　　及肅宗踐祚，尊后為皇太妃，後尊為皇太后。臨朝聽政，猶稱殿
> 下，下令行事。後改令稱詔，群臣上書曰「陛下」，自稱曰「朕」。

> 　　太后性聰悟，多才藝，姑既為尼，幼相依託，略得佛經大義。

> 　　親覽萬機，手筆斷決。

胡太后的過度攬權直接造成她與孝明帝「母子之間，嫌隙屢起。」〔註41〕加
之她施政不利，最終導致北魏國內「文武解體，所在亂逆，土崩魚爛，由於此
矣。」〔註42〕在孝明帝逝世後，胡太后的統治也被推翻。北魏隨後分裂，皇
太后與皇帝母子共同臨朝的局面也至此結束。

　　在皇太后退出了法理上執政之後，她們雖然仍在儒家孝親思想的指引下
擁有尊榮，卻不再享有與皇帝同理朝政、執政終身的特權。即便是在皇帝年
幼繼位的情況下，皇太后也只能處於輔政地位，在皇帝成年後便需退位。在
皇太后地位受到抑制的同時，皇后的地位卻得到了最大程度上的提升，她們
取代了皇太后的地位，不僅成為後宮的實際掌控者，更可以與皇帝並肩處理
朝政，帝后一體並尊開始出現，如隋文帝皇后獨孤氏「每與上言及政事，往
往意合，宮中稱為二聖。」〔註43〕唐高宗皇后武則天更「內輔國政數十年，
威勢與帝無異，當時稱為『二聖』」〔註44〕。北魏前期「母強子立」制度之下
的皇太后、皇帝共治天下也轉變為皇帝與皇后共治天下。

　　隨著帝后一體思想的不斷深入，皇帝與皇后並稱「二聖」也逐漸深入人
心，這也為皇后擺脫皇帝的制約，開始輔助皇帝處理朝政，並最終造就了皇
后臨朝，也為唐朝武后臨朝並最終稱帝，奠定了社會基礎。

〔註40〕《魏書》卷一〇八《禮志三》，中華書局，1974 年，第 2780 頁。
〔註41〕《魏書》卷一三《宣武靈皇后胡氏傳》，中華書局，1974 年，第 339 頁。
〔註42〕《魏書》卷一三《宣武靈皇后胡氏傳》，中華書局，1974 年，第 339 頁。
〔註43〕《隋書》卷三六《后妃列傳·文獻皇后獨孤氏傳》，中華書局，1973 年，第
　　　　1109 頁。
〔註44〕《舊唐書》卷六《則天皇后列傳》，中華書局，1975 年，第 115 頁。

第二節　嬪妃等級的明晰

嬪妃雖然沒有皇太后和皇后的地位和尊榮，但由於她們也與皇帝有著夫妻關係，如若她們的兒子得以繼任，她們便可以以帝母身份獲封皇太后，因而嬪妃也成為極受皇帝重視的一個群體。由於後宮中的嬪妃人數眾多，對她們進行等級劃分，以給予她們不同的待遇。

一、嬪妃等級的創立

中國古代的後宮制度出現於秦朝，秦始皇繼位後，將最高統治者的稱謂由「王」改為「皇帝」，皇帝的嫡妻稱為「皇后」，皇后之下設有夫人、美人、良人、八子、七子、長使、少使等不同等級的嬪妃，後宮制度由此出現。此後的兩漢、三國、魏晉各代大都在此基礎上對嬪妃的名稱進行豐富，但是后妃品位制度尚未明晰。

於北方游牧民族——鮮卑族而言，部落聯盟時代的最高統治者稱部帥，鮮卑部落中實行族外婚，部帥的妻妾大都來自周邊部落，並以「次第為稱」，嫡庶尊卑不甚分明。拓跋什翼犍建立代國後，將部帥改稱為王，其妻子則稱為王后。拓跋珪復國後，不僅改國號為魏國，更將最高統治者的稱謂由王改稱為皇帝，並確立了皇權專制體制。他還追諡自己的先祖為皇帝、皇后，並還將自己的妻妾劃分為皇后與夫人兩級，其嫡妻稱皇后，諸妾則均稱夫人。此後的北魏皇帝大都在此基礎上增加嬪妃的等級。《魏書》卷一三《皇后列傳》載：

> 魏氏王業之兆雖始於神元，至於昭成之前，世崇儉質，妃嬙嬪御，率多闕焉，惟以次第為稱。而章、平、思、昭、穆、惠、煬、烈八帝，妃后無聞。

> 太祖追尊祖妣，皆從帝諡為皇后，始立中宮，餘妾或稱夫人，多少無限，然皆有品次。世祖稍增左右昭儀及貴人、椒房、中式數等，後庭漸已多矣。

可見，北魏建國前，鮮卑部帥一直都沒有對妻妾進行等級區分，更沒有專門設置相應的稱號。至道武帝建國之初，才將前代部帥追封為皇帝，並將在位部帥的生母追封為皇后，對於皇帝的其他妻妾則未給予追加封號。道武帝時期的後宮也僅分為皇后與嬪妃兩級，嬪妃則統稱「夫人」。太武帝時期，又增加了昭儀、貴人、椒房和中式等不同稱謂，後宮嬪妃有了初步的等級。文成

帝又再增加「嬪」。至此，北魏嬪妃等級初步確立。

孝文帝時期，隨著政治、經濟的迅速發展，鮮卑族的文化水品和制度建設也得到了迅速的提升，為了實現國家的進一步發展，他在太和年間對全國進行了全方位、大規模的改革，其中重要的一項便是對後宮制度的變革，並首次以法令的形勢明晰了嬪妃的等級。《魏書》卷一三《皇后列傳》載：

> 高祖改定內官，左右昭儀位視大司馬，三夫人視三公，三嬪視
> 三卿，六嬪視六卿，世婦視中大夫，御女視元士。

根據北魏「前職員令」記載：大司馬官居第一品上；三公官居第一品中；三卿為第一品下、六卿居第二品上；中大夫官居從第三品上；元士官居從第四品。〔註45〕據此可知，北魏後宮嬪妃以昭儀的地位最高，三夫人次之，三嬪、六嬪再次之，世婦與御女再次之，北魏嬪妃等級制度就此形成。

需要注意的是，孝文帝時期雖然沒有明確規定各等級嬪妃的人數，但後宮嬪妃中的「夫人」與「嬪」卻已經出現的初步的人數規定，其中「三夫人」就是三種不同的「夫人」名號，包括貴華夫人〔註46〕、貴嬪夫人〔註47〕和貴人夫人。〔註48〕

此外，根據《魏世宗嬪宣武皇帝第一貴嬪夫人司馬氏（顯姿）墓誌銘》所載：

> 夫人承聯華之妙氣，育窈窕之靈姿；閒淑發於髫年，四德成於
> 笄歲。至於婉娩織紝，早譽宗閨；潔白貞專，遠聞天閣。帝欽其令
> 問，正始初敕遣長秋，納為貴華。……帝觀其無嫉之懷，感其罔怨

〔註45〕《魏書》卷一一三《職官志》，中華書局，1974 年，第 2978 頁。

〔註46〕趙超：《漢魏南北朝墓誌彙編》，《魏故貴華恭夫人（王普賢）墓誌銘》，中華書局，2008 年，第 69 頁。

〔註47〕趙超：《漢魏南北朝墓誌彙編》，《魏故世宗宣武皇帝第一貴嬪夫人司馬（顯姿）氏墓誌銘》，中華書局，2008 年，第 120 頁。

〔註48〕根據《魏書·宣武皇后高氏傳》所載，宣武皇后高氏先被納為貴人，後又冊封皇后。但《魏瑤光寺尼慈義（高英）墓誌銘》卻記載其先被納為夫人，後又被冊為皇后。那麼，貴人與夫人也應為同一稱號。另據《宋書·后妃列傳》記載：「晉武帝採漢、魏之制，置貴嬪、夫人、貴人，是為三夫人，位視三公。……世祖孝建三年，省夫人、修華、修容，置貴妃，位比相國，進貴嬪，位比丞相，貴人位比三司，以為三夫人。」可見，西晉至南朝宋後宮中，貴嬪、夫人和貴人都統稱為三夫人。北魏孝文帝的後宮制度改革乃根據漢、晉、南朝後宮制度而制定。那麼，北魏三夫人中的第三類夫人亦應為「貴人夫人」。

之志，未幾遷命為第一貴嬪夫人。〔註49〕

可見，雖然貴華夫人與貴嬪夫人同屬於三夫人，但據此墓誌司馬顯姿由貴華夫人升為貴嬪夫人可知，貴華夫人地位似略低於貴嬪夫人，由是可知三夫人中也有著些許地位差異。

北魏後宮中的「嬪」又分為「三嬪」和「六嬪」兩類，其中三嬪視三卿，為從一品下；六嬪視六卿，為正二品上。據此看來，三嬪的地位應當高於六嬪。宣武帝繼位後，推行了孝文帝時期制定的新的官職品級，其中一項便是將「三卿」與「六卿」合稱為「九卿」，官居三品，與之官職相應的後宮「三嬪」、「六嬪」也隨之合稱為了「九嬪」。據《大魏高祖九嬪趙充華墓誌銘》所載，趙氏是孝文帝時期的嬪，其應為「三嬪」或「六嬪」之一，但她逝世夫人時間卻是宣武帝延昌三年（514年），此時孝文帝新官制已然在全國推行，隨著「九卿」名號的統一，後宮「九嬪」稱號也開始推行，於是她的墓誌便不再稱之為「三嬪」和「六嬪」，而直接稱其為「九嬪」。

二、嬪妃的追封與追贈

在後宮制度建立後，後宮等級也隨之形成，部分後宮嬪妃也在逝世後，可以獲得相應的追封或追謚，並以此提升自身的喪葬等級和相應的待遇，這也成為國家對於嬪妃進行喪葬賞賜的重要內容。

北魏為亡故官員追贈的現象在道武帝時期就已經出現，最初國家僅對男性官員給予追贈，用以提升其逝世官品和相應的喪葬待遇，後宮人員並不在追贈的範圍內。但由於道武帝建國後制定的「子貴母死」製造成了宣穆皇后劉氏由於兒子拓跋嗣（即明元帝）被選為太子而被賜死，她也是第一位死於「子貴母死」之下的嬪妃。他的兒子明元帝繼位後，對她「追尊謚號，配饗太廟。」〔註50〕她由此成為北魏歷史上第一位獲得追封的嬪妃。此外，明元帝還規定「後宮人為帝母，皆正位配饗」〔註51〕。自此，死於「子貴母死」制之下的嬪妃，在死後均可以被追封為皇后。明元密皇后杜氏、太武敬哀皇后賀氏、文成元皇后李氏、獻文思皇后李氏、孝文貞皇后林氏等死於「子貴母死」制度下的嬪妃無一例外的在死後被追封為皇后。

〔註49〕趙超：《漢魏南北朝墓誌彙編》，《魏故世宗宣武皇帝第一貴嬪夫人司馬（顯姿）氏墓誌銘》，中華書局，2008年，第120頁。
〔註50〕《魏書》卷一三《皇后列傳》，中華書局，1974年，第325頁。
〔註51〕《魏書》卷一三《皇后列傳》，中華書局，1974年，第325頁。

　　此外，北魏還有一些嬪妃由於得寵於皇帝而在死後被直接追封為皇后，明元帝時期的夫人姚氏便是其中之一。《魏書》卷一三《皇后列傳·明元昭哀皇后姚氏傳》載：

> 明元昭哀皇后姚氏，姚興女也，興封西平長公主。太宗以后禮納之，後為夫人。后以鑄金人不成，未升尊位。然帝寵幸之，出入居處，禮秩如后焉。是後猶欲正位，而后謙讓不當。泰常五年薨，帝追恨之，贈皇后璽綬，而後加諡焉。葬雲中金陵。

姚氏乃明元帝的寵妃，也是他心中最中意的皇后，只是由於姚氏沒能成功的「鑄金人」，而未能獲得冊立的資格。為了給予她統管後宮的地位和權力，明元帝不僅令其以夫人的身份統領後宮，而且終生都沒有立后。在姚氏逝世後，明元帝更直接追封其為皇后，使她成為北魏歷史上唯一一位非帝母嬪妃而追封的皇后。

　　此外，還有一些嬪妃雖非帝母，但由於生前得寵於皇帝，而在死後也獲得了追贈，只是這種追贈只在嬪妃生前所處等級內進行，不能通過追贈越級提升她們的位次。《大魏高祖九嬪趙充華墓誌》載：

> 充華南陽白水人也。高祖孝文皇帝之九嬪，盧氏義陽長公主之母。……福慶無徵，春秋卅有八，以延昌三年歲在甲午八月丁丑朔十三日己丑寢疾而薨。皇上震悼，六宮哀慟。使兼大鴻臚奉策即柩，追贈充華焉。九月廿八日癸酉，葬於山陵之域。〔註52〕

趙氏是孝文帝充華嬪，乃後宮九嬪之一，在她逝世後獲贈充華。關於充華的等級，史書記載：出身京兆韋氏家族的韋閬，「高祖納其女為充華嬪。」〔註53〕可知充華嬪乃後宮九嬪之一。

　　另據《魏書》卷一三《皇后列傳·孝文昭皇后高氏傳》所載：

> 孝文昭皇后高氏，司徒公肇之妹也。……高祖初，乃舉室西歸，達龍城鎮，鎮表后德色婉豔，任充宮披。及至，文明太后親幸北部曹，見后姿貌，奇之，遂入披庭，時年十三。……生世宗。後生廣平王懷，次長樂公主。
>
> 及馮昭儀寵盛，密有母養世宗之意。後自代如洛陽，暴薨於汲

〔註52〕趙超：《漢魏南北朝墓誌彙編》，《大魏高祖九嬪趙充華墓誌》，中華書局，2008年，第74頁。

〔註53〕《魏書》卷四五《韋閬列傳》，中華書局，1974年，第1012頁。

　　郡之共縣，或云昭儀遣人賊後也。……其後有司奏請加昭儀號，諡
　　曰文昭貴人，高祖從之。世宗踐祚，追尊配饗。

高氏本孝文帝夫人，屬於三夫人之一，在她逝世後，孝文帝追封她為貴人，
亦屬三夫人之一。

　　通過以上對嬪妃的追封事例可以看出，對嬪妃的追封一般只有三種情
況：第一種是嬪妃乃新君生母，在新君繼位後，會直接追封她們為皇后；第
二種是嬪妃並非新君生母，她們或是由於出身獲得皇帝的敬重，或是由於
得寵於皇帝，而在死後獲得追贈，這種追贈一般只是在相應的等級內進行；
第三種情況是在北魏後期，皇帝絕嗣，藩王得以繼位，此時北魏的漢化改
革已經完成，家庭的嫡庶體系也隨之建立，新君一般都會追贈自己的嫡母為
皇后。

第三節　公主制度的出現

　　北魏是我國古代北方少數民族拓跋鮮卑建立的政權。在北魏建立前，鮮
卑族剛剛脫離部落聯盟制時代不久。因此，北魏政權中存在著明顯的少數民
族特色，表現出與中原漢族政權不同的特徵，其中之一就是該政權中女性的
地位要遠高於以往的漢族政權中的女性。公主作為皇室成員的一個重要的組
成部分，她們是一個王朝女性的代表，她們的生存狀況自然也能夠反映出整
個王朝貴族女性的生存狀況。

一、公主制度的形成

　　「公主」這一稱號是在皇權統治下，貴族女性特權等級身份、地位的象
徵，也是與統治者有著血緣或親緣關係的女性的專有稱謂，該稱號的形成也
經歷了一段漫長的歷史時期。

　　有關「公主」一稱的來源，《漢書》卷一《高祖紀下》記載：

　　　　三月，詔曰：「吾立為天子，帝有天下，十二年於今矣。與天下
　　之豪士賢大夫共定天下，同安輯之。其有功者上致之王，次為列侯，
　　下乃食邑。而重臣之親，或為列侯，皆令自致吏，得賦斂，女子，
　　公主。

針對漢高祖的這一詔書，如醇注稱：「《公羊傳》曰：『天子嫁女於諸侯。必使
諸侯同姓者主之。』」顏師古注稱：「如說得之。天子不親主婚，故謂之公主。

諸王即自主婚，故其女曰翁主。翁者，父也，言父主其婚也。亦曰王主，言王自主其婚也。」可見，在西周、春秋時期，天子將女兒嫁給諸侯，其並非親自主婚，而是讓同姓的諸侯代替他主婚。當時，諸侯一般稱「公」，「主」乃「主婚」之意，所以天子的女兒就被稱為「公主」了，這也是「公主」一稱的最初涵義。

戰國時期，對「公主」這一稱號加以繼承。《史記》卷六五《吳起列傳》記載：

> 田文既死，公叔為相，尚魏公主。

這說明，戰國時期的「公主」一稱的範疇較前代有所擴大，除了天子的女兒外，諸侯之女也可以稱為「公主」。

秦始皇統一六國後，為了適應大一統的中央集權形式的國家結構，創建了封建國家的各項政治制度，公主制度在這時正式形成。到了漢代，公主的封號制度逐漸完備。

此後，我國陷入了分裂、混戰的東晉十六國時期，各項制度受到了很大的衝擊，有的制度甚至出現了暫時的中斷。歷經了東晉十六國的戰亂後，由北方游牧民族建立的政權——北魏再度統一了我國北方地區，隨著統治的逐漸穩固和對漢文化的接受與認同，尤其是伴隨著北魏封建化的推進，公主制度也出現於這個少數民族政權之中。

鮮卑族在以拓跋部為中心的部落制時代便建立起了代國政權，但隨著代國被前秦所滅，鮮卑又回到了部落林立的狀況之中。直至北魏建國以前，拓跋部仍處於部落制時代，再沒有建立起統一的政權。因而，這一時期也就沒有皇室的存在，此時部落領袖的女兒也自然並無公主稱號。《魏書》卷一《序紀》載：

> （平帝）七年，匈奴宇文部大人莫槐為其下所殺，更立莫槐弟普撥為大人。帝以女妻撥子丘不勤。
>
> （昭帝）五年，宇文莫廆之子遜昵延朝貢。帝嘉其誠款，以長女妻焉。

可見，北魏建立前，雖然部落中尚無公主稱號的存在，但部帥女卻以婚姻方式參與政治也已經與後世的公主無異。

在北魏建立過程中，道武帝逐漸接觸並接受了漢族的文化，並將中原王朝的制度也引入北魏。隨著各項制度的不斷健全，北魏皇室成員的封號隨之

產生，公主作為皇室成員的一個重要組成部分，其封號由此產生。根據史書的記載，道武帝時期就已經出現了皇女被封為公主的情況。《魏書》卷三〇《閭大肥傳》記載：

> 閭大肥，蠕蠕人也。太祖時，與其弟大涅倍頤率宗族歸國。太
> 祖善之，尚華陰公主，賜爵其思子。

可見，道武帝時期就已經出現了「公主」，這個人就是華陰公主，她也是北魏歷史上第一位公主。

關於華陰公主，《魏書》卷一三《皇后列傳·道武宣穆皇后劉氏傳》記載：

> 道武宣穆皇后劉氏，劉眷女也。登國初，納為夫人，生華陰公
> 主，後生太宗。

《魏書》卷一〇八《禮志一》又載：

> 華陰公主，帝姊也，元紹之為逆，有保□功，故別立其廟於太
> 祖廟垣後，因祭薦焉。

《魏書》卷三四《萬安國列傳附奚拔傳》又載：

> 有奚拔者，世為紇奚部帥。其父根，皇始初，率眾歸魏。太祖
> 嘉之。尚昭成女，生子拔。卒於尚書令。拔尚華陰公主，生子敬。
> 元紹之逆也，主有功，超授敬大司馬、大將軍，封長樂王。薨。

由此我們可以認定，北魏王朝中「公主」的稱號最早出現與於道武帝時期，這一時期的公主都是道武帝的女兒。雖然前代部帥也在道武帝繼位後被追封為皇帝，但他們的女兒卻沒有獲得公主封號。北魏最早獲得公主稱號的乃是道武帝與宣穆皇后的女兒、明元帝的姐姐華陰公主。

此後，隨著北魏各項制度的逐步完善，宗王之女也可以被封為公主，如（於烈）「夫人元氏，東陽公主汝陰王女。」〔註54〕汝陰王拓跋天賜乃是景穆帝之子，文成帝和平三年（463年）得封為王，孝文帝太和十三年（490年）由於「贓賄免為庶人。」〔註55〕那麼，拓跋天賜之女被封公主的時間應該在文成帝和平三年至孝文帝太和十三年之間。

《魏書》卷六九《崔休列傳附崔夤傳》又載：

> （崔夤）字敬禮。太子舍人，早卒。贈樂安太守。妻，安樂王

〔註54〕趙超：《漢魏南北朝墓誌彙編》，《魏故武衛將軍正虜將軍懷荒鎮大將恒州大中
　　　　正於公墓誌銘》，天津古籍出版社，2008年，第196頁。
〔註55〕《魏書》卷七《孝文帝紀》，中華書局，1974年，第165頁。

長樂女晉寧主也。

晉寧主即晉寧公主，其父安樂王拓跋長樂乃文成帝之子，獻文帝「皇興四年封建昌王，後改封安樂王。」〔註56〕孝文帝時期，其「與內行長乙肆虎謀為不軌，事發，賜死於家。」〔註57〕則安樂王女得封公主當在獻文帝至孝文帝時期。據此可知，北魏宗王女得封公主應該出現於文成帝至孝文帝時期，最早也要在文成帝和平三年（463 年）以後。

通過現有史書和墓誌記載可以考證出的北魏公主封號共有85 位，其中 3位公主先後擁有 2 個封號〔註58〕，因此北魏可考的公主共有 82 位。在這些公主中，史料中明確記載出身的只有 43 位，其中 23 位由帝女而封為公主，有19 位由宗王女而封公主。可見，帝女與王女是北魏公主的主體。此外，還有 1 人由公主女而封公主。

由於帝女和宗王女是北魏公主的主要獲封人群。為了對這些公主加以區分，統治者給予她們不同的封號，並以此來標明她們的身份及其在公主這一群體中的地位，並使她們享受相應的權力。

二、公主的封號

漢代是公主制度正式確立的時期，此時不僅皇帝的姐妹、女兒可以封為公主，甚至一些諸侯王的女兒也能夠被封為公主。為了對這些身份不同的公主加以區分，統治者多會通過賜予她們不同的封號，用以標示出她們不同的身份與地位。

漢代公主的封號一般是在「公主」一稱之前冠所賜湯沐邑之名，從而形成了這一時期公主的封號，如：魯元公主，「元，長也。食邑於魯。」〔註59〕

〔註56〕《魏書》卷二〇《文成五王列傳・安樂王長樂傳》，中華書局，1974 年，第 525頁。

〔註57〕《魏書》卷二〇《文成五王列傳・安樂王長樂傳》，中華書局，1974 年，第 525頁。

〔註58〕獻文帝女初封彭城長公主嫁劉承緒，劉承緒死後，孝文帝改封其為陳留長公主，再嫁王肅；彭城王元勰女初封豐亭公主嫁李彧，孝莊帝繼位後，以帝姊改封安陽鄉（公）主；孝武帝妹初封平原公主嫁張歡，張歡死後，改封馮翊公主再嫁宇文泰。參看《魏書》卷五九《劉昶傳附劉承緒傳》、卷六三《王肅傳》、卷四七《盧玄傳附盧道虔傳》；《周書》卷九《皇后列傳・文帝皇后元氏傳》；《漢魏南北朝墓誌彙編》，《魏故使持節假黃鉞侍中太師領司徒都督中外諸軍事彭城武宣王妃李氏墓誌銘》等。

〔註59〕《漢書》卷一上《高祖紀上》服虔注，中華書局，1964 年，第 5 頁。

陽石公主,「陽石,北海之縣,字亦作羊。」〔註60〕獲嘉長公主,「獲嘉,縣,屬河內郡。」〔註61〕

　　北魏是建立於十六國時期的代國基礎上的政權,其建立前拓跋鮮卑族還處於部落聯盟制時代,沒有形成一個統一的政權,也就不會有皇室成員的存在,與之相關的各項制度也就無從談起。北魏建立以後接受了中原的文化,創立了公主制度,並沿用了漢代公主封號的構成方式,即在「公主」一稱前冠以其湯沐邑名稱。

　　通過現有史料可以考證出的北魏公主名號共有 81 個,其中有 2 位公主先後擁有 2 個封號,因此北魏可考的公主共有 79 位,在這 79 位公主中,有 3 人的封號不詳,此外的 76 人中,無一例外的都採用了這種方式確定公主的封號。如:華陽公主、陳留公主和寧陵公主等人封號中的「華陽」、「陳留」和「寧陵」等都是其所封湯沐邑的名稱。《魏書》卷一〇六下《地形志下》記載:

> 華陽郡,領縣三華陽郡,領縣三。華陽、沔陽、嶕冢。
>
> 陳留郡,領縣三,戶一萬九千六百十二,口八萬二千七百四十二。
>
> 臨潼郡,領縣四。晉陵,取慮,寧陵,夏丘。

由於公主與皇室有著血緣關係,作為女性她們無法享受宗王的封授,也不能通過自身的才華或武藝建立功勳,但是與宗王相同的是,她們的湯沐邑是國家賜予的爵位和與之相應的財產,這種身份的地位也與男性的爵位一樣,並不隨著她們的逝世而回收,而是可以由其子女繼承。

　　在漢代就有公主子承襲公主爵位的規定。《後漢書》卷一〇《皇后紀》記載:

> 其皇女封公主者,所生之子襲母封為列侯,皆傳國於後。鄉、亭之封,則不傳襲。

可見,在漢代的皇女所封得公主者,其爵位可由兒子承襲。北魏也有公主由於得寵於皇帝,使其後人得以承襲爵位的現象。《魏書》卷三四《萬安國列傳》載:

> 有奚拔者,世為紇奚部帥。皇始初,率部歸魏,尚昭成女。生

〔註60〕《漢書》卷二七《五行志上》顏師古注,中華書局,1964 年,第 1334 頁。
〔註61〕《後漢書》卷一〇下《皇后紀》,中華書局,1965 年,第 459 頁。

> 子拔，位尚書令。尚華陰公主，生子敬。元紹之逆也，主有功，超
> 授敬大司馬，封長樂王。

華陰公主是道武帝之女、明元帝之姊，她也是北魏王朝的第一位公主。道武帝末年被清河王元紹所殺，華陰公主在明元帝復位中立有功勞，使其子得以承襲爵位，封為長樂王。

在北魏社會中，由於女性也有著相對重要的地位，這也使一些有功於國家的公主，即便沒有兒子，也可以由女兒承襲爵位，武威長公主便是其中之一。《魏書》卷八三《外戚列傳上·李惠傳》載：

> 初，世祖妹武威長公主，故涼王沮渠牧犍之妻。世祖平涼州，
> 頗以公主通密計助之，故寵遇差隆。詔蓋尚焉。蓋妻與氏，以是而
> 出。是後，蓋加侍中、駙馬都尉，殿中、都官尚書，左僕射，卒官。
> 贈征南大將軍、定州刺史、中山王，諡曰莊。

《魏書》卷九九《盧水胡沮渠蒙遜列傳附沮渠牧健傳》又載：

> 先是，世祖遣李順迎蒙遜女為夫人，會蒙遜死，牧犍受蒙遜遺
> 意，送妹於京師，拜右昭儀。……牧犍尚世祖妹武威公主，遣其相
> 宋繇表謝，獻馬五百匹、黃金五百斤。繇又表請公主及牧犍母妃后
> 定號。朝議謂：禮，母以子貴，妻從夫爵，牧犍母宜稱河西國太后，
> 公主於其國內可稱王后，於京師則稱公主，詔從之。

> 及公主薨，詔與牧犍合葬。公主無男，有女以國甥親寵，得襲
> 母爵為武威公主。

武威長公主是明元帝之女、太武帝之妹。太武帝時期，北魏與北涼關係密切，太武帝娶北涼皇帝沮渠牧犍妹為昭儀，並將自己的妹妹武威長公主嫁於北涼皇帝沮渠牧犍。而後，北魏與北涼關係破裂，在雙方的戰爭中，武威長公主站在了自己國家的一方，因而極得太武帝看中。武威長公主死後，由於她沒有兒子可以襲爵，其女便以國甥親寵，襲封公主，這是北魏歷史上是絕無僅有的現象，也是皇帝對武威長公主的一種優待，這種優待的產生，不僅是由於其帝女的身份，更主要的是由於她在太武帝對外戰爭的巨大貢獻決定的。

三、公主的身份

通過現存的文獻史料以及出土文獻記載，我們可以瞭解到北魏的 79 位公主的大體狀況，特別是通過這些記載我們可以看到不同出身的公主，其婚姻

或者說是命運是有所不同的，可以說，出身是公主命運的決定因素。

（一）皇女

通過現有史料可以考證出的北魏公主共有 79 位，在這些公主中可以考證出身的只有 41 位，通過對這些公主的出身考察，我們可以看到：有 21 位公主是由於她們皇帝女兒的身份而被直接封為公主，占可考證身份的公主總數的 51.2%，占可考北魏公主總數的 26.6%。可以說，北魏王朝大多數的公主都是有著皇室血統的女性。

皇帝的女兒以其與先帝和新君的血緣關係，她們不僅在出生後就直接被封為公主，甚至還有著其他公主所不能獲得的地位和特權。《魏書》卷四四《乙瑰傳》記載：

> 乙瑰，代人也。其先世統部落。……尚上谷公主，世祖之女也。
> 除鎮南將軍、駙馬都尉，賜爵西平公。
>
> 子乾歸，襲爵。年十二，為侍御中散。及長，身長八尺，有氣幹，頗習書疏，尤好兵法。復尚恭宗女安樂公主，除駙馬都尉、侍中。

可見，乙瑰的妻子上谷公主乃太武帝女，其子乙乾歸的妻子乃景穆帝女、文成帝姊妹安樂公主。

這些皇女公主不僅獲封時間更早、地位更高，她們的婚姻對象也大都出自東晉南朝歸附的皇室貴族或北魏的高門世族。《魏書》卷五九《劉昶列傳》又載：

> 昶雖學不淵洽，略覽子史，前後表啟，皆其自制。朝廷嘉重之，尚武邑公主，拜侍中、征南將軍、駙馬都尉，封丹陽王。歲餘而公主薨，更尚建興長公主。……公主復薨，更尚平陽長公主。
>
> 昶適子承緒，主所生也。少而尪疾。尚高祖妹彭城長公主，為駙馬都尉，先昶卒，贈員外常侍。
>
> 長子文遠，次輝字重昌，並皆疏狂，昶深慮不能守其爵封。然輝猶小，未多罪過，乃以為世子，襲封。正始初，尚蘭陵長公主，世宗第二姊也。

劉昶出自南朝宋皇室，他在進入北魏後深得皇帝的優待，先後娶武邑公主、建興長公主和平陽長公主三位公主為妻，雖然這些公主的出身不詳，但根據

古代社會中只有皇帝的姊妹和姑母能夠被封長公主來看，劉昶所娶的三位公主中至少有兩位為帝女。此後，劉昶子劉承緒的妻子為獻文帝女、孝文帝妹彭城長公主，劉承緒子劉輝又娶孝文帝女、宣武帝姐蘭陵長公主。該家族三代分別都能夠迎娶帝女公主，足以說明北魏該該家族的看重，也從側面展現了該家族在當時北魏社會中的卓越地位。

由以上的記載可以看出，在北魏王朝中，皇女封公主是十分普遍的現象，也是北魏公主中人數最多的一類。北魏的帝女公主一般在社會中有著較為顯赫的地位，她們的婚姻對象也一般有著較高的家族出身，甚至很多都是原部落領袖家族或歸附的周邊政權皇室，這也成為帝女公主較高身份的體現。

（二）皇姊、皇妹

北魏後期，政局動盪，皇位更迭頻繁。由於孝明帝突然暴斃且並無子嗣，自此在北魏開始了藩王繼位。但是由於他們登位前，其父母只是普通的宗王和王妃，並非皇帝和皇后。為了使自己的統治合法化，他們多會在繼位以後追封自己的父親為皇帝、母親為皇后，〔註62〕這也就使得他們的姊妹也能由此被封為公主。

北魏王朝中這樣的公主共有 4 位，她們就是孝莊帝妹襄城公主，孝莊帝姐壽陽公主、孝莊帝姐豐亭公主和孝武帝妹平原公主。《魏書》卷七七《高崇列傳附高道穆傳》記載：

> 帝姊壽陽公主行犯清路。執赤棒卒呵之不止，道穆令卒棒破其車。公主深以為恨，泣以訴帝。帝謂公主曰：「高中尉清直之人，彼所行者公事，豈可私恨責也。」道穆后見帝，帝曰：「一日家姊行路相犯，極以為愧。」道穆免冠謝曰：「臣蒙陛下恩，守陛下法，不敢獨於公主虧朝廷典章，以此負陛下。」帝曰：「朕以愧卿，卿反謝朕。」

《魏書》卷八三《外戚列傳下·李延寔傳附李彧傳》載：

> 李延寔，字禧。隴西人，尚書僕射沖之長子。……長子彧，字子文，尚莊帝姊豐亭公主。封東平郡公，位侍中、左光祿大夫、中

〔註62〕如果繼任皇帝者非宗王的嫡子，他們則會追封父親為皇帝、嫡母為皇后。如節閔帝以宗王子承統，他繼位後便追封生父為皇帝、嫡母為皇后，自己的生母王氏為王太妃。

書監、驃騎大將軍、開府儀同三司、廣州刺史。

《魏書》卷八九《酷吏列傳·崔暹附崔瓚傳》載：

> 崔暹，字元欽，本云清河東武城人也。……子瓚，字紹珍。位
> 兼尚書左丞，卒。瓚妻，莊帝妹也，後封襄城長公主，故特贈瓚冀
> 州刺史。

雖然史書沒有關於這些公主冊封時間的記載，但根據孝莊帝繼位的第二年「（二月）甲午，尊皇考為文穆皇帝，廟號肅祖，皇妣為廣穆皇后。」〔註63〕通過方式表明自己即位的合理性，或者說，孝莊帝企圖通過這種方式使自己稱帝的行為合法化。另一方面，為了提升自己家庭成員的社會地位，他還冊封自己的姐妹為公主，並通過這些公主的婚姻來確立自己統治的基礎。

同理，孝武帝妹平原公主也一定是通過這種方式被封為公主的。《周書》卷九《皇后列傳·文帝元皇后傳》載：

> 文帝元皇后，魏孝武帝之妹。初封平原公主，適開府張歡。歡
> 性貪殘，遇后無禮，又常殺后侍婢。后怒，訴之於帝，帝乃執歡殺
> 之。改封後為馮翊公主，以配太祖，生孝閔帝。

《北史》卷五《魏本紀·孝武帝紀》又載：

> 孝武皇帝諱修，字孝則，廣平武穆王懷之第三子也。母曰李氏。
> 帝性沉厚，學涉，好武事，遍體有鱗文。年十八，封汝陽縣公。
>
> 中興二年，高歡既敗尒朱氏，廢帝自以疏遠，請遜大位。……
> 於是假廢帝安定王詔策而禪位焉。即位於東郭之外，用代都舊制，
> 以黑氈蒙七人，歡居其一，帝於氈上西向拜天訖，自東陽、雲龍門
> 入。

孝武帝父親廣平王元懷乃孝文帝與文昭皇后高氏之子，也是宣武帝的同母弟。孝明帝時期，其外祖父胡國珍「與太師、高陽王雍，太傅、清河王懌，太保、廣平王懷，入居門下，同釐庶政。」〔註64〕其家族也興盛一時。在孝明帝逝世後，朝政混亂，廣平王一脈乃隱居田舍。在高歡取代尒朱榮控制朝政後，扶立元懷子元修為帝，是為孝武帝。在孝武帝繼位後，便追尊父母為皇帝和皇后，冊封自己的姊妹為公主。

〔註63〕《魏書》卷一〇《孝莊帝紀》，中華書局，1974 年，第 261 頁。
〔註64〕《魏書》卷八三《外戚列傳下·胡國珍傳》，中華書局，1974 年，第 1833 頁。

（三）諸王女

通過現有史料可以考證出的北魏公主共有 79 位，在這些公主中可以考證出身的只有 41 位，通過對這些公主的出身考察，我們可以看到，有 13 位公主出身於宗王之家，占可考證身份的公主總數的 31.7%，占可考北魏公主總數的 16.5%。由此可以認定，諸王女是北魏公主的第二大來源。

《魏書》卷三七《司馬楚之列傳》記載：

楚之後尚諸王女河內公主，生子金龍，字榮則。少有父風。

《魏書》卷三八《外戚列傳下・胡國珍傳》載：

國珍子祥妻長安縣公主，即清河王懌女也。

胡國珍子胡詳乃胡太后的異母弟，他的妻子長安縣主，乃孝文帝子、宣武帝異母弟清河王元懌之女，乃宗王女封公主的案例之一。

此外，出土的北魏墓誌銘文的記載中也有一些北魏公主出身的相關內容。《閭儀同墓誌附儀同三司閭公之夫人樂安郡公主元氏墓誌銘》載：

魏故儀同三司閭公之夫人樂安郡公主元氏墓誌銘。公主諱仲

英，河南洛陽人也。顯祖獻文皇帝之孫，太尉咸陽王之女。〔註65〕

《魏故寧陵公主墓誌銘》又載：

祖顯宗獻文皇帝。父侍中司徒錄尚書太師彭城王。夫琅耶王

君。〔註66〕

樂安郡公主和寧陵公主分別是獻文帝孫、孝文帝異母弟、咸陽王元禧之女和彭城王元勰之女，她們不僅都是獻文帝的孫女，而且都是宗王女，並都由於父親在孝文帝朝得到重用而被封為公主。

可見，北魏王朝中由宗王女而晉封公主者還是為數不少的，但這也並不意味著所有封王的女兒都可以被封為公主，其獲封與否與宗王與皇帝的血緣親屬關係，以及她們在國家中的地位有關。

（四）公主女

北魏王朝中也有公主得封公主的現象，只是這種情況發生的較少，目前可以獲知的只有一例，乃太武帝妹武威長公主女。關於武威公主的女兒被封

〔註65〕趙超：《漢魏南北朝墓誌彙編》，《閭儀同墓誌附儀同三司閭公之夫人樂安郡公主元氏墓誌銘》，天津古籍出版社，2008 年，第 338 頁。

〔註66〕趙超：《漢魏南北朝墓誌彙編》，《魏故寧陵公主墓誌銘》，天津古籍出版社，2008 年，第 57 頁。

為公主這一史實，《魏書》卷九九《盧水胡沮渠蒙遜附沮渠牧犍傳》記載：

是年，人又告牧犍猶與故臣民交通謀反，詔司徒崔浩就公主第
賜牧犍死。牧犍與主訣，良久乃自裁，葬以王禮，諡曰哀王。及公
主薨，詔與牧犍合葬。公主無男，有女以國甥親寵，得襲母爵為武
威公主。

此外，《魏書》卷七七《高崇列傳》又載：

高崇，字積善，勃海蓚人。四世祖撫，晉永喜中，與兄顧避難
奔於高麗。父潛，顯祖初歸國，賜爵開陽男，居遼東，詔以沮渠牧
犍女賜潛為妻，封武威公主。拜駙馬都尉，加寧遠將軍，卒。

武威長公主的女兒襲封公主這一事件在北魏歷史上是絕無僅有的，武威
長公主這一由女兒襲封事件的出現是由兩個原因造成的：

其一，「公主無男，有女以國甥親寵，得襲母爵為武威公主。」〔註67〕也
就是說，武威長公主有寵於皇帝，皇帝為了表示對武威公主的寵愛，不讓她
的後代在她死後失去優越的生活和崇高的社會地位，必然要給予她的後代一
定得爵位，但是公主又沒有兒子可以承襲爵位，那就只能由她的女兒來繼承
爵位，這是武威長公主的女兒襲封的一個先決條件。

其二，武威長公主在太武帝統治初期為了北魏與北涼聯姻，作為北魏皇室
的代表而嫁入北涼。《魏書》卷九九《盧水胡沮渠蒙遜附沮渠牧犍傳》記載：

先是，世祖遣李順迎蒙遜女為夫人，會蒙遜死，牧犍受蒙遜遺
意，送妹於京師，拜右昭儀。改稱承和元年。世祖又遣李順拜牧犍
使持節、侍中、都督涼沙河三州西域羌戎諸軍事、車騎將軍、開府
儀同三司、領護西戎校尉、涼州刺史、河西王。牧犍以無功授賞，
乃留順，上表乞安、平一號，優詔不許。牧犍尚世祖妹武威公主，
遣其相宋繇表謝，獻馬五百匹、黃金五百斤。繇又表請公主及牧犍
母妃后定號。朝議謂：禮，母以子貴，妻從夫爵，牧犍母宜稱河西
國太后，公主於其國內可稱王后，於京師則稱公主，詔從之。

在北魏與北涼的盟友關係破裂後，太武帝對北涼發動了戰爭。在這場戰爭中，
武威長公主站在了自己國家一方，背離了自己的丈夫，幫助太武帝戰勝了北
涼。對此，《魏書》卷八三上《外戚列傳上・李惠傳》中也有相關的記載：

〔註67〕《魏書》卷九九《盧水胡沮渠蒙遜附沮渠牧犍傳》，中華書局，1974 年，第
　　　　3209 頁。

李惠，中山人，思皇后之父也。父蓋，少知名，歷位殿中都官
二尚書、左將軍、南郡公。初，太武妹武威長公主，故涼王沮渠牧
犍之妻，太武平涼州，頗以公主通密計之助，故寵遇差隆，詔蓋尚
焉。蓋妻與氏以是出。

在對北涼的戰爭中，武威長公主是有功者，必然要受到國家的嘉獎，這是她
女兒襲封公主爵位的決定因素。對於北涼來說，她是背叛者，也就注定失去
婚姻和家庭。作為一種補償，太武帝不僅給她賜婚，解決武威長公主的婚姻
歸宿，並通過對她女兒封爵，實現其家庭地位的長盛不衰。

四、公主的等級

在我國古代社會中，由於出身造成了人與人之間有著明顯的等級、地位
差異，即便是同屬於公主，她們在等級、地位上也存在著差別，這種差別從
她們的封號上就可以直接表現出來。

（一）公主與長公主

我國古代歷史上的公主制度確立於西漢。在西漢，只有皇帝的女兒才能
夠稱為「公主」，「諸侯王女毋得稱公主」〔註68〕，而稱之為「翁主」。顯然，
從與皇帝血緣關係的遠近來看，皇女公主的地位一定比宗王女翁主要高一
些。《後漢書》卷一〇《皇后紀》記載：

漢制，皇女皆封縣公主，儀服同列侯。其尊崇者，加號長公主，
儀服同蕃王。諸王女皆封鄉、亭公主，儀服同鄉、亭侯。

可見，到了東漢，無論帝女還是宗王女皆稱之為公主，這種冊封方式也為後
代所繼承。《漢書》卷七《昭帝紀》載：

帝姊鄂邑公主益湯沐邑，為長公主，共養省中。

師古注曰：「帝之姊妹則稱長公主，儀比諸王。」可見，長公主乃是皇帝的姐
姐。其地位也是高於一般公主的。

《後漢書》卷一〇《皇后紀》又載：

漢制，皇女皆封縣公主，儀服同列侯。其尊崇者，加號長公主，
儀服同蕃王。

可見，在東漢帝女中其尊崇者都可以加號長公主，並不一定只有長女才可封

〔註68〕張家山二四七號漢墓竹簡整理小組：《張家山漢墓竹簡》，文物出版社，2006
年。

長公主。

　　漢代公主制度中的這些政策，為後代統治者所繼承，特別是經過了近百年的分裂動盪後，北魏終於統一了我國古代北方地區，此時漢代的公主制度也在此得以延續。

　　北魏在建立了王爵體系後，也出現了公主制度，獲封公主者既有皇帝的女兒或姊妹，甚至還有宗王的女兒，因此這就使得她們成為人數最多階級構成也最為複雜的一個社會階層。如漢代一樣，北魏的皇女以及一部分宗王的女兒也都被封為了公主，對此，《魏書》卷四〇《陸俟列傳附陸昕之傳》載：

　　　　（陸俟）子昕之，字慶始，風望端雅。襲爵，例降為公。尚顯
　　　　祖女常山公主，拜駙馬都尉。歷通直郎。景明中，以從叔琇免官。
　　　　尋以主婿，除通直散騎常侍。

《魏書》卷四四《乙瑰列傳》又載：

　　　　乙瑰，代人也。其先世統部落。世祖時，瑰父匹知，慕國威化，
　　　　遣瑰入貢，世祖因留之。瑰便弓馬，善射，手格猛獸，膂力過人。
　　　　數從征伐，甚見信待。尚上谷公主，世祖之女也。除鎮南將軍、駙
　　　　馬都尉，賜爵西平公。

陸昕之妻常山公主和乙瑰妻上谷公主，分別是北魏獻文帝之女和太武帝女，她們都是皇女身份的公主。按照漢代慣例，他們在同母或異母兄弟繼位後，可以被封為長公主，但與漢代不同的是，北魏一些皇帝的姊妹並沒有在其登基後被封為長公主，而還是仍以公主稱呼她們。《魏書》卷一〇八《禮志一》載：

　　　　華陰公主，帝姊也，元紹之為逆，有保□功，故別立其廟於太
　　　　祖廟垣後，因祭薦焉。又於雲中、盛樂、金陵三所，各立太廟，四
　　　　時祀官侍祀。

從以上的記載可以看出，華陰公主在道武帝末年的動亂中，對明元帝有保護之功，即使是這樣，她也沒有被封為「長公主」，筆者認為這是北魏初期公主制度沒有完善的反映，此時的北魏王朝中還沒有「長公主」一稱。

　　太武帝時期開始，北魏公主制度逐步完善，開始出現了「長公主」這一稱號。北魏王朝可考的 79 個公主封號中，「長公主」就有 25 個，其中獻文帝女彭城長公主後又被封為陳留長公主，因此，北魏王朝中被封為「長公主」者只有 24 人。如下表所示：

表二：北魏長公主表

公主名號	公主出身	史料來源
章武長公主		《魏書》卷二七《穆崇附穆泰傳》
城陽長公主		《魏書》卷二七《穆崇附穆平國傳》
新平長公主		《魏書》卷二七《穆崇附穆羆傳》
中山長公主		《魏書》卷二七《穆崇附穆亮傳》
琅琊長公主		《魏書》卷二七《穆崇附穆紹傳》
頓丘長公主		《魏書》卷四〇《陸俟傳》
獻懷長公主		《魏書》卷三《明元帝紀》
建興長公主		《魏書》卷五九《劉昶傳》
平陽長公主		《魏書》卷五九《劉昶傳》
①彭城長公主 ②陳留長公主	獻文帝女，孝文帝妹	①《魏書》卷五九《劉昶附劉承緒傳》 ②《魏書》卷六三《王肅傳》
蘭陵長公主	宣武帝第二姊	《魏書》卷五九《劉昶附劉輝傳》
南陽長公主		《魏書》卷五九《蕭寶夤傳》
壽陽長公主	孝莊帝姊	《魏書》卷五七《蕭寶夤附蕭贊傳》
武威長公主	太武帝妹	《魏書》卷八三《外戚·李惠附李蓋傳》
博陵長公主	景穆帝女	《魏書》卷八三《外戚·馮熙傳》
樂安長公主	孝文帝妹	《魏書》卷八三上《外戚·馮熙附馮誕傳》
順陽長公主	孝文帝女	《魏書》卷八三上《外戚·馮熙附馮穆傳》
長樂長公主	孝文帝季女，宣武帝妹	《新出魏晉南北朝墓誌疏證》北魏卷《高猛妻元瑛墓誌》
襄城長公主	孝莊帝妹	《魏書》卷八九《酷吏·崔暹附崔瓚傳》
樂浪長公主	獻文帝女	《魏書》卷四七《盧玄附盧道裕傳》
濟南長公主	孝文帝女	《魏書》卷四七《盧玄附盧道虔傳》
義陽長公主	同上	《魏書》卷四七《盧玄附盧傳元聿》
北鄉郡長公主		《魏書》卷九三《恩倖·王叡附王椿傳》
西河長公主	文成帝女	《北史》卷二四《薛辯附薛洪祚傳》

通過比較我們可以看到：在北魏王朝中「長公主」都是皇帝的女兒或者姊妹，這些人冠有「長公主」這一封號，使其身份地位高於一般的公主。

（二）郡公主與縣公主

在漢代，為了表示公主的等級，便設立了縣公主、鄉公主和亭公主之

分。《後漢書》卷一〇下《獻穆曹皇后附皇女紀下》記載：

> 漢制，皇女皆封縣公主，儀服同列侯。其尊崇者，加號長公主，
> 儀服同蕃王。諸王女皆封鄉、亭公主，儀服同鄉、亭侯。

這裡的鄉公主和亭公主事實上就是西漢早期專用於宗王女的稱謂——翁主。只是到了東漢以來，翁主一稱已經不再提及，而是通過其食邑的劃分來確定她們在公主群體中的地位。

漢代公主的封授方式也為厚待所繼承，尤其是在南朝，更明確進行了相應的規定。《南史》卷四《齊本紀上》載：

> （建元元年）宋諸王皆降為公，郡公主為縣君，縣公主為鄉
> 君。

這說明南朝宋存在郡公主、縣公主之別。北魏的各項制度都是在繼承前代政權，且參照南朝政權相應制度的基礎上設立的，南朝宋的公主等級也自然為北魏所繼承和傚仿。但與漢代有所不同的是，北魏並不是將公主劃分為縣、鄉、亭三級，而是採取郡、縣、鄉三級的劃分方式。如清河王元懌女被封為長安縣公主、咸陽王女被封為樂安郡公主，尒朱榮妻則是北鄉郡長公主。

在北魏王朝中，皇帝的女兒或姐妹，以及一部分與皇室血緣較近的宗王女被封公主者，她們的食邑多是縣，但在其封號中在其封號中只稱她們為「公主」，而很少稱「縣公主」。那些稱為「郡公主」者，則多是由於其父祖或者丈夫的功績，而使得其獲得了較大的封邑。為了表明這些人特殊的身份，皇帝多會在其封號中加上其食邑所在的郡，以此凸顯她們在公主群體中的特殊地位。如《閭儀同墓誌附儀同三司閭公之夫人樂安郡公主元氏墓誌銘》記載：

> 魏故儀同三司閭公之夫人樂安郡公主元氏墓誌銘。公主諱仲
> 英，河南洛陽人也。顯祖獻文皇帝之孫，太尉咸陽王之女。稟祥星
> 月，毓采幽閒，風德高華，光儀麗絕。年十有五，作嬪閭氏。〔註69〕

《魏書》一〇六《地形志中》又載：

> 樂安郡。領縣四，戶五千九百一十六，口一萬三千二百三十
> 九。

樂安郡公主乃「顯祖獻文皇帝之孫，太尉咸陽王之女」，由於其父咸陽王元禧

〔註69〕趙超：《漢魏南北朝墓誌彙編》，《閭儀同墓誌附儀同三司閭公之夫人樂安郡公
主元氏墓誌銘》，天津古籍出版社，2008 年，第 338 頁。

在北魏王朝中的地位，使得她的食邑也由縣升為了郡，比一般皇女公主還要大，這也確立了她在公主群體中較高的地位。

此外，也有的人是由於丈夫的權勢才擴大了食邑的範圍，從而被封為郡公主。《魏書》卷七四《尒朱榮傳》載：

> 三年九月，榮啟將入朝。朝士慮其有變，莊帝又畏惡之。榮從弟世隆與榮書，勸其不來，榮妻北鄉郡長公主亦勸不行，榮並不從。

《魏書》卷一〇六《地形上‧南汾州》又載：

> 北鄉郡，領縣二，戶二百九，口七百五十九。龍門，汾陰。

由以上的記載可知：北魏公主等級的劃分與漢代大體相同，仍採取三級體制，只是將漢代的縣、鄉、亭三級，改為了郡、縣、鄉三級。只是相對漢代三級公主名號都較多採用不同，北魏的公主體制中，鄉公主採用的較少，一般多體現為郡、縣兩級公主。

（三）鄉公主

鄉公主在北魏採用的較少，目前可知的只有元叉女一例。《魏書》卷一六《道武七王列傳‧京兆王黎傳附元叉傳》載：

> 叉妻封新平郡君，後遷馮翊郡君，拜女侍中。叉以此意勢日盛，尋遷散騎常侍、光祿少卿，領嘗食典御，轉光祿卿。叉女天，靈太后詔曰：「叉長女，年垂弱笄，奄致夭喪，悼念兼懷，可贈鄉主。」尋遷侍中，餘官如故，加領軍將軍。

元叉乃道武帝子京兆王元黎的曾孫，他在靈太后臨朝後，深的信賴，位居宰輔。元叉的妻子乃靈太后的同母妹，因而他們的女兒雖然沒有北魏皇室的直系血親，但是卻由於二人與靈太后特殊的血緣關係，而在死後被追封為鄉主。鄉主亦即鄉公主，乃是靈太后採取了郡公主、縣公主兩級體制外，參照漢代以來公主的三級制，選取縣以下的行政區——鄉，作為其名義上的湯沐邑。一方面給予她公主的身份，另一方面也採取比皇室宗親公主更低一級的行政區劃，說明她的身份在宗王公主之下，用以維繫皇室等級制度的尊嚴。

第三章　等級制度在女性中的貫徹

　　我國古代社會中等級森嚴，其等級制度涵蓋範圍極廣，等級制度保證了國家政治有序的進行。其中男性需要根據出身、官職等劃分出等級，女性作為男性的伴侶，其在社會所處等級與男性密切相關，在家庭中的等級則與其在婚姻中的地位直接相關。北魏是我國古代北方民族建立的政權，其等級制度更經歷了漫長的形成演變和完善的歷程。北魏社會中的等級制度作為維持封建統治的工具，較該政權中的其他制度出現的更早，貫徹的也更徹底。

第一節　嬪妃等級制度的實施

　　後宮是皇帝及其妻妾生活的地方，由於其離皇權中心最近，等級制度也最早實施於此。北魏後宮制度實施的對象，不僅包括後宮嬪妃，更有為其生活服務的女官。國家通過等級制度將她們牢牢控制於皇權體制之下，用以實現政權的穩固和發展。北魏後宮制度最早出現於道武帝時期，後經明元帝至獻文帝等諸帝的補充，至孝文帝時體系基本完備，孝明帝時期又對該制度進行了細化規定。至此，北魏後宮等級制度最終完備，並開始應用於後宮人員生活的方方面面。

　　隨著後宮等級制度的形成與完善，等級不僅是後宮人員身份的象徵，更是她們在後宮生活禮遇的具體指引，從而造成後宮中處於不同等級者在生活的方方面面都有著明顯的差異。

一、喪葬等級制度

　　北魏後宮人員逝世後，皇帝不僅會根據她們在後宮中所處的等級，給予

她們不同的生前待遇，更會在她們死後給予她們不同的喪葬待遇，由於史書中對後宮人員的記載較少，墓誌就成為了後宮人員生存狀況的最直接的反映，墓誌的等級也就成為後宮等級制度的直接反映。

現已出土的北魏後宮人員墓誌共 24 通，其中皇后墓誌 2 通，嬪妃墓誌 12 通，包括昭儀、夫人、嬪等三個等級，女官墓誌 10 通，包括內司、作司、大監、女尚書等四類女官。通過墓誌銘文的記載我們可以發現，北魏後宮人員以三品為界，只有皇后以及三品以上的嬪妃、女官才能在死後由國家設立墓誌，三品以下者則不能享有這一待遇。

現已出土了 2 通北魏皇后墓誌，其中孝文昭皇后高氏的墓誌長 2 尺 1 寸、寬 1 尺 8 寸；宣武皇后高氏的墓誌則長、寬都是 3 尺。兩位皇后墓誌有著如此大的差異，主要是由於孝文昭皇后高氏逝世時僅是貴人，屬後宮三夫人之一，她的皇后身份是宣武帝繼位後所追封的，因此其墓誌實際上體現出的是這一時期嬪妃墓誌的規格，而宣武皇后高氏在宣武帝時代就被封為皇后，因而逝世時採用了皇后墓誌的規格，這區別也正是皇后「海內小君」地位的鮮明體現。

現已出土的北魏後宮嬪妃墓誌共 12 通，其中最大的是宣武帝貴嬪夫人司馬顯姿的墓誌，墓誌長、寬都是 2 尺 4 寸。最小的是文成帝嬪耿壽姬的墓誌，墓誌長、寬都是 1 尺 3 寸。嬪妃墓誌的差別之大可見一斑。不僅如此，通過比較還能發現，即便同屬一個等級的嬪妃，她們的墓誌規格也並不一致，如：文成帝夫人于仙姬墓誌長 1 尺 6 寸、寬 1 尺 3 寸；宣武帝貴華夫人王普賢墓誌長 2 尺、寬 2 尺 4 寸、第一貴嬪夫人司馬顯姿墓誌長寬都是 2 尺 4 寸。文成帝嬪耿氏墓誌長 1 尺 6 寸、寬 1 尺 4 寸，嬪耿壽姬墓誌長、寬都是 1 尺 3 寸；獻文帝嬪成氏墓誌長 1 尺 2 寸、寬 1 尺，嬪侯氏墓誌長、寬都是 1 尺 5 寸；孝文昭皇后高氏逝世時是孝文帝嬪，其墓誌長 2 尺、寬 1 尺 7 寸，充華嬪趙氏墓誌長 1 尺 1 寸、寬 1 尺 6 寸；宣武帝嬪李氏墓誌長 2 尺、寬 2 尺 4 寸，孝明帝充華嬪盧令媛墓誌長寬都是 2 尺。這主要是由於孝文帝以前的北魏皇帝都採用較小規格的墓誌，作為他們的嬪妃，這些人死後也只能沿用北魏前期的慣例，使用小型墓誌，而自孝文帝開始，北魏墓誌規格逐漸擴大，造成這一時期的嬪妃墓誌比同等級的前代嬪妃墓誌有所擴大。

此外，追贈對後宮人員的墓誌等級也有一定的影響。國家為亡故官員死後贈官，始自道武帝時期，最初北魏僅是對男性官員實行贈官。至孝文帝時

期，女性官員也被納入到贈官的範圍之中。此外，北魏道武帝為了防止鮮卑族長期存在的女性干政現象，制定了「子貴母死」制，從而造成一些嬪妃由於兒子被選為太子而被賜死，為了使一殘酷的制度有些許人情味，明元帝規定：「後宮人為帝母，皆正位配饗」〔註1〕。自此，死於「子貴母死」制之下的嬪妃，在死後都可以被追封為皇后。孝文昭皇后高氏生前是孝文帝的嬪，辭世後被追贈為貴嬪夫人，屬三夫人之一，地位高於嬪，這也使她的墓誌擴大至長2尺1寸、寬1尺7寸，略大於嬪的墓誌規格，卻小於生前就已經是一品的夫人的墓誌。雖然她的兒子最終繼位，也將其追封為皇后，但其墓誌卻並未改變。

北魏後宮中還有一些嬪妃雖非帝母，但由於生前得寵於皇帝，而在死後也被追贈為更高級別的嬪妃。夫人墓誌在1尺6寸左右，嬪地位低於夫人，墓誌在1尺3寸左右。但文成帝耿嬪由於皇帝對她「追贈過於殊限」〔註2〕，從而實行了夫人墓誌的規格。孝文帝嬪趙氏，本後宮九嬪之一，其死後被追贈為充華嬪〔註3〕。北魏皇帝對後宮嬪妃的追贈，只是在嬪妃生前所處等級內部對其地位進行小的調整，而不是通過追贈迅速提高她們的品級，追贈並未對她們死後的墓葬等級產生影響。

通過對墓誌的測量、分析可以發現，北魏一品女官墓誌約1尺8寸，二品女官墓誌在1尺5寸至1尺8寸之間，三品女官墓誌則為1尺2寸左右，但贈官也使一些女官的墓誌規格得到了提升，如：作司張安姬生前擔任二品女官，但死後得贈一品，其墓誌改為長1尺7寸、寬1尺9寸；而大監孟元華生前也是二品女官，但死後並未獲得贈官，其墓誌長1尺5寸、寬1尺4寸。王僧男與馮迎男生前都擔任女尚書，馮迎男死後沒有得到贈官，其墓誌在1尺2寸左右，而王僧男死後得贈一品官，其墓誌擴展為1尺4寸。

此外，還應看到，即便是獲得同樣贈官品級的女官，墓誌的大小也存在著差異，如：劉阿素、王僧男死後都得贈一品，但劉阿素的墓誌長1尺6寸、寬1尺3寸，而王僧男的墓誌卻僅為1尺4寸，遠小於劉阿素墓誌。這主要是由於劉阿素生前是大監，為二品女官，她死後得贈一品，因而墓誌規格也

〔註1〕《魏書》卷一三《皇后列傳》，中華書局，1974年，第325頁。

〔註2〕趙超：《漢魏南北朝墓誌彙編》，《大魏高宗文成皇帝嬪耿氏墓誌銘》，天津古籍出版社，2008年，第180頁。

〔註3〕趙超：《漢魏南北朝墓誌彙編》，《高祖九嬪趙充華墓誌》，天津古籍出版社，2008年，第74頁。

就介於一品與二品之間，而王僧男生前是女尚書，為三品女官，她也在死後得贈一品，但為了表明女官生前在後宮中地位，她的墓誌雖然有所擴大，但不能超過原本官居二品官員的墓誌規格，因而墓誌規格介於二品與三品之間。這說明，北魏嬪妃、女官墓誌的規格還受到本官的制約，獲得贈官雖然可以擴大逝者的墓誌，卻不能超越原本為此等級的嬪妃和女官的墓誌規格。

同時，我們還發現這樣一個現象，即女官墓誌比同品級嬪妃的墓誌低一個等級，如昭儀、三夫人都是一品嬪妃，墓誌在 2 尺 1 寸至 2 尺 4 寸之間，但一品女官墓誌卻在 1 尺 8 寸左右；嬪為三品嬪妃，墓誌在 1 尺 6 寸至 2 尺，但三品女官墓誌卻在 1 尺 2 寸左右。嬪妃、女官兩個群體墓誌等級的差距，正是她們在後宮地位差異的另類體現。

二、服飾等級制度

服飾不僅能滿足人們生存的需求，還有著標識等級的功能，在我國古代王朝中，更有「天下見其服而知貴賤，望其章而知勢位」〔註4〕的目的。後宮是等級制度貫徹最為徹底、等級體系最為森嚴的地方，後宮人員的服飾便是後宮等級最直接的體現。

（一）皇后的服飾

北魏建立前，鮮卑族尚處於部落聯盟時代，並無具體的服飾等級規定。道武帝於天興六年（403 年）「詔有司制冠服，隨品秩各有差」〔註5〕，北魏服飾制度由此建立。此後各代皇帝雖然都對後宮嬪妃的等級進行過增補，但均未對後宮服飾進行過明確規定。及至孝文帝太和中，「始考舊典，以制冠服，百僚六宮，各有差次。」〔註6〕並以「多悉婦人儀飾故事」〔註7〕的南朝宋蕭思度之女為顧問，仿照南朝宋、齊後宮服飾等級，初步確定了北魏後宮服飾制度。及至孝明帝時期，又對後宮服飾進行了進一步的細化規定。自此，服飾開始成為後宮人員身份、地位的重要標誌，並沿用於北齊以至隋唐。

皇后是後宮中地位最高的女性，這在她們服飾的數量與等級中也有所體現。北魏皇后的服飾共有六種，即褘衣、褕翟、闕翟、鞠衣、展衣、褖衣，皇

〔註4〕《新書校注》卷一《服疑》，中華書局，2000 年，第 53 頁。
〔註5〕《魏書》卷一〇八《禮志四》，中華書局，1974 年，第 2817 頁。
〔註6〕《魏書》卷一〇八《禮志四》，中華書局，1974 年，第 2817 頁。
〔註7〕《魏書》卷九四《閹官列傳·張宗之傳》，中華書局，1974 年，第 2019 頁。

后從事不同活動穿著不同的衣服。

北魏在後宮改革中首次將《周禮》中理想化的制度付諸實施，其後宮服飾的顏色和樣式完全按照《周禮》設定，只是服裝的功用發生了些許變化，《通典》卷六二《禮典·嘉禮七》后妃命婦服章制度條載：

> 北齊皇后助祭、朝會以褘衣、祠郊祺以揄翟，小宴以闕翟，親蠶以鞠衣，禮見皇帝以展衣，宴居以褖衣。六服俱有蔽膝、織成緄帶。

北齊服飾制度沿襲自北魏，據此可知北魏皇后助祭、朝會時穿褘衣，郊、祺時穿褕翟（揄翟），小宴時穿闕翟（闕狄）都是皇后走出後宮，參與國家活動時所穿著的正式服裝。雖然褘衣、褕翟和闕翟都是王后的祭服，樣式大體相同，但在顏色和圖案上卻有所差異。

在顏色上，「闕翟赤，揄翟（褕翟）青，褘衣玄。」[註8] 在圖案上，「褘衣，畫翬者。揄翟（褕翟），畫搖者。」[註9]「闕翟，翦闕繒為翟雉形以綴衣也。」[註10] 而皇后的另外三種服裝，即鞠衣、展衣和褖衣則均無特定的圖案，它們是皇后在後宮穿著的日常生活服飾。其中「鞠衣，黃桑服也，色如麴塵，象桑葉始生」[註11]，乃皇后親桑時所穿之服。禮衣為皇后「禮見王及賓客之服，其色白。」[註12] 褖衣為黑色，乃皇后宴居之服。

皇后的六種服裝中，只有褘衣為皇后所獨有，褕翟、闕翟、鞠衣、展衣、褖衣等五種服裝，不僅皇后可以穿著，也是後宮嬪妃、女官的基本服裝。嬪妃、女官需要根據自身在後宮中的等級、地位，穿著相應等級的服裝，且同一等級的嬪妃、女官只有一種服飾。

（二）嬪妃女官服飾

孝文帝繼位後，按照《周禮》的記載，改革後宮制度，對後宮嬪妃、女官

〔註 8〕《通典》卷六二《禮典·嘉禮七》后妃命婦服章制度條，中華書局，1988 年，第 1739 頁。

〔註 9〕《通典》卷六二《禮典·嘉禮七》后妃命婦服章制度條，中華書局，1988 年，第 1738 頁。

〔註 10〕《釋名疏證補》卷五《釋衣服第》，中華書局，2008 年，第 168 頁。

〔註 11〕《通典》卷六二《禮典·嘉禮七》后妃命婦服章制度條，中華書局，1988 年，第 1738 頁。

〔註 12〕《通典》卷六二《禮典·嘉禮七》后妃命婦服章制度條，中華書局，1988 年，第 1739 頁。

的品級進行了明確的規定。後宮嬪妃中左右昭儀視一品；九嬪視三品〔註13〕；世婦視四品；御女視從四品。女官中內司視從一品；作司、大監、女侍中，視二品；監、女尚書、美人、女史、女賢人、書史、書女、小書女，視三品；中才人、供人、中使女生、才人、恭使宮人，視四品。春衣、女酒、女饗、女食、奚官女奴，視五品。北齊基本沿用了北魏嬪妃、女官的等級，僅將嬪妃中昭儀、三夫人的品級由從一品改為正二品，御女的品級由從四品改為正五品；女官中內司的品級由正一品改為了從二品，但她們在後宮中的地位卻並未發生任何改變。因此，通過有關北齊嬪妃、女官服裝的記載，可以推知北魏嬪妃、女官的服裝等級狀況。《通典》卷六二《禮典・嘉禮七》后妃命婦服章制度條載：

> 內外命婦從二品以上，金章，紫綬，服揄翟，雙佩山玄玉。九嬪視三品，銀章，青綬，鞠衣，佩水蒼玉。世婦視四品，銀印，青綬，展衣。八十一御女視五品，銅印，墨綬，褖衣。

北魏嬪妃中的左右昭儀與三夫人為正一品，至北齊降為了從二品，其服裝為褕翟（揄翟），九嬪、世婦、御女的服裝分別為鞠衣、展衣和褖衣。

《通典》卷六二《禮典・嘉禮七》后妃命婦服章制度條又載：

> 宮人女官服：二品闕翟；三品鞠衣；四品展衣；五品、六品褖衣；七品、八品、九品，俱青紗公服。

由北齊女官服飾可以推知北魏女官中內司、作司、大監、女侍中的服裝為闕翟；監、女尚書、美人、女史、女賢人、書史、書女、小書女的服裝為鞠衣；中才人、供人、中使女生、才人、恭使宮人的服裝為展衣；春衣、女酒、女饗、女食、奚官女奴的服裝為褖衣。

宮女是後宮中等級最低、人數最多的一個群體，根據《通典》記載，北齊宮人「七品、八品、九品，俱青紗公服。」〔註14〕「內外命婦、宮人從蠶，則各依品次，皆服青紗公服。」〔註15〕可見，青紗公服是後宮中等級最低的

〔註13〕孝文帝規定：「三嬪視三卿，六嬪視六卿」。孝文帝時期採用的是「前職員令」規定的官品，三卿為從一品下，六卿為二品官。宣武帝繼位後推行孝文帝所規定的官品，即「後職員令」，此時三卿與六卿合併為九卿，為正三品官。由此，後宮嬪妃中的三嬪與六嬪也合併為九嬪，為正三品嬪妃。

〔註14〕《通典》卷六二《禮・嘉禮七》后妃命婦服章制度條，中華書局，1988年，第1741頁。

〔註15〕《通典》卷六二《禮・嘉禮七》后妃命婦服章制度條，中華書局，1988年，第1742頁。

服裝，也是後宮宮女的基本服飾。

　　《周禮》記載的王后服裝共有七種，即褘衣、揄翟、闕翟、鞠衣、展衣、褖衣和素紗，其中前六種服飾在北魏后妃、女官服飾中均有所採用，僅王后服飾中最低的素沙未被用做后妃、女官的服飾。「素沙者，今之白縛也。六服皆袍制，以白縛為裏，使之張顯。」〔註16〕由於北魏是根據《周禮》的記載，進行的服飾改革，必不會捨此周代服飾而另立新服。由此，筆者認為此處的「青紗公服」亦即《周禮》所載之「素沙」，乃這一時期宮女的基本服飾。

三、車輦等級制度

　　北魏後宮等級森嚴，後宮人員按照相應等級享受待遇，她們生前的服飾、出行的車輦甚至死後的墓誌都與此相關。

　　北魏建立之初並無車輦規制，道武帝天興二年（399 年）命禮官掇採古事，制三駕鹵簿。後宮制度創立後，又開始著手建造車輦，雖然孝文帝時期對此進行了一次系統的修補，但也只是「唯備五輅，各依方色，其餘車輦，猶未能具。」〔註17〕孝明帝時期又「詔侍中崔光與安豐王延明、博士崔瓚採其議，大造車服。」〔註18〕並根據《周禮》以及漢晉圖文記載，對北魏的車輦制度進行了較大規模的修訂，北魏後宮車輦制度至此得以完善。

（一）皇后的車輦

　　在我國古代王朝中，皇帝出行的儀仗分為大駕、法駕和小駕三種，其中大駕的等級最高，是皇帝的特有儀仗，法駕的等級低於大駕，小駕等級低於法駕。皇帝會根據出行的規模以及目的，使用不同的儀仗。皇后作為皇帝的妻子是國家中地位最高的女性，她們「明配至尊，為海內小君」〔註19〕，地位僅低於皇帝，為了凸顯她們的地位，她們的出行儀仗也有法駕與小駕兩種，且每種儀仗所對應的車輦也有所不同，車輦也由此成為皇后出行等級的重要體現。

　　北魏皇后的車輦共有金根車、安車、雲母車、紺罽車、紫罽車和輦車等

〔註16〕《通典》卷六二《禮典・嘉禮七》后妃命婦服章制度條杜佑注，中華書局，
　　　　1988 年，第 1739 頁。
〔註17〕《魏書》卷一〇八《禮志五》，中華書局，1974 年，第 2813 頁。
〔註18〕《隋書》卷一〇《禮儀志五》，中華書局，1973 年，第 195 頁。
〔註19〕《十三經注疏》第六《禮記正義》卷五《曲禮下》注引《白虎通・嫁娶篇》，
　　　　中華書局，1980 年，第 1267 頁。

六種，皇后從事不同的活動要使用不同的車輦。

我國古代社會，在「國之大事，在祀與戎」〔註20〕思想的影響下，國家對祭祀活動都極為重視，這在皇室成員參與國家祭祀時所採用的儀仗中也有所反映。道武帝時期所設的車輦中乾象輦和小樓輦都是北魏前期皇后參與國家祭祀活動所乘之車。關於此二車的形制，《魏書》卷一〇八《禮志四》載：

乾象輦：羽葆，圓蓋華蟲，金雞樹羽，二十八宿，天階雲罕，山林雲氣、仙聖賢明，忠孝節義、遊龍、飛鳳、朱雀、玄武、白虎、青龍、奇禽異獸可以為飾者皆亦圖焉。

小樓輦：軿八，衡輪色數與大樓輦同，駕牛十二。

東漢以來牛車逐漸為社會各階層所重視，魏晉時期已經演變為當時貴族的主要交通工具，北魏建立之初多沿襲漢晉風俗，其交通工具亦應多用牛車，且大都在車上繪有各種不同圖案。北魏元紹、宋孝祖等人墓中均出土了陶製的行儀鹵簿隨葬品，真實的再現了當時貴族出行工具狀況。

道武帝時期皇后助祭時所乘坐的車，由乾象輦和小樓輦改為金根車和安車。《魏書》卷一〇八《禮志四》載：

法駕，則御金根車，駕四馬。

《通典》卷六五《禮典·嘉禮十》皇太后皇后車輅亦載：

皇后之輅，其從祭則御金根車

可見，皇后參與祭祀活動的車有金根車和安車兩種。其中金根車是皇后採用法駕儀仗從祭時所乘坐的車，也是皇后所乘坐車輦中等級最高的，該車「皇后助祭郊廟，籍田先蠶，則乘之」〔註21〕，其車體採用「重翟，羽蓋，加青交絡帷裳」〔註22〕為飾，僅將牽引力由漢晉時期的三馬並駕改為了四馬並駕。

安車是皇后使用小駕儀仗所使用的車，「駕三馬，以助祭。」〔註23〕皇后「遊行御安車，並駕三馬」〔註24〕。可見，安車為三馬並駕之車，乃皇后助祭和遊行所乘之車。

〔註20〕《春秋左傳注》「成公十三年」條，中華書局，1981年，第861頁。

〔註21〕《魏書》卷一〇八《禮志四》，中華書局，1974年，第2812頁。

〔註22〕《通典》卷六五《禮典·嘉禮十》皇太后皇后車輅，中華書局，1988年，第1819頁。

〔註23〕《魏書》卷一〇八《禮志四》，中華書局，1974年，第2815頁。

〔註24〕《通典》卷六五《禮典·嘉禮十》皇太后皇后車輅，中華書局，1988年，第1820頁。

此外，北魏皇后所乘之車還有雲母車。雲母車又稱雲母安車，是兩晉、南朝皇后主持先蠶禮時所乘之車，北魏皇后亦「御雲母車，駕四馬，以親桑。」〔註25〕只是將其由六馬並駕改為三馬並駕。

皇后參與皇室成員喪葬活動時也有特定的車。《通典》卷六五《禮典·嘉禮十》皇后皇太后車輅條載：

> 弔問御紺䩲車，並駕三馬。

《魏書》卷一〇八《禮志四》載：

> 御紺䩲軿車，駕三馬，以哭公主、王妃、公侯夫人。

通過對比這兩通材料我們可以發現，紺䩲車與紺䩲軿車不僅都是三馬並駕之車，且都是皇后參與皇室成員喪葬活動時所乘之車，而「軿」字本身就是「有帷蓋的車子」之意，由此筆者認為二者實為一種車。

除以上幾種車外，皇后出行所乘之車還有紫䩲車，這也是北魏皇后回家省親所乘之車。《通典》卷六五《禮典·嘉禮十》皇后皇太后車輅條載：

> （皇后）歸寧則御紫䩲車，並駕三馬。

《魏書》卷一〇八《禮志四》載：

> （皇后）非法駕則御紫䩲軿車，駕三馬。

可見，紫䩲軿車即紫䩲車，為三馬並駕之車，乃皇后出行所乘坐的車中等級較低的一種。

此外，皇后在「宮中出入，則御畫扇輦車。」〔註26〕關於該車的形制，史書載「輦車，不言飾，明無翟總之飾，後居宮從容所乘，但漆而已。」〔註27〕該車在東晉乃至南朝齊、梁等朝都有所採用。東晉「羊車一名輦車，上如軺，伏兔箱，漆畫輪」〔註28〕。南齊沿用晉制，「因制漆畫牽車，小形如輿，金塗縱容，錦衣。箱裏隱膝後戶牙蘭，轅枕後梢，幰竿代棟樑，皆金塗鉸飾。」〔註29〕南梁有羊車「亦名輦，上如軺，小兒衣青布蔥褶，五辮髻，數人引之。」〔註30〕可見，輦車在與北魏同時存在的南朝政權中都有所使用，而北魏建立後其國

〔註25〕《魏書》卷一〇八《禮志四》，中華書局，1974年，第2815頁。
〔註26〕《魏書》卷一〇八《禮志四》，中華書局，1974年，第2815頁。
〔註27〕《通典》卷六五《禮典·嘉禮十》皇太后皇后車輅條，中華書局，1988年，第1818頁。
〔註28〕《通典》卷六四《禮·嘉禮九》羊車條，中華書局，1988年，第1804頁。
〔註29〕《通典》卷六四《禮·嘉禮九》羊車條，中華書局，1988年，第1804頁。
〔註30〕《通典》卷六四《禮·嘉禮九》羊車條，中華書局，1988年，第1805頁。

內諸制均參照兩晉、南朝而制，據此可以推知，北魏的輦車亦當為羊車。《南齊書》卷五七《魏虜列傳》載：

> 太后出，則婦女著鎧騎馬近輦左右。虜主及后妃常行，乘銀鏤羊車，不施帷幔，皆偏坐垂腳轅中。

《魏書》卷一〇八《禮志四》又載：

> 於今入閣輿與輦，其用又同。案《圖》，今之黑漆畫扇輦，與周之輦車其形相似。

可見，北魏皇帝、后妃日常所乘坐的畫扇輦車是黑色的羊車，與同一時期南朝政權中輦車的形制大體相同。

（二）嬪妃的車輦

關於北魏嬪妃的車輦，《唐六典》卷一二《內官宮官內侍省》內僕局條注記載：

> 內命婦一品乘油色朱絡網車，車、牛飾用金塗及純銀。二品、三品乘卷通幰車；四品乘偏幰車。北齊因之。

《通典》卷六五《嘉禮十》公侯大夫等車輅條：

> 正從一品執事官、散官及儀同三司，乘油朱絡網車，車牛飾得用金塗及純銀。二品、三品乘卷通幰車，車牛金飾。七品以上，乘偏幰車，車牛飾以銅。

北魏後宮嬪妃中，左右昭儀位視大司馬，三夫人視三公，均位視正一品。因此，她們的車輦也必然相同，都是油色朱絡網車。「三嬪視三卿，六嬪視六卿，世婦視中大夫，御女視元士。」〔註31〕根據與嬪妃相對應的外朝官官品可推知：北魏後宮嬪妃九嬪視三品，世婦視從三品。雖然在後宮中九嬪的地位高於世婦，但在車輦上，二者卻沒有任何區別，她們所乘坐的車卻都是通幰車。御女視從四品，她們所乘坐的是偏幰車。

根據兩晉、北齊通幰車、偏幰車形制可以推知，北魏的通幰車、偏幰車與東晉、北齊一樣為牛車，且通幰車的車身採用黃金裝飾，而偏幰車則是以黃銅裝飾車身。

綜上所述，北魏後宮車輦制度始創於道武帝時期，發展於孝文帝時期，並最終於孝明帝時期成型。北魏後宮人員所乘坐的車主要有金根車、安車、

〔註31〕《魏書》卷一三《皇后列傳》，中華書局，1974年，第321頁。

雲母車、紺罽車、紫罽車、輦車以及朱絡網車、通幰車、偏幰車等九種，其中前六種是皇后所乘坐的車，皇后從事不同活動乘坐不同的車，朱絡網車、通幰車、偏幰車和金根車是嬪妃所乘坐的車，後宮嬪妃按照品級乘坐相應等級的車。與皇后不同的是，同一品級的嬪妃只能乘坐一種車，這也是她們地位低於皇后的直接體現。

第二節　女官等級制度的確立

　　女官，又稱宮官，廣義上包括嬪妃在內的一切從事後宮管理事務的女性官員。狹義上則專指與皇帝無配偶名分，且具有一定官職品秩，並領取一定俸祿，專門負責管理後宮事務的高級宮女。本文所指之女官，乃狹義之女官。

一、女官的出現

　　女官，即女性官員，她們與皇帝沒有夫妻的名份和義務，主要負責輔助皇后管理後宮，並為後宮人員生活服務。我國古代的女官始自西漢，其後各代略有增補，至北魏孝文帝漢化改革，才按照《周禮》的記載，參考前代女官設立的實際情況，第一次明確制定了女官制度。《魏書》卷一三《皇后列傳》載：

> 　　後置女職，以典內事。內司視尚書令、僕。作司、大監、女侍中三官視二品。監，女尚書，美人，女史、女賢人、書史、書女、小書女五官，視三品。中才人、供人、中使女生、才人、恭使宮人視四品，春衣、女酒、女饗、女食、奚官女奴視五品。

　　就目前掌握的資料看，北魏設置的女官主要有內司、作司、大監、女侍中和女尚書等幾類官職，其他官職設立的具體情況不詳，或僅徒具其名，而並未真正付諸實施。北魏最早設立的女官出現於孝文帝補期。《張安姬墓誌銘》載：

> 　　故兗州刺史張基之孫。濟南太守張愷之女。年十三，因遭羅難，家戮沒宮。年廿，蒙除御食監。厲心自守，蒞務有稱。後除文繡大監，於時度當明件。上知其能，復除宮作司。〔註32〕

〔註32〕趙超：《漢魏南北朝墓誌彙編》，《張安姬墓誌銘》，天津古籍出版社，2008年，第123頁。

張安姬死於孝明帝正光二年（521 年），時年六十五歲，則其二十歲任御食監時乃孝文帝太和元年（478 年）。其時正是馮太后臨朝時期，這也可視為北魏女官系統化發端之始。

馮太后逝世後，孝文帝開始漢化改革，女官正式設立始於這一時期。《大魏宮內司高唐縣君楊氏墓誌》載：

> 內司楊氏，恒農華冷人也。……皇始之初，南北兩分，地擁王澤，逆順有時，時來則改，以歷城歸誠，遂入宮耳。年在方笄，性志貞粹，雖遭流離，純白獨著，出入紫闈，諷稱婉而。是以文昭太皇太后選才人充宮女，又以忠謹審密，擇典內宗七祏，孝敬天然，能使邊豆靜嘉。遷細謁小監。女功糾綜，巧妙絕群，又轉文繡太監。化率一宮，課藝有方，上下順厚，改授宮大內司。〔註33〕

內司在十六國時期的前秦就已經「課後宮，置典學，立內司，以授於掖庭，選閹人及女隸有聰識者署博士以授經。」〔註34〕此時的內司主要負責宮廷教育，女官和官宦都可擔任，至北魏中期該已經完全成為女官官職。

文昭太皇太后乃是孝文帝宣武帝生母孝文昭皇后高氏，高氏生前並未正式被冊封為皇后，只是在宣武帝繼位後才將其追封為皇后，因而也就不存在太皇太后之稱，但楊氏的墓誌設立於正光二年（521 年），此時乃孝明帝統治時期，而孝明帝又是宣武帝子，按照輩分來看，稱孝文昭皇后為太皇太后亦無不妥。楊氏由於其「課藝有方」而轉任內司，這說明，在北魏內司也仍然作為後宮教師存在。其入宮時間在道武帝皇始年間，至孝文帝時期才被以宮女身份提升至時為夫人的高氏身邊，此後其在後宮真正任職應該是在宣武皇后高氏統管後宮以及胡太后臨朝時期。

另據《傅母王遺女墓誌》所載：

> 顯祖文明太皇太后擢知御膳。至高祖幽皇后，見其出處益明，轉當御細達。世宗順后，善其宰調酸甜，滋味允中，又進嘗食監。至高太后，以女歷奉三后，終始靡怨，蔣訓紫闈，光諷唯闈，故超昇傅姆焉。又賜品二。年八十三，終於洛陽宮。〔註35〕

〔註33〕趙超：《漢魏南北朝墓誌彙編》，《大魏宮內司高唐縣君楊氏墓誌》，天津古籍出版社，2008 年，第 126 頁。

〔註34〕《晉書》卷一一三《符堅載紀上》，中華書局，1974 年，第 2897 頁。

〔註35〕趙超：《漢魏南北朝墓誌彙編》，《傅母王遺女墓誌》，天津古籍出版社，2008 年，第 124 頁。

王遺女初任女官發生於馮太后秉政時期，此後歷經孝文幽皇后馮氏和宣武順皇后于氏兩代皇后，其官職不斷提升，至宣武皇后高氏統管後宮時，其已經被提升為傅姆。根據她逝世於正光二年（521 年），可知其任職期間跨域整個北魏中後期。

《夫人諱元華字遺姬墓誌》又載：

> 少有令姿。主上太武皇帝聞之，即召內侍。遞歷五帝，後蒙除細謁大監。年過七十，以正三年十二月薨於洛陽宮。〔註36〕

孟元華於太武帝時期進入後宮，歷經五位皇帝，最後擔任細謁大監時期是在孝明帝正光三年（522 年）。與王遺女一樣，她也經歷了五位皇后管轄後宮的時期，只是她的官職似乎並未獲得明顯提升。

事實上，在孝文帝確立女官制度之前，北魏便開始有意識的培養宮女，並從中選拔優秀者擔任女官。在女官制度正式確立後，北魏女官不僅數量迅速增加，培養制度也隨之完備。《魏故宮御作女尚書馮（迎男）女郎之志》載：

> 女郎時年五歲，隨母配宮。慎言督過，蓋其天姓，窈窕七德，長而彌甚。年十一，蒙簡為宮學生，博達墳典，手不釋卷。聰穎洞鑒，朋中獨異。十五蒙授宮內御作女尚書，干涉王務，貞廉兩存，稱蒞女功，名烈俱備。……春秋五六，寢疾不喻，昊天不弔，奄辭明世。大魏正光二年三月十八日亡於金墉宮。〔註37〕

《女尚書王氏諱僧男墓誌》又載：

> 女尚書王氏諱僧男，安定煙陽人。……唯男與母，伶丁奈蓼，獨入宮焉。時年有六。聰令韶朗，故簡充學生。惠性敏悟，日誦千言，聽受訓詁，一聞持曉。官由行陟，超昇女尚書，秩班品三。能記釋嬪嬌，接進有序，剋當乾心。使彤管揚輝，故賜品二。……年六十八，終於大魏金墉宮。上以男歷奉二后，宿德者勤，又追贈品一，賜東園秘器及輼輬車。……惟大魏正光二年，歲螯星紀，月侶無射，廿日乙卯記。〔註38〕

〔註36〕趙超：《漢魏南北朝墓誌彙編》，《夫人諱元華字遺姬墓誌》，天津古籍出版社，2008 年，第 131 頁。

〔註37〕趙超：《漢魏南北朝墓誌彙編》，《魏故宮御作女尚書馮（迎男）女郎之志》，天津古籍出版社，2008 年，第 123 頁。

〔註38〕趙超：《漢魏南北朝墓誌彙編》，《女尚書王氏諱僧男墓誌》，天津古籍出版社，2008 年，第 124 頁。

根據墓誌記載可推知，馮迎男出生於文成帝和平五年（464 年），其入宮時間為獻文帝皇興三年（469 年），她十一歲被選拔為宮學生的時間應該是在孝文帝延興五年（475 年），她擔任女尚書的時間則為孝文帝太和三年（479 年）。王僧男出生於文成帝興安元年（452 年），其被選拔為宮學生發生於文成帝太安四年（458 年），雖然其擔任女尚書時間不詳，但根據她歷奉二后來看，至少在孝文帝後期，王僧男就已經擔任了女尚書。

此外，根據二人被選拔為宮學生的時間分析，北魏有意識的培養宮女在文成帝後期就已經出現。孝文帝繼位之初，馮太后與之共同臨朝，出於管理後宮的需要，她開始有意識的從所培養的宮女中選拔女官。只是在胡太后臨朝後，隨著國家各項制度的進一步完善，為了便於對後宮的掌控，女官得到了大規模的任用。《緱光姬墓誌》載：

> 第一品家監緱夫人之墓誌銘。夫人字光姬，齊郡衛國人也，……監自委身宮掖出入□闈，風流納賞，每被優異然，□父兄沉辱，無心榮好，弊衣疎食，……聖人崇異委□事業，用允於懷，即賜品第一，班秩清楚。……正光六年正月十九日，春秋七十有二，遘疾薨於掖庭之宮，二聖嗟悼，嬪御恓然，賵贈有加，數隆常準粵□，其年二月丙子朔廿一日戊申遷葬於皇陵之東。〔註39〕

緱光姬是由於家人犯罪而被沒入皇宮，並通過自身努力得封一品家監，當屬北魏諸監之一。從其逝世後胡太后與孝明帝「二聖」對他的賞賜可以看出，胡太后對於後宮女官極為重視和優待。

北魏自太武帝時期就已經開始有意識的培養宮女，並從中選拔女官。自馮太后主政開始，女官就已經開始在後宮出現。孝文帝親政後，為了擺脫鮮卑貴族的影響、提升鮮卑族的整體文化水平，他開始在全國推行漢化改革，並開始仿照南朝的相關制度，對女官也進行明確規定，我國古代社會中正式的女官制度也藉此出現。此後，北魏後宮中女官也開始成為皇后統領後宮的重要輔助，特別是在胡太后臨朝後，更大規模任用女官，從而使女官的人數和官員設置較以往都有了很大提升。

還需注意，北魏的女侍中是史書中唯一有明確記載的北魏女官，由於該職務的擔任者一般為外戚或宗親，從而使其更具有其她女官所不具備的榮譽賞賜的意味。《魏書》卷三一《于栗磾列傳附于忠傳》載：

〔註39〕趙君平：《邙洛碑誌三百種》，《緱光姬墓誌》，中華書局，2004 年，第 97 頁。

　　　　忠後妻中山王尼須女，微解《詩書》，靈太后臨朝，引為女侍
　　中，賜號范陽郡君。

于忠是宣武順皇后于氏的堂弟，其家族成員乃鮮卑世族貴族，「自曾祖四世貴
盛，一皇后，四贈三公，領軍、尚書令，三開國公。」于忠更由於保護之功
而深受胡太后信賴，其妻子被封女侍中也是胡太后對于忠的榮譽賞賜。于
忠妻王氏以「微解《詩書》」〔註40〕而得此官職，可知女侍中需要有一定文
化修養的人擔任。

　　　《魏故持節征虜將軍營州刺史長岑侯韓使君賄夫人高氏墓銘》又載：
　　　　夫人勃海條人也。左光祿大夫勃海郡開國敬公揚之長女，侍中
　　尚書令司徒大將軍平原郡開國公肇侍中司空澄城郡開國穆公顯之
　　元姊。夫人妹以儀軒作聖，侄女裹月留光，並配乾景，用敷地訓。……
　　至景明三年，宣武皇帝以夫人皇姨之重，兼韻動河月，遂賜湯沐邑，
　　封遼東郡君。又以椒幃任要，宜須翼輔，授內侍中，用委宮披。獻
　　可諫否，節凝圖篆。〔註41〕

高氏是孝文昭皇后高氏的堂妹、宣武帝的姨母，其以外戚身份得封女侍中，
主要負責後宮圖文等工作，還要對後宮事務進諫，勸善規過，這也是女侍中
的主要職責。

　　此外，陸昕之乃鮮卑世族家族成員，其妻為獻文帝女常山公主，由於
「公主奉姑有孝稱，神龜初，與穆氏頓丘長公主並為女侍中。」〔註42〕常山
公主乃獻文帝女，頓丘長公主雖然出身不詳，但是根據古代王朝中只有皇帝
姊妹能封長公主看，其亦應為帝女。二位公主被任為女侍中，不僅是胡太后
對二人進行的榮譽賞賜，更是胡太后臨朝時期擴大女官範圍和人數的最直接
體現。胡太后在提升家族成員地位的同時授予妹妹、「元叉妻拜為女侍中，封
新平郡君，又徙封馮翊君。」〔註43〕也可視為更是提升整個家族社會地位的
直接舉措。

　　綜上可見，北魏女侍中主要由文化修養較好的外戚、宗室家族女子擔
任，主要負責後宮的文書以及建議、諮詢事物。

〔註40〕《魏書》卷八三《外戚列傳下‧于勁傳》，中華書局，1974年，第1832頁。
〔註41〕趙超：《漢魏南北朝墓誌彙編》，《魏故持節征虜將軍營州刺史長岑侯韓使君賄
　　　　夫人高氏墓銘》，天津估計出版社，2008年，第153頁。
〔註42〕《魏書》卷四〇《陸俟列傳附陸昕之傳》，中華書局，1974年，第909頁。
〔註43〕《魏書》卷八三《外戚列傳下‧胡國珍傳》，中華書局，1974年，第1834頁。

二、女官的等級

　　有關我國古代女官的記載始見於《周禮‧天官冢宰》。秦朝建立後，始立後宮，但此時的後宮嬪妃，仍然兼具嬪妃與女官的雙重身份。及至東漢，始設女史，負責對皇帝、皇后的起居事宜進行記錄。三國曹魏時期，又增設女尚書，於皇帝遊宴之時「典省外奏事，處當畫可。」〔註44〕南朝宋明帝「擬外百官，備位置內職」〔註45〕，將後宮內職分為七品，使之「遞相統攝，以掌宮掖之政。」〔註46〕自此，後宮女官開始有了品級的劃分。但此時的女官仍從屬於后妃，並未形成獨立的系統，後宮嬪妃、女官尚未正式分離。

　　我國歷史上第一次將嬪妃、女官分離，正式確立後宮女官制度，始於北魏孝文帝時期。孝文帝將《周禮》中關於女官的設想付諸實施，他根據《周禮》的記載，參照秦漢以及南朝等政權中女官的設立情況，始「置女職，以典內事」〔註47〕，並正式確立女官的名號、秩級，明晰她們在後宮中的權責和地位。《魏書》卷一三《皇后列傳》載：

> 內司視尚書令、僕。作司、大監、女侍中三官，視二品。監、女尚書，美人，女史、女賢人、書史、書女、小書女五官，視三品。中才人、供人、中使女生、才人、恭使宮人，視四品。春衣、女酒、女饗、女食、奚官女奴，視五品。

北魏尚書令、僕射都是從一品官，則內司官品為從一品，該官職也是北魏後宮女官中地位最高者。內司以下，女官的官品可分為四個等級，北魏女官等級劃分之詳細可見一斑。

　　根據《大魏宮內司馬高唐縣君楊氏墓誌》所載：

> 皇始之初，南北兩分，地擁王澤，逆順有時，時來則改，以歷城歸誠，遂入宮耳。年在方笄，性志貞粹，雖遭流離，純白獨著，出入紫闈，諷稱婉而。是以文昭太皇太后選才人充宮女，又以忠謹審密，釋典內宗，七拓孝敬，天然能使，邊豆靜嘉。遷細謁小監。女功紃綜，巧妙絕群，又轉文繡太監。化率一宮，課藝有方，上下順厚，改授宮大內司。宣武皇帝以揚忠勤先後，宿德可矜，賜爵縣

〔註44〕《三國志》卷三《魏書‧明帝紀》注引《魏略》，中華書局，1959年，第104～105頁。

〔註45〕《南朝宋會要‧帝系》內職篇，上海古籍出版社，1984年，第16頁。

〔註46〕《隋書》卷三六《后妃列傳上》，中華書局，1973年，第1106頁。

〔註47〕《魏書》卷一三《皇后列傳》，中華書局，1974年，第321頁。

君，邑兮高唐。〔註48〕

根據墓誌記載可知內司楊氏於獻文帝皇興年間入宮，後由於工作出色，得到孝文昭皇后高氏賞識，從而「以才人充宮女」〔註49〕。根據《魏書·皇后列傳》和《文昭皇后高照容》墓誌記載可知，孝文昭皇后高照容於太和七年（483年）、十二年（488年）、十三年（489年）分別生下宣武帝元恪、廣平王元懷以及長樂公主元瑛。太和十七年（493年），馮昭儀被接回宮，並迅速得寵，文昭皇后高氏隨之避居洛陽。由此可以推知，楊氏被孝文昭皇后選為宮女必發生於太和十七年以前，此時楊氏已為後宮四品「才人」，後又由才人升為宮女、小監以至太監（即大監）。

「宮女」、「小監」等官職為史書所不載，趙萬里先生認為：「宮女」當為「女尚書」一類〔註50〕，且根據楊氏由小監升為大監的情況來看，小監地位必低於大監。至宣武皇后高氏時，楊氏由於「歷奉三后，終始靡愆，蔣訓紫闈，光諷唯闈，故超昇傅姆焉。又賜品二」〔註51〕。傅姆、大監雖均為二品女官，但「超昇」一詞，說明二者地位上的差異，或可認為「傅姆」與大監品級相同，但卻是後宮女官地位尊貴的象徵。

三、女官的追贈

由於北魏女官多是由於家人犯罪而被沒入皇宮者，她們雖然通過自身的努力被選為後宮官員，但卻終生不能離開皇宮，這也造成她們並無子女可以承辦喪事，她們喪葬完全由國家負責安排。

根據出土墓誌銘文記載，內司吳光、大監孟元華葬於西陵，大監劉阿素、大監劉華仁、作司張安姬葬於陵山，女尚書馮迎男葬於山陵，大監王遺女、女尚書王僧男葬於終寧陵之北阿，大監杜法真、內司楊氏埋葬地不詳。那麼，吳光、孟元華墓誌出土地必然相鄰，劉阿素、劉華仁、張安姬、馮迎男墓誌出土地必然相鄰，而王遺女、王僧男墓誌出土地也應相鄰。但事實卻並

〔註48〕趙超：《漢魏南北朝墓誌彙編》，《大魏宮內司馬高唐縣君楊氏墓誌》，天津古籍出版社，2008年，第126頁。

〔註49〕趙超：《漢魏南北朝墓誌彙編》，《大魏宮內司馬高唐縣君楊氏墓誌》，天津古籍出版社，2008年，第126頁。

〔註50〕趙萬里：《漢魏南北朝墓誌集釋》卷二《北魏·內司楊氏墓誌》，科學出版社，1956年，第35頁。

〔註51〕趙超：《漢魏南北朝墓誌彙編》，《大魏宮內司馬高唐縣君楊氏墓誌》，天津古籍出版社，2008年，第126頁。

非如此。吳光、劉阿素、劉華仁、馮迎男、王僧男、杜法真墓誌出土於南石山村，而張安姬、孟元華、王遺女、楊氏墓誌出土於洛陽北楊凹村。關於墓誌銘文記載與墓誌出土地之間的矛盾，趙萬里先生指出：今洛陽城北楊凹村、南石山村，孝文昭皇后所謂「城西長陵」者是也。終寧陵初為孝文昭皇后陵寢，文昭后遷葬長陵後，遂為宮人級臣僚葬所，亦當在長陵左右。〔註52〕今洛陽孟津縣南石山村與楊凹村所處地域正是北魏女官集體墓地之所在。

根據墓誌銘文記載：大監劉阿素「（正光元年）秋八月卒於洛陽宮。冬十月遷窆於陵山。」〔註53〕作司張安姬「（正光二年）春二月，卒於洛陽宮。春三月遷窆於陵山。」〔註54〕可見，北魏女官逝世後，普遍實行北魏前期流行的「逾月即葬」「既葬公除」的喪葬習俗。但也有一些地位較低的女官，由於種種原因並未嚴格做到「逾月而即葬」，如女尚書馮迎男「大魏正光二年三月十八日亡於金墉宮。其月廿六日窆於洛陽之山陵。」〔註55〕馮迎男是三品女官，她不僅沒能「逾月即葬」，她的墓誌也是女官墓誌中最小的，這都是她在後宮地位的直接體現。

北魏女官在後宮中的地位，在她們墓誌的形制、規格中也有所反映。根據《隋書·律曆志》記載，北魏時期有三種尺度，分別稱為北魏前尺、北魏中尺和北魏後尺。北魏在150年間，經過了兩次尺度變更。道武帝至孝文帝前期，使用的是北魏前尺，孝文帝時期進行了一次尺度改革，將北魏中尺推行於全國，而北魏後尺則「行於西魏，又沿用於北周。」〔註56〕可見，自孝文帝至北魏末年，使用的都是北魏中尺，這也是北魏女官墓誌規格的測量依據。曾武秀先生根據史書記載，推算出北魏中尺長度約為28釐米。

通過對女官墓誌的統計可知，北魏女官以三品為界，三品以上的女官逝世後，國家會根據她們生前的品級和貢獻，製作規格不同的墓誌，而三品以下的女官，國家則不予製作墓誌。北魏女官墓誌如下表所示：

〔註52〕趙萬里：《漢魏南北朝墓誌集釋》卷二《北魏·世宗后高英墓誌》，科學出版社，1956年，第8頁。

〔註53〕趙超：《漢魏南北朝墓誌彙編》，《劉阿素墓誌銘》，天津古籍出版社，2008年，第114頁。

〔註54〕趙超：《漢魏南北朝墓誌彙編》，《張安姬墓誌銘》，天津古籍出版社，2008年，第123頁。

〔註55〕趙超：《漢魏南北朝墓誌彙編》，魏故宮御作女尚書馮（迎男）女郎之志，天津古籍出版社，2008年，第123頁。

〔註56〕曾武秀：《中國歷代尺度概述》，《歷史研究》，1964年第3期，第170頁。

表三：北魏女官墓誌情況表

墓主姓名	官　職	品　　級	高	寬	逝世時間
吳　光	內司	從一品	1.3	1.7	熙平元年（516）
楊　氏	內司	從一品	1.3	1.8	正光二年（521）
劉阿素	大監	二品（賜一品）	1.6	1.3	正光元年（520）
張安姬	作司	二品（贈一品）	1.7	1.9	正光二年（521）
王遺女	大監	二品（贈一品）	1.4	1.3	正光二年（521）
劉華仁	大監	二品（贈一品）	1.7	1.3	正光二年（521）
孟元華	大監	二品	1.5	1.4	正光四年（523）
杜法真	大監	二品	1.9	1.9	正光五年（524）
王僧男	女尚書	三品（贈一品）	1.4	1.4	正光二年（521）
馮迎男	女尚書	三品	1.2	1.2	正光二年（521）

　　現已出土的北魏女官墓誌共有 10 通，其中從一品女官墓誌 2 通，二品女官（含贈一品）墓誌 6 通，三品女官墓誌 2 通。通過對比這些女官墓誌可以發現，北魏一品女官墓誌約 1 尺 8 寸，二品女官墓誌在 1 尺 5 寸至 1 尺 8 寸之間，三品女官墓誌則為 1 尺 2 寸左右。

　　還應注意到的是，北魏女官也有人在死後得到贈官，並由此擴大了墓誌的規格，如大監劉阿素本為二品女官，但死後得贈一品，其墓誌改為 1 尺 6 寸，較一品女官墓誌 1 尺 8 寸小，卻大於同為二品卻沒有得到贈官的女官的墓誌。再如王僧男與馮迎男同為女尚書，馮迎男死後沒有得到贈官，其墓誌在 1 尺 2 寸左右，而王僧男死後得贈一品官，其墓誌擴展為 1 尺 4 寸，雖大於三品女官的規格，卻遠小於生前就是一品女官者的墓誌。

　　同時，我們發現這樣一個現象：獲得贈官雖然能使北魏女官墓誌有所擴大，但墓誌的規格最終還是由女官生前的官品決定。如劉阿素、王僧男死後都得贈一品，但由於劉阿素生前擔任的是大監，為二品女官，她死後得贈一品，因而墓誌規格也就介於一品與二品之間，即採用 1 尺 7 寸的墓誌，而王僧男生前擔任女尚書，為三品女官，她雖也在死後得贈一品，使她的墓誌有所擴大，但終不能超過原本官居二品官員的墓誌規格，從而使她的墓誌規格介於二品與三品女官之間，即採用 1 尺 4 寸的墓誌規格。

　　還需注意的是，北魏後宮女官中的女侍中擔任者都選自外戚、宗室之家，她們雖為女官，卻不生活於宮中，她們的出身則成為被選拔為女官的重要依

據。《魏故持節征虜將軍營州刺史長岑侯韓使君賄夫人高氏墓銘》載：

> 夫人勃海修人也。左光祿大夫勃海郡開國敬公揚之長女，侍中
> 尚書令司徒大將軍平原郡開國公肇侍中司空澄城郡開國穆公顯之
> 元姊。夫人妹以儀軒作聖，俚女襄月留光，並配乾景，用敷地訓。……
> 至景明三年，宣武皇帝以夫人皇姨之重，兼韻動河月，遂賜湯沐邑，
> 封遼東郡君。又以椒幃任要，宜須翼輔，授內侍中，用委宮掖。獻
> 可諫否，節凝圖篆。〔註57〕

《魏書》卷八三《外戚列傳下・胡國珍傳》：

> 元乂妻拜為女侍中，封新平郡君，又徙封馮翊君。

可見，女侍中的擔任者一般是公主或外戚家族中人，從擔任者的身份可以推斷，女侍中的地位必定高於與其同處於三品的女官作司和大監。

由於女侍中顯赫的出身，她們一般也都受過較好的教育，因而有著相對較高的文化素質，這也是女官任職的重要條件。《魏書》卷三一《于栗磾傳附于忠傳》

> 初，世宗崩後，高太后將害靈太后。劉騰以告侯剛，剛以告忠。
> 忠請計於崔光，光曰：「宜置胡嬪於別所，嚴加守衛，理必萬全，計
> 之上者。」忠等從之，具以此意啟靈太后，太后意乃安。故太后深
> 德騰等四人，並有寵授。……忠後妻中山王尼須女，微解《詩》《書》，
> 靈太后臨朝，引為女侍中，賜號范陽郡君。

于忠妻子由於較好的文化修養，而被靈太后選為女侍中。

此外，良好品行和素質也是女侍中選拔的重要條件。《魏書》卷四〇《陸俟傳附陸昕之傳》：

> （陸）昕之，字慶始，風望端雅。襲爵，例降為公。尚顯祖女
> 常山公主，拜駙馬都尉。……公主奉姑有孝稱，神龜初，與穆氏頓
> 丘長公主並為女侍中。

常山公主由於仁孝而被選為女侍中，足以說明該職務的任職者對於品行的要求也較高。

由於女侍中擔任者不僅是高門顯貴的代表，更以其任職於宮中、與皇室成員關係密切而備受關注，該職務的女官與其說是具有行政職能，不如說是

〔註57〕趙超：《漢魏南北朝墓誌彙編》，《魏故持節征虜將軍營州刺史長岑侯韓使君賄
夫人高氏墓銘》，天津古籍出版社，2008年，第153頁。

榮耀官職更為貼切，因而也成為國家對逝世者進行榮譽賞賜而給予的官職。
《文遺姬墓誌》載：

> 太妃以魏武定末除清河郡君，天統中進號平原郡長君，武平初
> 冊拜宜陽國太妃。武平七年正月庚辰朔十四日癸巳遘疾薨於鄴城宣
> 化里第。……詔曰：宜陽國故太妃傅操履貞潔，識悟明允。女德母
> 儀，聲表邦國。積善餘福，誕斯公輔。以茲變理之才，實由義方之
> 訓。白駒過隙，逝水不留。奄淪窮壤，實深嗟悼。宜加禮命，用中
> 朝典。可贈女侍中，宜陽國太妃如故，諡曰貞穆。〔註58〕

此墓誌記載墓主獲封女侍中雖然發生於北齊，但墓主生活時代卻歷經了東魏
至北齊時期，北齊的制度又多承接與北魏，可以推知女侍中作為在贈官應該
在北魏也有出現。此外，女侍中由於出身顯赫，她們雖然擔任女官，卻有著
正常的家庭生活，她們在逝世後也不是葬於女官的集體墓地而是與家人合
葬。《魏故儀同三司閭公之夫人樂安郡公主元氏墓誌銘》：

> 公主諱仲英，河南洛陽人也。顯祖獻文皇帝之孫，太尉咸陽王
> 之女。稟祥星月，毓采幽閒，風德高華，光儀麗絕。年十有五，作
> 嬪閭氏。女節茂於公宮，婦道顯於邦國。永熙在運，詔除女侍中。
> 倍風闈壼，實諧內教。而餘慶不永，春秋五十五，興和二年二月十
> 五日薨於第。〔註59〕

樂安郡公主元英死於東魏孝靜帝興和二年（540年），時年五十五歲，則可推
知她生於孝文帝太和九年（485年），與墓誌記載「顯祖獻文皇帝之孫，太尉
咸陽王之女」的身份相符。她在宣武帝景明元年（500年）出嫁，孝武帝永熙
年間被封為女侍中，此時她已經四十多歲，「興和二年二月十五日薨於第」則
說明在擔任女侍中後，她仍生活於家中，並未由此生活於皇宮中，這也使她
們能夠在死後與家人安葬在一起，而不葬於北魏女官的集體墓地之中。

再如北魏樂安郡公主元英乃咸陽王元禧之女，孝武帝時期被任命為女侍
中，元英死後與丈夫合葬，她的墓誌出土於安駕溝村，乃其夫家的家族墓地。
魏故持節征虜將軍營州刺史夫人高氏乃宣武帝的姨母，她於宣武帝時期被選

〔註58〕趙超：《漢魏南北朝墓誌彙編》，《文夫人諱華字遺姬墓誌》，天津古籍出版社，
2008年，第338頁。
〔註59〕趙超：《漢魏南北朝墓誌彙編》，《魏故儀同三司閭公之夫人樂安郡公主元氏墓
誌銘》，天津古籍出版社，2008年，第338頁。

為女侍中。與元英一樣，她逝世後也與家人合葬，她的墓誌出土於河北曲陽縣，這也是其夫家家族墓地之所在。

第三節　品官命婦等級的構築

命婦制度是女性專屬的封授制度，也是我國古代社會中女性依附男性生存的直接展示。我國古代的命婦分為內命婦與外命婦兩類。「皇帝妃嬪及太子良娣以下為內命婦，公主及王妃以下為外命婦。……其制大約皆出於漢魏」〔註60〕，其後各代各有傳承，並不斷完善，最終形成唐代系統完備的命婦體制。由於隋唐制度大都發端與北魏，北魏的命婦制度雖然只是初具端倪，但卻為隋唐女性等級的完備打下了基礎。

一、內、外命婦制度的設立

北魏的命婦制度出現的較晚，雖然歷經了孝文帝漢化改革，該制度也不甚完備，甚至史書中都沒有明確的關於命婦冊封、升遷的記載，但通過對相關材料的分析整理，仍可對這一時期命婦等級體系有所瞭解。

（一）內命婦的範圍

內命婦是我國古代帝王體制的組成部分，不僅包括後宮嬪妃，也包括內庭女官。北魏嬪妃制度自建國後便開始出現，後經歷代皇帝的不斷豐富、完善，至孝文帝漢化改革後，才最終明確了等級。關於嬪妃的等級與名位制度，筆者在前文已經有所論述，在此便不再贅述。

北魏女官制度也正式創立於孝文帝時期，但這一時期也只是規定了女官的品級與選拔和職權，對此前文已有所論述。作為內命婦重要組成部分，女官的封爵體制也在此時首次出現。《大魏宮內司馬高唐縣君楊氏墓誌》載：

> 內司楊氏，恒農華冷人也。……以歷城歸誠，遂入宮耳。……
> 文昭太皇太后選才人充宮女，又以忠謹審密，釋典內宗，七拓孝敬，
> 天然能使，邊豆靜嘉。遷細謁小監。女功紃綜，巧妙絕群，又轉文
> 繡太監。化率一宮，課藝有方，上下順厚，改授宮大內司。宣武皇
> 帝以揚忠勤先後，宿德可矜，賜爵縣君，邑分高唐。〔註61〕

〔註60〕《通典》卷三四《職官典一六・后妃》，中華書局，1988年，第949頁。
〔註61〕趙超：《漢魏南北朝墓誌彙編》，《大魏宮內司馬高唐縣君楊氏墓誌》，天津古籍出版社，2008年，第126頁。

楊氏由於居地為北魏佔據而被納入後宮，後經過不斷努力被選為女官，官職也由細謁小監歷文繡太監又升任女官中品級最高的內司，「宣武皇帝以揚忠勤先後」，賜予楊氏縣君的封爵。

（二）外命婦的範圍

外命婦是包括公主、王妃乃至官員妻子獲得封爵者的統稱，對於女性封爵在漢代就已經出現，其封號多為「郡君」、「縣君」與「太夫人」，其封爵一般是授予地位較高女性，並隨封爵賜予食邑，此後各代大都有所沿襲，封授範圍和人數也不斷增加，但卻一直都未能形成規範的制度。直至唐朝才最終形成命婦封爵體系。此時獲得封爵的外命婦不僅包括公主、郡主、縣主等與皇室有著血親的貴族女性，也有官、勳品級達到三品的官員的母親和妻子〔註62〕。

一般認為，隋唐制度緣起於北魏，但北魏對於外命婦的封授無論是範圍、人數，雖然都沒有隋唐時期的廣泛，但外命婦中人數較多品官命婦群體，卻在北魏也已經出現。

北魏社會中的品官命婦，一般都是高級官吏的妻子，且封號只有郡君、縣君兩級。由於此時的命婦爵級尚未在全社會盛行，更有部分貴族女性，社會上對她們只稱命婦而不稱爵級，這種狀況在北魏女性墓誌中有較多的體現。《魏司徒參軍事元誘命婦馮氏誌銘》載：

> 魏吏部尚書常山侯第三子誘之命婦馮氏，冀州長樂信都縣人，太宰燕宣王之孫，太師武懿公之女。〔註63〕

《鮮于仲兒墓誌》又載：

> 大魏孝昌二年八月十八日故乞銀曹比和真曹匹絍曹四曹尚書奏事給事洛州刺史河南河陰丘使君之長子咸遠將軍太尉府功曹參軍之命婦鮮于氏墓誌。夫人諱仲兒，漁陽人也。父鎮遠將軍趙興太守之女。〔註64〕

此外，《元洛神墓誌》又載：

> 魏故侍中司徒公太子太傅宜都宰王穆君之曾孫、故冠軍將軍散

〔註62〕《唐六典》卷二《尚書吏部》，中華書局，2005 年，第 38～39 頁。

〔註63〕趙超：《漢魏南北朝墓誌彙編》，《魏司徒參軍事元誘命婦馮氏誌銘》，天津古籍出版社，2008 年，第 42 頁。

〔註64〕趙超：《漢魏南北朝墓誌彙編》，《鮮于仲兒墓誌》，天津古籍出版社，2008 年，第 185 頁。

騎常侍駙馬都尉恭侯孫、故司徒左長史桑乾太守之元子、伏波將軍
尚書北主客郎中大司農丞之命婦元氏墓誌銘。夫人諱洛神，河南邑
人也。故使持節散騎常侍、都督雍州諸軍事、驃騎大將軍、儀同三
司、西道行臺、尚書左僕射、行泰州事、開府雍州刺史後遷侍中都
督滄嬴冀三州諸軍事、司空公冀州刺史之長女。〔註65〕

從此三人的身份看，她們分別出自長樂馮氏家族〔註66〕、北魏宗室以及鮮卑
貴族家族；從她們逝世的時間看，馮氏逝世於景明三年（502年），鮮于仲兒
逝世於孝昌二年（526年），而元洛神則逝世於建義元年（528年），三人逝世
時間雖然相差二十餘年。這些都足以說明，命婦之稱一般發生於北魏後期。另
外，從她們丈夫的出身和官職來看，馮氏丈夫元誘出身北魏宗室、官至司徒
參軍，鮮于仲兒丈夫官至威遠將軍太尉府功曹參軍，而元洛神丈夫官至伏波
將軍尚書北主客郎中大司農丞〔註67〕，這些命婦丈夫的官品也不是很高。

可見，夫妻雙方的出身是她們能夠獲得命婦封爵的關鍵因素。因而，也有
人針對北魏命婦冊封，提出「下不及五品已上有命婦之號，竊為疑」〔註68〕，
足以證明北魏後期命婦之號與丈夫官職品級的關聯不大。

二、品官命婦等級體系

外命婦中人數最多的當屬品官的配偶，也可稱為品官命婦。「妻者，齊
也，理與己齊」〔註69〕，因而在國家對於男性官員進行封賞時，他們的妻子

〔註65〕 趙超：《漢魏南北朝墓誌彙編》，《元洛神墓誌》，天津古籍出版社，2008年，
第218頁。

〔註66〕 根據墓誌記載馮氏乃「太宰燕宣王之孫，太師武懿公之女」，結合《魏書·馮
熙傳》的記載可知馮氏乃馮熙孫、馮誕女，諡曰元懿，而墓誌載其諡號為武
懿。元誘「吏部尚書常山侯」第三子，結合《景穆十二王列傳·南安王楨傳
所載》可知元誘乃景穆帝曾孫、南安王楨孫，但由於他參與了恒州刺史穆泰
謀反而在死後被追奪王爵，元楨子元英以軍功拜吏部尚書、常山侯，死後贈
司徒公，諡曰獻武王，此即元誘之父。

〔註67〕 《魏書·穆崇列傳》所載該家族中擔任司徒、左長史者乃穆正國子穆長城，
穆正國「尚長樂公主，拜駙馬都尉，與墓誌相符。元洛神作為北魏宗室疏屬
嫁於穆氏家族之沒落支脈，可知元氏與穆氏兩個家族間的聯姻一直維持至北
魏末年，且雙方一直保持著對等聯姻。

〔註68〕 《魏書》卷一九《景穆十二王列傳上·廣平王洛侯傳附元匡傳》，中華書局，
1974年，第453頁。

〔註69〕 《魏書》卷一九《景穆十二王列傳上·廣平王洛侯傳附元匡傳》，中華書局，
1974年，第453頁。

也有機會隨之獲得相應的封授，進而出現「夫貴於朝，妻榮於室，婦女無定，升從其夫。」〔註 70〕

　　從北魏品官命婦具體封授情況看，其封授分為郡君、縣君和鄉君三級。至北周開始，才始有「詔柱國以下，帥都督以上，母妻授太夫人、夫人、郡君、縣君各有差」〔註 71〕。此外，國家還以「夫尊妻貴」〔註 72〕之概念，確立了郡君與國夫人間的升遷。自此，品官命婦封授才略顯完備。

（一）郡君

　　郡君是外命婦中最高的一個等級，獲封這一爵級者，多是與皇室有著血緣（如公主等）或姻親（如外戚等）關係者，還有部分人是有著卓越功勳的官員家屬。

　　外戚家族由於與皇室有著婚姻關係而在國家處於較高的社會地位，並享有較多的社會財富，為了彰顯和維繫家族的地位，皇帝不僅給予外戚家族中男性成員高官顯位，而且還會給予女性成員封爵，從而使北魏的命婦封授中以與皇室有著親屬關係者最多。《魏故持節征虜將軍營州刺史長岑侯韓使君賄夫人高氏墓銘》載：

> 　　夫人勃海脩人也。左光祿大夫勃海郡開國敬公揚之長女，侍中
> 尚書令司徒大將軍平原郡開國公肇侍中司空澄城郡開國穆公顯之
> 元姊。夫人妹以儀軒作聖，佺女褢月留光，並配乾景，用敷地訓。……
> 至景明三年，宣武皇帝以夫人皇姨之重，兼韻動河月，遂賜湯沐邑，
> 封遼東郡君。又以椒幃任要，宜須翼輔，授內侍中，用委宮披。獻
> 可諫否，節凝圖篆。〔註 73〕

高氏是孝文昭皇后高氏的姐姐、宣武帝的姨母，也是宣武皇后高英的姑母。宣武帝即位後對於母家高氏家族極為優待，不僅「追思舅氏，徵肇兄弟等。」更對高氏家族給予極高的封授，使他們「數日之間，富貴赫弈。」〔註 74〕不僅高

〔註 70〕《魏書》卷一九《景穆十二王列傳上・廣平王洛侯傳附元匡傳》，中華書局，1974 年，第 453 頁。

〔註 71〕《周書》卷五《武帝本紀上》，中華書局，1971 年，第 66 頁。

〔註 72〕羅新、葉煒：《新出魏晉南北朝墓誌疏證》，《王士良妻董榮暉墓誌》，中華書局，2008 年，第 255 頁。

〔註 73〕趙超：《漢魏南北朝墓誌彙編》，《魏故持節征虜將軍營州刺史長岑侯韓使君賄夫人高氏墓銘》，天津古籍出版社，2008 年，第 153 頁。

〔註 74〕《魏書》卷八三《外戚列傳下・高肇傳》，中華書局，1974 年，第 1829 頁。

揚獲得追封、高肇獲封官爵，該家族的女性也獲得了封授，高氏也是在此時不僅被封為遼東郡君，更被選為女官，展現了宣武帝對其家族的看重和厚待。

《魏故樂安王妃馮氏墓誌銘》又載：

> 曾祖道鑒，燕昭文皇帝。曾祖母皇后慕容氏。祖朗，燕封廣平公。真君中入國，蒙除散騎常侍駙馬都尉。……追贈假黃鉞太宰，進爵燕宣王。父熙，和平四年蒙授冠軍將軍肥如侯。到六年，進爵昌黎王。……復除太師。後以異姓絕王，改封扶風郡開國公，食邑三千戶。薨，贈假黃鉞，諡曰武公。母樂陵郡君太妃。……長姊南平王妃。第二第三姊並為孝文皇帝后。第四第五姊並為孝文皇帝昭儀。第六姊安豐王妃。第七姊任城王妃。妃諱季華，長樂郡信都人也。太宰之孫。太師之第八女。〔註 75〕

墓主馮季華乃馮熙第八女、文成文明太后的姪女、孝文幽皇后和孝文廢皇后的妹妹。文明太后初登位後，便「使人外訪，知熙所在，征赴京師，拜冠軍將軍，賜爵肥如侯。尚恭宗女博陵長公主，拜駙馬都尉。」〔註 76〕馮熙還有一妾常氏，「本微賤，得幸於熙，熙元妃公主薨後，遂主家事。」孝文幽皇后馮氏便是常氏之女，從馮氏母樂陵郡君太妃來看，該封號不如公主封號等級高，必然不會是馮熙嫡妻博陵長公主的封號，樂陵郡君太妃應該是常氏在幽皇后得寵後而獲得的封號，樂安王妃馮氏應該就是幽皇后的同母妹。

此外，根據《魏故使持節侍中驃騎大將軍儀同三司尚書令冀州刺史江陽王元公之墓誌銘》所載：

> 公諱義，字伯俊，河南洛陽人也。道武皇帝之玄孫。太師京兆王之世子。……尚宣武胡太后妹馮翊郡君。以親賢莫二，少歷顯官，尋轉通直，遷散騎常侍光祿勳。〔註 77〕

胡太后本宣武帝的嬪妃，在其子元詡繼位後，她才得以以皇太后身份臨朝。在她執政期間，不僅追加父胡國珍官爵，更對本家「男女姊妹兄弟各有差，皆極豐贍。」〔註 78〕胡太后的妹妹也在此時獲封郡君。

〔註 75〕趙超：《漢魏南北朝墓誌彙編》，《魏故樂安王妃馮氏墓誌銘》，天津古籍出版社，2008 年，第 154 頁。

〔註 76〕《魏書》卷八三《外戚列傳上·馮熙傳》，中華書局，1974 年，第 1818 頁。

〔註 77〕趙超：《漢魏南北朝墓誌彙編》，《魏故使持節侍中驃騎大將軍儀同三司尚書令冀州刺史江陽王元公之墓誌銘》，天津古籍出版社，2008 年，第 181 頁。

〔註 78〕《魏書》卷八三《外戚列傳下·胡國珍傳》，中華書局，1974 年，第 1833 頁。

此外，從胡太后還「追崇國珍妻皇甫氏為京兆郡君，……封國珍繼室梁氏為趙平郡君」〔註79〕來看，她不僅追封生母為郡君，連父親的繼室也在封授的範圍內。《唐六典》載：「凡庶子有五品已上官封，皆封嫡母；無嫡母，即封所生母。」〔註80〕如若男性在嫡妻逝世後又娶繼室，則繼室亦可獲得追封。但北魏社會中的嫡庶尚不分明，因而也有嫡母、生母同時獲封的情況。胡太后追封胡國珍的嫡妻和繼室都為郡君，不僅能夠提升自己母家的社會地位，對於胡國珍與繼室之子的入仕，也有一定的益處。

另據《魏書》卷八三《外戚列傳下·于勁傳》載：

> 于勁，字鍾葵，太尉拔之子。頗有武略。以功臣子，又以功績，位沃野鎮將，賜爵富昌子，拜征虜將軍。世宗納其女為后，封太原郡公。妻劉氏，為章武郡君。

《魏書》卷八三《外戚列傳下·高肇列傳附高偃傳》又載：

> 景明四年，世宗納其女為貴嬪。及於順皇后崩，永平元年立為皇后。二年，八座奏封後母王氏為武邑郡君。

于勁乃宣武順皇后于氏父，「世宗始親政事，烈時為領軍，總心膂之任，」〔註81〕其妻劉氏也以皇后生母的身份獲封郡君。「宣武皇后高氏，文昭皇后弟偃之女也。世宗納為貴人，生皇子，早夭，又生建德公主。後拜為皇后，甚見禮重。」〔註82〕高氏在獲封皇后之後，其母王氏也以後母身份獲封郡君。

此外，北魏的功臣以及高官的母親或妻子，也可獲封郡君。《魏書》卷八三《外戚列傳上·閭毗列傳附常英傳》載：

> 先是，高宗以乳母常氏有保護功，既即位，尊為保太后，後尊為皇太后。興安二年，太后兄英，字世華，自肥如令超為散騎常侍、鎮軍大將軍，賜爵遼西公。弟喜，鎮東大將軍、祠曹尚書、帶方公。三妹皆封縣君，妹夫王睹為平州刺史、遼東公。追贈英祖、父，苻堅扶風太守亥為鎮西將軍、遼西蘭公，勃海太守澄為侍中、征東大將軍、太宰、遼西獻王，英母許氏博陵郡君。
>
> 五年，詔以太后母宋氏為遼西王太妃。

〔註79〕《魏書》卷八三《外戚列傳下·胡國珍傳》，中華書局，1974 年，第 1833 頁。
〔註80〕《唐六典》卷二《尚書吏部》，中華書局，1982 年，第 39 頁。
〔註81〕《魏書》卷一三《皇后列傳·宣武順皇后于氏傳》，中華書局，1974 年，第 336 頁。
〔註82〕《魏書》卷一三《皇后列傳·宣武皇后高氏傳》，中華書局，1974 年，第 336 頁。

太武帝晚年爆發了宗愛叛亂，文成帝拓跋濬的保母常氏不僅保護了年幼的皇子，更通過自身在內庭的勢力，幫助他繼承皇位。拓跋濬繼位後，先冊封保母常氏為保太后，後又封其為皇太后。常氏家族也在文成帝繼位後，「皆以親疏受爵賜田宅，時為隆盛。」〔註83〕其中尤以常太后的異母兄常英獲封官爵最高。在對該家族女性進行封授時，為了以示差異，常太后的哥哥常英的母親（即常太后的嫡母）被封為郡君，常太后的妹妹被封為縣君，而常太后的生母則被封為王太妃，用以凸顯她高於本家族其他女性的卓越地位。

可見，這一時期北魏的外命婦事實上已經形成了王太妃、郡君、縣君和鄉君四級體系，只是王太妃一般都是由皇帝嬪妃中有子者，在兒子被封王后才獲得的封授，非皇室親眷較少獲得這一封授，因而社會中一般仍體現的是三級命婦制度。

宣武帝晚年只有元恪一子，元恪生母乃嬪妃胡氏，即宣武靈太后，「世宗崩後，高太后將害靈太后。劉騰以告侯剛，剛以告忠。……故太后深德騰等四人，並有寵授。」〔註84〕《魏書》卷九四《閹官列傳・劉騰傳》載：

> 靈太后臨朝，以與于忠保護之勳，除崇訓太僕，加中侍中，改封長樂縣開國公，食邑一千五百戶。拜其妻時為鉅鹿郡君，每引入內，受賞賚亞於諸主外戚。

《魏書》卷三一《于栗磾列傳附于忠傳》載：

> 忠後妻中山王尼須女，微解《詩書》，靈太后臨朝，引為女侍中，賜號范陽郡君。

劉騰和于忠以保護靈太后之功，在靈太后臨朝時深得其信賴，不僅自身官爵不斷提升，他們的妻子也由於丈夫的功績被封為郡君。

此外，普通的朝臣妻子也可以獲得封授，只是獲得郡君封授者人數相對較少。《魏故華州別駕楊府君墓誌銘》載：

> 君諱穎，字惠哲，弘農華陰潼鄉習仙里人也。……歷官大司農丞、平北府錄事參軍，征本州治中從事史，俄遷別駕。君籍冑膏腴，朱組重映，昆弟承華，列岳八牧，榮斑門生，祿逮僕妾。……父明月，東宮侍郎。母太原王氏，封新昌郡君。〔註85〕

〔註83〕《魏書》卷八三《外戚列傳》，中華書局，1974年，第1817頁。
〔註84〕《魏書》卷三一《于栗磾列傳附于忠傳》，中華書局，1974年，第745頁。
〔註85〕趙超：《漢魏南北朝墓誌彙編》，《魏故華州別駕楊府君墓誌銘》，天津古籍出

《魏書》卷三二《高湖列傳附高謐傳》載：

> 天安中，以功臣子召入禁中，除中散，專典秘閣。肅勤不倦，高宗深重之，拜秘書郎。……顯祖之御寧光宮也，謐恒侍講讀，拜蘭臺御史。尋轉治書，掌攝內外，彈糾非法，當官而行，無所畏避，甚見稱賞。延興二年九月卒，時年四十五。太昌初，追贈使持節、侍中、都督青徐齊濟兗五州諸軍事、驃騎大將軍、太尉公，青州刺史，謐武貞公。妻叔孫氏，陳留郡君。

從這些記載上看，無論是楊明月還是高謐，都沒有位列宰府高官，但他們卻有著共同的經歷，即在太子宮任職，並與太子有著較長時間的交往和共事，他們雖然由於種種原因在太子繼位後沒能位居高官，但卻由於這些經歷而深受到信賴，他們的妻子獲得命婦封授也就在情理之中。

（二）縣君

縣君是北魏品官命婦中冊封範圍較廣、封授人員較多的一個等級，其冊封者一般為中高級官員的妻子。《魏故假節龍驤將軍豫州刺史李簡子墓誌銘》載：

> 君諱蕤，字延賓，隴西郡狄道縣都鄉和風里人也。弱冠侍御中散符璽郎中，轉監御令，拜步兵校尉，出為東郡太守，遷大司農少卿。……亡父承，字伯業，雍州刺史沽臧穆侯。夫人太原王氏。父慧龍，荊州刺史長社穆侯。君夫人太原王氏，諱恩榮，封晉陽縣君。〔註86〕

《魏書》卷九三《恩倖列傳·王叡列傳附王椿傳》載：

> 椿妻鉅鹿魏悅之次女，明達有遠操，多識往行前言。隨夫在華州，兄子建在洛遇患，聞而星夜馳赴，膚容虧損，親類歎尚之。介朱榮妻北鄉郡長公主深所禮敬。永安中，詔以為南和縣君。內足於財，不以華飾為意。撫兄子收情同己子，存拯親類，所在周洽。椿名位終始，魏有力焉。元象中卒，贈鉅鹿郡君。

李承和王椿都官至刺史，為從一品高官，王椿更在死後獲「贈使持節、都督冀瀛二州軍事、驃騎大將軍、尚書左僕射、太尉公、冀州刺史，謐曰文恭。」

版社，2008 年，第 61 頁。

〔註86〕趙超：《漢魏南北朝墓誌彙編》，《魏故假節龍驤將軍豫州刺史李簡子墓誌銘》，天津古籍出版社，2008 年，第 48 頁。

〔註 87〕二人妻子分別出自太原王氏和鉅鹿魏氏家族，也都是北魏世族家族，其中李承的妻子更是漢人世族五大姓中太原王慧龍之女。李承和王椿二人的妻子被封為縣君不僅與丈夫的官職有關，她們的家族出身或也是獲封的重要原因之一。

《魏書》卷九四《閹官列傳・白整傳》載：

> 白整者，亦因事腐刑。少掌宮掖碎職，以恭敏著稱，稍遷至中常侍。太和末，為長秋卿，賜爵雲陽男。世宗封其妻王氏為□□縣君。

白整最初於孝文帝時期擔任皇后宮中屬官大長秋卿，「掌顧問應對，自文明馮后，閹官用事，大者令、僕，小者卿、守。」〔註 88〕官居從二品。他雖然僅僅宦官，且官職不顯，但卻由於較多的參與宮廷內務而深受信賴。在孝文帝處理幽皇后與高菩薩淫亂事件中，「高祖敕中侍悉出，唯令長秋卿白整在側，高祖乃以綿堅塞整耳，自小語呼整再三，無所應，乃令后言。」〔註 89〕孝文帝逝世後，留下遺照賜死幽皇后馮氏，「北海王詳奉宣遺旨，長秋卿白整等入授后藥，」〔註 90〕宣武帝繼位後，白整也深受器重，曾「詔大長秋卿白整準代京靈巖寺石窟，於洛南伊闕山，為高祖、文昭皇太后營石窟二所。」〔註 91〕在北魏宦官娶妻者不乏其人，但能夠為妻子取得命婦封授者卻唯白整一人，足見他在當時宦官中特殊的地位。

（三）鄉君

北魏品官命婦中，以鄉君最少，鄉君的封授，不僅可以用於品官的母親和妻子，還擴展到了女兒。《魏書》卷五九《劉昶列傳》載：

> 劉昶，字休道，義隆第九子也。義隆時，封義陽王。……和平六年，遂委母妻，攜妾吳氏作丈夫服，結義從六十餘人，間行來降。

〔註 87〕《魏書》卷九三《恩倖列傳・王叡列傳附王椿傳》，中華書局，1974 年，第1992 頁。

〔註 88〕《通典》卷二七《職官典・諸卿下》內侍省條，中華書局，1988 年，第 756頁。

〔註 89〕《魏書》卷一三《皇后列傳・孝文幽皇后馮氏傳》，中華書局，1974 年，第334 頁。

〔註 90〕《魏書》卷一三《皇后列傳・孝文幽皇后馮氏傳》，中華書局，1974 年，第334 頁。

〔註 91〕《魏書》卷一一四《釋老志》，中華書局，1974 年，第 3043 頁。

> 昶雖學不淵洽，略覽子史，前後表啟，皆其自制。朝廷嘉重之，尚武邑公主，拜侍中、征南將軍、駙馬都尉，封丹陽王。歲餘而公主薨，更尚建興長公主。……公主復薨，更尚平陽長公主。
>
> 於時改革朝儀，詔昶與蔣少游專主其事。昶條上舊式，略不遺忘。……後以昶女為鄉君。

劉昶是南朝宋宗室成員，後由於受到猜忌而攜妾吳氏入魏。北魏皇帝為表重視，不僅授予他王爵、冊封高官，更先後為他娶三位公主為妻。在其晚年諸子的爵位承襲中，公主子劉承緒雖然「少而尩疾。尚高祖妹彭城長公主，為駙馬都尉」，他本應該是承爵的最佳人選，但卻因病早逝。劉昶「長子文遠，次輝字重昌，並皆疏狂」，二人也都是劉昶的寵妾吳氏所生，雖然年紀長於劉承緒，但卻未能襲爵。由此可以看出，公主子對於繼承王爵的有明顯的優先權。此外，劉昶獲封鄉君之女，其生母必然是公主。在公主和劉昶雙方身份的影響下，她才獲得鄉君的封爵，進而成為現今可知的唯一一位獲封的鄉君。

綜上可知，北魏的品官命婦中一般分為郡君、縣君與鄉君三個等級，郡君之上雖然還有國太妃之號，但在北魏卻較少封授於品官命婦，只是將其作為封國國王之母的專用封號。北魏郡君和縣君的封授一般多用於皇后或皇太后的母親、姊妹等人、功臣以及部分東宮官員的妻子，而鄉君則一般作為公主女兒對爵位的繼承而進行封授。

三、品官命婦的追贈

北魏對於男性官員的追贈，在道武帝時期就已經出現，且無論是追贈的範圍，還是獲追贈的人數都比較多，多數的中高級官吏在死後一般都能得到追封的官職，部分高級官吏和宗室還能夠在逝世後獲得追封的爵位。追封官職、爵位不僅是國家對逝世官員的榮譽賞賜，更以其可以承襲而極具現實意義。

但對於女性而言，由於她們大多數人不能直接擔任國家官職，國家對她們的追封較少。北魏最早對女性追封，發生於明元帝時期，此時獲得追封者分別是他的母親、道武帝夫人劉氏和他的嬪妃、後秦公主姚氏，二人都在死後被追封為皇后。而後，北魏又將追封範圍擴展到嬪妃，直至孝文帝以後，品官命婦才進入被追封的範圍。由於命婦獲得追封的人數較少，其追贈一般

都以郡君封授。

　　從女性獲封原因上看，除公主或部分外戚能夠由於自身血緣或家庭關係獲得爵位外，多數的女性都是以丈夫或夫家的功績獲得封爵或追贈。《魏使持節假鎮北將軍征虜將軍大都督散騎常侍原州刺史上封縣開國公李賢和妻故長城郡君吳氏墓誌銘》載：

> 郡君諱輝，高平人。祖興宗，父洪願。其先勃海徙焉。世家豪贍，禮教相承，爰自邦鄉，門居顯稱。……夫氏積善所鍾，福祿攸降。伯叔以勳德昇朝，且臺且牧；子侄稟訓過庭，以文以武。……朝廷以夫門功顯，夫人行脩，追贈長城郡君。〔註92〕

吳輝出自渤海李氏家族，屬於北魏世族家族中的中等世族，其夫家更由於多人任職而門庭顯赫。她的丈夫更官至刺史，爵封開國公，她也由於丈夫的緣故而在死後獲得追贈為郡君。

　　長孫士亮官至金紫光祿大夫，爵封西華縣開國侯，其妻宋氏父祖也曾受到「皇帝賞遇，顧命斯託，」〔註93〕由於有著顯赫的家庭背景，在她逝世後，皇帝亦下詔曰：

> 錄尚書稚第四子婦宋氏，柔儀內湛，婉問外揚。積慶之門、方膺茂祉，而不幸徂殞，良用嗟悼。宜崇寵數，以慰沉魂。可贈廣平郡君，祭以太牢，禮也。〔註94〕

　　除以夫家獲封以外，以丈夫本身的能力而獲得追封者亦有之。《魏書》卷九三《恩倖列傳‧王叡傳附王椿傳》載：

> 椿妻鉅鹿魏悅之次女，明達有遠操，多識往行前言。……尒朱榮妻北鄉郡長公主深所禮敬。永安中，詔以為南和縣君。內足於財，不以華飾為意。撫兄子收情同己子，存拯親類，所在周洽。椿名位終始，魏有力焉。元象中卒，贈鉅鹿郡君。

〔註92〕趙超：《漢魏南北朝墓誌彙編》，《魏使持節假鎮北將軍征虜將軍大都督散騎常侍原州刺史上封縣開國公李賢和妻故長城郡君吳氏墓誌銘》，天津古籍出版社，2008年，第384頁。

〔註93〕趙超：《漢魏南北朝墓誌彙編》，《侍中太傅錄尚書事馮翊郡開國公第四子散騎常侍征東將軍金紫光祿大夫西華縣開國侯長孫士亮妻廣平郡君宋（靈妃）氏墓誌》，天津古籍出版社，2008年，第301頁。

〔註94〕趙超：《漢魏南北朝墓誌彙編》，《侍中太傅錄尚書事馮翊郡開國公第四子散騎常侍征東將軍金紫光祿大夫西華縣開國侯長孫士亮妻廣平郡君宋（靈妃）氏墓誌》，天津古籍出版社，2008年，第302頁。

在北魏漢化改革後，「夫妻一體」思想的影響逐漸深入，「夫榮妻貴」的思想也在此時表現得更為明顯。王椿在北魏末年的政局變動中「以預立莊帝之勞，封遼陽縣開國子，食邑三百戶。尋轉封真定縣開國侯，食邑七百戶。」[註95] 他的妻子魏氏也由此獲封為縣君。同時，由於王椿「齊獻武王之居晉陽，……禮敬親知，多所拯接。」[註96] 他死後北齊不僅對他進行追贈，他妻子也由於他的關係，而在死後也獲得了郡君的追封。

　　除以夫家的勢力和影響力獲得追贈外，更多的女性是由於自身的出身或母家的勢力而獲得追封。從身份上看，以宗室和外戚家族女性獲封者最多。《魏故金城郡君（元華光）墓誌銘》載：

> 　　故金城郡君姓元，字華光，河南洛陽嘉平里人也。明元皇帝第三子，樂安王范之曾孫，城門騰之女，派州榮之第二妹。……遂父母禮命，下適王氏。乃備六德以和親，脩害瀚以歸寧，內協外諧，香音鏡鬱。……皇太后聞之為奇，恒欲慈引，未遂之閒，高春賣摚，桃李霜抽。春秋三十七，孝昌元年九月癸卯朔十六日寅時寢疾，卒於家第。九族悲憐，五宗痛惜，二聖聞之，深有追憶云：天不憖遺，忽致纖殞，每想伊人，用悼厥心。可贈金城郡君，以旌其善。[註97]

元華光乃明元帝的玄孫，在孝文帝五服變革後，其家庭已經由皇室宗親退為普通宗室，但由於她深得靈太后的歡心，雖然其家族已經淪為宗室之疏屬，他卻仍然在逝世後獲得追贈為郡君。

　　以外戚身份獲封者集中於宣武帝母家渤海高氏家族和孝明帝母家安定胡氏家族。宣武帝幼年喪母，他由孝文幽皇后馮氏撫養，「未與舅氏相接」[註98]，在他繼位後才得以與母家相認，「數日之間，富貴赫弈。」[註99] 宣武帝不僅對高肇大加封賞，對逝世的家族成員也進行追封。《魏書》卷八三《外戚列傳下·高肇傳》載：

> 　　錄尚書事、北海王詳等奏：「揚宜贈左光祿大夫，賜爵勃海公，

〔註95〕《魏書》卷九三《恩倖列傳·王叡傳附王椿傳》，中華書局，1974 年，第 1992 頁。

〔註96〕《魏書》卷九三《恩倖列傳·王叡傳附王椿傳》，中華書局，1974 年，第 1992 頁。

〔註97〕趙超：《漢魏南北朝墓誌彙編》，《魏故金城郡君（元華光）墓誌銘》，天津古籍出版社，2008 年，第 165 頁。

〔註98〕《魏書》卷八三《外戚列傳下·高肇傳》，中華書局，1974 年，第 1829 頁。

〔註99〕《魏書》卷八三《外戚列傳下·高肇傳》，中華書局，1974 年，第 1829 頁。

> 諡曰敬。其妻蓋氏宜追封清河郡君。」詔可。又詔揚嫡孫猛襲勃海
> 公爵,封肇平原郡公,肇弟顯澄城郡公。三人同日受封。

高揚乃高肇的父親、宣武帝的祖父。宣武帝繼位時,高揚夫婦都已經逝世,為了提升高氏家族的地位,他不僅對在世的高氏家族成員高肇、高澄、高偃、高猛等人進行封授,對逝世的祖父高揚追贈官爵、祖母蓋氏追封郡君,高氏家族也在此時迅速興起,並造成「咸陽王禧誅,財物、珍寶、奴婢、田宅多入高氏。」〔註100〕

　　安定胡氏家族是胡太后的母家,在孝明帝繼位後,其生母胡氏由皇太妃后又封皇太后,該家族也在此後迅速崛起。《魏書》卷八三《外戚列傳‧胡國珍傳》載:

> 國珍少好學,雅尚清儉。太和十五年襲爵,例降為伯。女以選入掖庭,生肅宗,即靈太后也。肅宗踐祚,以國珍為光祿大夫。

> 靈太后臨朝,加侍中,封安定郡公,給甲第,賜帛布綿谷奴婢車馬牛甚厚。追崇國珍妻皇甫氏為京兆郡君,置守冢十戶。

> 靈太后、肅宗率百僚幸其第,宴會極歡。又追京兆郡君為秦太上君。……封國珍繼室梁氏為趙平郡君,元乂妻拜為女侍中,封新平郡君,又徙封馮翊君。

> 追崇假黃鉞、使以持節、侍中、相國、都督中外諸軍事、太師、領太尉公、司州牧,號太上秦公。

靈太后繼位後對胡氏家族大加封賞,對生父胡國珍給予高官、追封生母為京兆郡君,後又加封秦太上君。「太上」一般就皇位而言,乃皇帝的祖父,胡太后追封生母為秦太上君、生母為太上秦公,乃是當時胡太后與皇帝並稱「二聖」之下給予父母的至高追封,這也是她實際意義上皇帝身份得直接體現。

〔註100〕《魏書》卷八三《外戚列傳下‧高肇傳》,中華書局,1974年,第1829頁。

第四章　北魏後宮中的權力爭奪

　　後宮是離皇權中心最近的地方，為了實現執掌內外權力的目的，發生於後宮中的權力爭奪就更為頻繁和慘烈。權力鬥爭的勝利者不僅能夠振興家族，甚至還能夠控制後宮、影響王權。而失敗者則會造成自身被殺乃至家族受到誅連，因而在後宮的權力爭奪中，一般都會圍繞皇權傳承或朝政控制權展開。

　　由於北魏前期，後宮的權力為皇太后所掌控，皇后作為皇帝的嫡妻只享有禮儀方面的優勢，因而皇后與嬪妃之間較少發生矛盾和鬥爭。隨著漢化的深入，皇后作為皇帝的嫡妻，其在後宮中的地位不斷提升，更能為家族帶來榮譽和權勢。因而自孝文帝時期開始，北魏皇后與嬪妃間的權力爭奪開始頻繁發生。

第一節　孝文帝以前的後宮競爭

　　孝文帝漢化改革前，北魏的各項制度尚不完備，尤其是後宮制度仍處於不斷探尋和改革時期，這一時期雖然後宮中已經出現了皇后，但是皇后的地位並不顯著，不僅沒有後來統管後宮的權力，而且在「子貴母死」的陰霾下，皇后也如同嬪妃一樣面臨著被殺的危險，在後宮「椒掖之中，以國舊制，相與祈祝，皆願生諸王、公主，不願生太子。」〔註1〕後宮的競爭在這一時期僅僅體現在爭寵的層面，並不涉及爭奪皇后之位和後宮的控制權，因而這一時期的後宮爭奪與後世的後宮相比，不僅調動的人員和經歷較少，其後果和慘

〔註 1〕《魏書》卷一三《皇后列傳・宣武靈皇后胡氏傳》，中華書局，1974 年，第337 頁。

烈程度也較輕，影響力也相對較小。

一、道武帝時期的鑄金人立后

　　北魏的皇后制度在道武帝建國後就已經出現，只是此時的皇后不僅地位不顯，而且冊立也不完全依據皇帝的意志，而是需要進行「鑄金人」預測，但嬪妃是否能夠參與皇后的競爭，則與她們是否受皇帝寵愛息息相關，因而這一時期後宮的競爭與其說是皇后之位的競爭，不如說是嬪妃間競爭皇帝的寵愛。

　　史書記載的北魏道武帝時期的皇后共有兩位，她們雖然一為道武帝生前冊封，一為道武帝子明元帝所追封，但是這二人間由於身份和地位大略相同，她們之間的競爭最初就體現在爭寵上。《魏書》卷一三《皇后列傳·道武皇后慕容氏傳》記載：

　　　　道武皇后慕容氏，寶之季女也。中山平，入充掖庭，得幸。左丞相衛王儀等奏請立皇后，帝從群臣議，令后鑄金人，成，乃立之，告於郊廟。

　　《魏書》卷一三《皇后列傳·道武宣穆皇后劉氏傳》記載：

　　　　道武宣穆皇后劉氏，劉眷女也。登國初，納為夫人，生華陰公主，後生太宗。后專理內事，寵待有加，以鑄金人不成，故不得登后位。

　　《資治通鑑》卷一一一《晉紀》隆安四年條又載：

　　　　初，魏主珪納劉頭眷之女，寵冠後庭，生子嗣。及克中山，獲燕主寶之幼女。將立皇后，用其國故事，鑄金人以卜之，劉氏所鑄不成，慕容氏成，三月，戊午，立慕容氏為皇后。

北魏統治者選立皇后時是很看重其鑄金人的結果。如果鑄金人成功，統治者便認為該人立為皇后於國家是有利的，並告於宗廟從而確立她皇后的地位。反之，則被視為不詳的預兆，她將從此失去了被立為皇后的資格。道武帝時期後宮得寵的嬪妃有兩位，其中獨孤部帥女劉氏先入宮，並得到寵愛，一度成為後宮的實際管理者，在道武帝打敗後燕後，又將後燕國主慕容寶的幼女慕容氏也納入後宮，她也在入宮後迅速得寵。

　　雖然二人間的爭寵史書沒有記載，但從明元帝、太武帝、文成帝等代皇帝，在進行「手鑄金人」預測皇后時，都只有一位嬪妃參與，而道武帝則使劉氏和慕容氏二人同時進行預測，這也足以說明道武帝對二人的寵愛不分伯

仲，而二人間的爭寵和皇后競爭也十分的白熱化。

最終慕容氏鑄金人成功而順利冊封為皇后，而劉氏則由於道武帝制定的「子貴母死」制度，在兒子被冊立為太子前就被殺。劉氏是道武帝寵愛的嬪妃，拓跋嗣又是道武帝的長子，按理說道武帝應該對他們母子有著深厚的感情，在從冊立太子的過程中，卻並未看出這一點。《魏書》卷三《明元帝紀》載：

> 帝素純孝，哀泣不能自勝，太祖怒之。帝還宮，哀不自止，日
> 夜號泣。太祖知而又召之。帝欲入，左右曰：「孝子事父，小杖則受，
> 大杖避之。今陛下怒盛，入或不測，陷帝於不義。不如且出，待怒
> 解而進，不晚也。」帝懼，從之，乃遊行逃於外。

在道武帝殺害了劉氏後，欲冊子皇長子拓跋嗣為太子，但是拓跋嗣卻由於母親被殺而悲痛哭泣，道武帝對此極為不滿，拓跋嗣為了躲避道武帝的懲罰而外逃。雖然這些記載中間沒有提及皇后慕容氏，但不難想到，劉氏迅速被殺、拓跋嗣外逃必然與慕容氏在道武帝身邊進言有關。既然慕容氏能夠借道武帝之手殺劉氏，為了防止劉氏兒子的報復，〔註2〕自然也不會讓劉氏的兒子輕易繼任。

道武帝時期的後宮寵妃事實上是三位，除了上文提及的劉氏和慕容氏外，還有道武帝母親獻明皇后賀氏的妹妹，或可稱之為小賀氏。《魏書》卷一六《道武七王列傳·清河王紹傳》載：

> 紹母即獻明皇后妹也，美而麗。初，太祖如賀蘭部，見而悅之，
> 告獻明后，請納焉，后曰：「不可，此過美不善，且已有夫。」太祖
> 密令人殺其夫而納之，生紹。

賀氏雖然是道武帝的姨母，但是由於美貌得到了道武帝的喜愛，道武帝不僅違逆了母親，更殺了小賀氏的丈夫才順利將她納入後宮。或是由於道武帝與小賀氏間的血親關係不為朝廷所看重，亦或是由於他防止賀蘭部再度興起並控制朝局，他在冊立皇后時，卻將小賀氏排除在外。

在拓跋嗣外逃後，賀氏所生的皇次子拓跋紹也被選為繼承人，或是有道

〔註2〕雖然沒有明確證據說明慕容氏與劉氏關係，但是根據二人的爭寵，及沒有任何互動，都說明二人間關係必然緊張。慕容氏本身無子，劉氏子在母親的影響下，應該也不會對慕容氏有較好的印象。在劉氏死後，慕容氏本可以安然生活終老，但劉氏兒子的繼位卻對她安穩的人生有著威脅，去除他們母子也是慕容氏的自保之策。

武帝對賀氏的感情，亦或是被拓跋嗣母子事件的影響，道武帝在選定拓跋紹為皇太子的同時，「紹母夫人賀氏有譴，太祖幽之於宮，將殺之，會日暮，未決。」〔註3〕與劉氏在拓跋嗣被選為太子人選並迅速被殺不同，賀氏在兒子被確定為繼承人後，只是被幽禁起來。道武帝經歷了很長的情感鬥爭，都沒有迅速殺死賀氏，這才是皇帝對待寵妃的正常態度，也更印證了他迅速殺死寵妃劉氏，也與後宮的爭寵密不可分。

　　史書中對於慕容氏無論是死因還是逝世時間都沒有任和記載，且慕容氏也並未獲得諡號，這也應該是明元帝的刻意為之。在後期北魏的宗廟祭祀中，明元帝將母親劉氏與父親道武帝供奉於太廟，卻沒有給慕容氏留下任和牌位和空間，也由此開創了由新君生母和生母共同享受祭祀的先河。可以說，慕容氏是道武帝朝爭寵的勝利者，但從長遠上看，她卻是徹底的失敗者，不僅自身失去了皇后應有的喪儀，更喪失了享受祭祀的權力，並最終為後世所遺忘。

二、明元帝時期的皇后缺失

　　經歷了道武帝晚年的動盪後，拓跋嗣誅殺了弒父的拓跋紹而繼任，或是親身經歷了後宮爭奪與皇位冊立危機，使他對皇后的冊立格外的謹慎。根據史書記載其後宮嬪妃人數與道武帝大抵相當，《魏書》卷一七《明元六王列傳》載：

> 杜密皇后生世祖太武皇帝；大慕容夫人生樂平戾王丕；安定殤王彌闕母氏；慕容夫人生樂安宣王範；尹夫人生永昌莊王健建；寧王崇、新興王俊二王，並闕母氏。

明元帝後宮嬪妃主要有杜氏、慕容氏、尹氏。〔註4〕此外還有來自後秦的公主姚氏。《魏書》卷一三《皇后列傳·明元昭哀皇后姚氏傳》載：

> 明元昭哀皇后姚氏，姚興女也，興封西平長公主。太宗以后禮納之，後為夫人。后以鑄金人不成，未升尊位。然帝寵幸之，出入居處，禮秩如后焉。是後猶欲正位，而后謙讓不當。泰常五年薨，帝追恨之，贈皇后璽綬，而後加諡焉。葬雲中金陵。

〔註3〕《魏書》卷一六《道武七王列傳·清河王紹傳》，中華書局，1974年，第390頁。

〔註4〕安定殤王拓跋彌、寧王拓跋崇和新興王拓跋俊等人的母親應該較早亡故，加之她們可能沒有較高的出身，因而史書都沒有對他們進行記載。

《晉書》卷一一八《姚興載紀下》：

>　　先是，魏主拓跋珪送馬千匹，求婚於興，興許之。以魏別立后，
>遂絕婚，故有柴壁之戰。至是，復與魏通和，魏放狄伯支、姚伯禽、
>唐小方、姚良國、康宦還長安，皆復其爵位。

後秦與北魏之間的聯姻在道武帝時期就已經定下，兩個政權期待以此聯姻締結軍事聯盟，實現共同對敵的目的。由於此時北魏與後秦各方面勢力大略相等，甚至後秦還略強於北魏，加之後秦漢化程度要高於北魏，其國內制度相對健全。在後秦看來，其公主嫁入北魏，自然要成為該政權後宮的主宰——皇后。而此時道武帝卻通過「手鑄金人」已經冊立了皇后。此時北魏的皇后並沒有特殊的地位，也沒有獲得皇帝乃至社會的重視，她們僅僅有著皇后之名，後宮乃為皇太后所控制。但是後秦卻以傳統政權中皇后掌控後宮的認識，無法接受其公主不能成為皇后的事實，他們拒絕了北魏的聯姻請求，最終引發了雙方的「柴壁之戰」。此戰雖然北魏獲勝，但卻造成了雙方兵力和財力的耗損。

明元帝繼位後，後秦重提聯姻之事，北魏方面也想通過聯姻緩和雙方的關係，姚氏便由此進入了北魏後宮之中。《魏書》卷三《明元帝紀》：

>　　（天賜五年）十一月癸酉，大饗於西宮。姚興遣使朝貢，來請
>進女，帝許之。

>　　（神瑞二年）冬十月壬子，姚興使散騎常侍、東武侯姚敞，尚
>書姚泰，送其西平公主來，帝以後禮納之。

在此次聯姻中，姚興的女兒西平公主嫁入了北魏，她也是第一位進入北魏後宮的周邊政權的公主。有鑒於道武帝時期聯姻失敗造成了戰爭局面，明元帝對於此次聯姻相當的重視。《魏書》卷一三《皇后·明元昭哀皇后姚氏傳》：

>　　明元昭哀皇后姚氏，姚興女也，興封西平長公主。太宗以後禮
>納之，後為夫人。后以鑄金人不成，未升尊位，然帝寵幸之，出入
>居處，禮秩如后焉。是後猶欲正位，而后謙讓不當。泰常五年薨，
>帝追恨之，贈皇后璽綬，而後加諡焉。

按照北魏的慣例，皇后必須要經過「手鑄金人」預測，明元帝雖然無法因一人改變鮮卑舊俗，但從他以「以後禮納」姚氏入後宮，說明從一開始明元帝就已經將姚氏作為皇后的候選人，只是由於姚氏鑄金人不成而未能成為皇后，但這也並未影響她在後宮中的地位。她不僅以嬪妃身份主管後宮事務，

而且還在逝世後被明元帝追封為皇后。

明元帝時期的後宮嬪妃中，除姚氏外最得寵的便是太武帝生母、明元密皇后杜氏。《魏書》卷一三《皇后列傳·明元密皇后杜氏傳》載：

> 明元密皇后杜氏，魏郡鄴人，陽平王超之妹也。初，以良家子選入太子宮，有寵，生世祖。及太宗即位，拜貴嬪。泰常五年薨，諡曰密貴嬪，葬雲中金陵。世祖即位，追尊號諡，配饗太廟。又立后廟於鄴，刺史四時薦祀。以魏郡太后所生之邑，復其調役。後甘露降於廟庭。

杜氏在明元帝為太子時就已經來到了他的身邊，她不僅比姚氏出現的更早，也更早得到明元帝的寵愛，並於天賜五年（408年）生下了明元帝的皇長子拓跋燾。結合杜超「奉使京師，時以法禁不得與后通問。」〔註5〕來看，杜氏並無深厚的家族背景，從而也不具備與姚氏爭奪皇后之位的可能。

杜氏的兒子拓跋燾深得道武帝和明元帝的喜愛，「泰常七年四月，封泰平王；五月，為監國。」〔註6〕《魏書·皇后列傳》記載杜氏死於泰常五年（420年），而《魏書·天象志》則記載她死於太常三年（418年）〔註7〕。無論哪個記載有誤，有一點是確定的，那就是她一定死於姚氏之前，而且是在太武帝幾乎被確定為繼承人之前。筆者有理由相信，即便杜氏也未死於「子貴母死」制度之下，她的死也一定與姚氏有關。

由於密皇后杜氏家族根基薄弱，無法與有著公主身份的姚氏匹敵，姚氏鑄金人不成未能封后，為了防止別人封后，影響北魏與後秦的關係，杜氏最終都沒能接受這一預測，只能在她兒子繼位後才被追封為皇后。

三、文成帝時期的立后之波

太武帝共有赫連氏和賀氏兩位皇后。其中赫連氏雖然是大夏國公主，但卻是在大夏戰敗後被太武帝掠入北魏後宮，賀氏則出自賀蘭部，在道武帝「離散部落」政策之下，賀蘭部勢力基本被化解。也就是說，此二人都沒有強大的背景，皇后的選立應該是以「手鑄金人」進行預測的結果。

太武帝晚年，皇太子拓跋晃監國，拓跋晃長子的拓跋濬「少聰達，世祖

〔註5〕《魏書》卷八三《外戚列傳上·杜超傳》，中華書局，1974年，第1815頁。
〔註6〕《魏書》卷五《太武帝紀》，中華書局，1974年，第106頁。
〔註7〕《魏書》卷一〇五《天象志三》記載：「（泰常三年）六月，貴嬪杜氏薨，是為密后。」（泰常五年）五月，貴人姚氏薨，是為昭哀皇后。

愛之，常置左右，號世嫡皇孫。」〔註8〕拓跋濬繼位後，其後宮嬪妃的爭位也隨之開展。《魏書》卷一三《皇后列傳・文成文明皇后馮氏傳》載：

> 文成文明皇后馮氏，長樂信都人也。父朗，秦、雍二州刺史、西城郡公，母樂浪王氏。后生於長安，有神光之異。朗坐事誅，後遂入宮。世祖左昭儀，后之姑也。雅有母德，撫養教訓。年十四，高宗踐極，以選為貴人，後立為皇后。

《魏書》卷一三《皇后列傳・文成元皇后李氏傳》載：

> 文成元皇后李氏，梁國蒙縣人，母頓丘王峻之妹也。后之生也，有異於常，父方叔恒言此女當大貴。及長，姿質美麗。世祖南征，永昌王仁出壽春，軍至后宅，因得后。……高宗登白樓望見，美之，謂左右曰：「此婦人佳乎？」左右咸曰「然」。乃下臺，后得幸於齋庫中，遂有娠。常太后後問后，后云：「為帝所幸，仍有娠。」時守庫者亦私書壁記之，別加驗問，皆相符同。及生顯祖，拜貴人。太安二年，太后令依故事，令后具條記在南兄弟及引所結宗兄洪之，悉以付託。臨決，每一稱兄弟，輒拊胸慟泣，遂薨。

文成文明皇后馮氏雖然幼年被沒入皇宮，但卻得到了太武帝左昭儀、姑母馮氏的照顧，加之其姑母馮氏與文成帝保太后常氏有著同鄉情誼，這也使她雖然並未得寵於文成帝，卻仍然能夠被提名，並順利被冊封為皇后。與之形成鮮明對比的是，深得文成帝寵愛的李氏，不僅其子受到常太后的質疑，她的貴人封號也是在生下兒子拓跋弘之後才獲得的，而她也在生下兒子後不久便被常太后以「子貴母死」制賜死。

從表面上看，文成帝時期的兩位嬪妃馮氏和李氏似乎並未真正進行過任和形式的爭寵，但細緻分析看來，二人似乎卻也有著千絲萬縷的聯繫。首先，馮氏在文成帝繼位後便被封為貴人，她雖然無寵，但在姑母和常太后的支持下，也穩居嬪妃之首。但在李氏出現後，馮氏的地位受到了威脅。於是她利用常太后的身份，將文成帝的寵妃擋在了宮廷之外。文成帝無法納李氏入宮，常太后亦無法幫助馮氏封后或者徹底消除李氏。隨後，在李氏懷孕後，常太后與文成帝達成了妥協。即馮氏被冊封為皇后，李氏也被迎入後宮為嬪妃。在李氏生下孩子後，常太后便以「子貴母死」賜死了李氏，徹底化解了她對馮氏的威脅。或是出於不滿，文成帝也與馮氏再無互動。

〔註8〕《魏書》卷五《太武帝紀》，中華書局，1974年，第111頁。

　　文成帝逝世後，馮氏雖然已經承接了常太后及其背後的龍城集團勢力，但由於文成帝對她並不寵愛和信賴，使她無法在短時間內取得文成帝及其支持勢力的認可，於是她便在文成帝喪禮上，上演了一場悲情大戲。《魏書》卷一三《皇后列傳‧文成文明皇后馮氏傳》載：

> 高宗崩，故事：國有大喪，三日之後，御服器物，一以燒焚，
> 百官及中宮皆號泣而臨之。后悲叫自投火中，左右救之，良久乃蘇。
> 顯祖即位，尊為皇太后。

文成帝逝世後，為了取得其所屬勢力和即將繼位的太子拓跋弘的支持，文明皇后馮氏竟然設計自己為文成帝殉葬，以此表達她的哀痛，展現他們夫妻間深厚的感情。她的這一做法也取得了成功，她不僅順利取得了文成帝支持者的信賴、化解了皇太子對她的抵制情緒，更在獻文帝繼位後，順了成為皇太后，為日後的主政打下了基礎。

第二節　孝文帝朝的四后之爭

　　北魏建立後，隨著國家實力的不斷提升，皇權逐漸擺脫了鮮卑貴族的束縛而得以伸張，加之北魏長久以來存在的女性參政意的影響，皇后之位隨之成為後宮嬪妃競相爭奪的對象。

一、「子貴母死」與林氏之死

　　貞皇后林氏不僅是孝文帝的第一位皇后，也是可考的孝文帝後宮嬪妃中最早入宮者。林氏出自北魏官僚家族，其叔父林金閭是保太后常氏的寵臣，官至尚書、平涼公；其父林勝官居平涼太守。但在文成帝逝世、獻文帝繼位之初，林氏家族的命運卻發生了重大的變化。《魏書》卷四四《和其奴列傳》載：

> 和平六年，遷司空，加侍中。高宗崩，乙渾與林金閭擅殺尚書
> 楊保平等。殿中尚書元郁率殿中宿衛士欲加兵於渾。渾懼，歸咎於
> 金閭，執金閭以付郁。時其奴以金閭罪惡未分，乃出之為定州刺
> 史。

《魏書》卷一三《皇后列傳‧孝文貞皇后林氏傳》又載：

> 孝文貞皇后林氏，平原人也。叔父金閭，起自閣官，有寵於常
> 太后，官至尚書、平涼公。金閭兄勝為平涼太守。金閭，顯祖初為

定州刺史；未幾，為乙渾所誅，兄弟皆死。勝無子，有二女，入掖
庭。后容色美麗，得幸於高祖，生皇子恂。以恂將儲貳，太和七年，
后依舊制薨。

在獻文帝繼位之初爆發的乙渾政變中，林金閭是乙渾的同盟者和支持者。而
後，時為殿中尚書的元郁欲率宿衛軍進攻乙渾，乙渾便將謀害朝臣的罪責推
給了林金閭，林金閭由是被貶為定州刺史。不久，乙渾完全控制了朝政，為
了隱瞞當初的罪行，他派人殺害林金閭、林勝兄弟，林勝的兩個女兒也以罪
臣之女的身份入宮。那麼，林氏入宮之初的身份應為宮女無疑。

　　早在文成時期，北魏後宮便已形成了龍城皇后集團〔註9〕，該集團最早
的代表便是文成帝乳母常氏。文成帝逝世後，常氏將時為貴人的馮氏推上了
皇后之位（此即文成文明皇后馮氏），並使之成為了龍城皇后集團的新一代代
表，由於感念常太后提攜、照顧的恩情，她對常太后的親友、故舊都十分照
顧。孝文帝繼位後，為了維繫龍城皇后集團和馮氏家族業已取得的利益，馮
太后急需從家族中選拔家族女子送到他的身邊，但此時馮氏家族卻並無適齡
女子可以入宮，於是她便將目光投向龍城集團成員。作為常太后寵臣之女的
林氏也在此時被馮太后注意到，並在馮太后的暗中幫助下順利接近了孝文
帝。林氏也由於自身的「容色美麗」〔註10〕迅速得寵於孝文帝，成為孝文帝
後宮中最早得寵的嬪妃。

　　為了分散孝文帝對林氏的寵愛，避免她由於專寵而難以控制，以至對日
後馮氏家族女子入主後宮造成障礙，馮太后一方面阻止孝文帝冊封她為皇后
或更高級別的嬪妃，另一方面也在尋找其他的龍城皇后集團成員的女子送入
後宮，恰逢此時，生活於高句麗的高颺帶著他的女兒「舉室西歸，達龍城
鎮，鎮表后德色婉豔，任充宮掖」〔註11〕。由於出身龍城的地緣親情，高氏
得到了馮太后的青睞，並被送到了孝文帝身邊，她也順利的得到了孝文帝的
寵愛，成為林氏在後宮中的唯一競爭對手。

　　林氏和高氏的得寵只是馮太后面對自己家族中缺乏適齡女子的現實不得
已做出的選擇。太和七年（483年），林氏生下了孝文帝的皇長子元恂、高氏

〔註9〕 李憑：《北魏龍城諸后考實》，《歷史研究》，2007年第3期，第20～32頁。
〔註10〕《魏書》卷一三《皇后列傳·孝文貞皇后林氏傳》，中華書局，1974年，第
　　　 332頁。
〔註11〕《魏書》卷一三《皇后列傳·孝文昭皇后高氏傳》，中華書局，1974年，第
　　　 335頁。

也生下了皇次子元恪，而此時馮氏家族的女子也已經接近婚配的年齡，林氏的存在和得寵將有礙於馮氏家族女子在後宮的發展。更重要的是，林氏生下了皇長子元恂，控制了這個孩子便可以繼續臨朝執政，這對時為太皇太后的馮太后及其家族來說是至關重要的，那麼林氏之死也就無可避免了。

關於林氏之死，史書的記載卻略有不同。《魏書》卷一三《皇后列傳·孝文貞皇后林氏傳》載：

> 后容色美麗，得幸於高祖，生皇子恂。以恂將儲貳，太和七年后依舊制薨。高祖仁恕，不欲襲前事，而稟文明太后意，故不果行。

據此可知，林氏生下元恂後，由於元恂被選為太子，她被馮太后下令以舊制（即「子貴母死」）賜死的。但《魏書》卷二二《孝文五王列傳·廢太子恂傳》卻記載：

> 廢太子庶人恂，字元道。生而母死，文明太后撫視之，常置左右。年四歲，太皇太后親為立名恂，字元道，於是大赦。太和十七年七月癸丑，立恂為皇太子。

元恂生於太和七年（483 年），十年後才被立為太子，這樣看來林氏之死雖說與選拔太子有關，但又不是密切相關，這中間必然摻雜著政治因素在內。

關於林氏被賜死的原因，史書以「前事」稱之，翻查史書不難發現這主要是指道武帝制定的「子貴母死」制。北魏建立前，鮮卑族尚處於部落制時代，由於受到母系氏族傳統的影響，女性在部落中有著極高的權力和地位。北魏建立後，為了抑制母權的過度干政，便制定了「後宮產子將為儲貳，其母皆賜死」〔註 12〕，為了告慰繼位皇帝和逝世嬪妃，明元帝繼位後規定「後宮人為帝母，皆正位配饗焉。」〔註 13〕

道武帝施行「子貴母死」制的目的是為了防止后妃通過母子親情影響國家走向，太武帝以後，這一制度開始成為後宮爭鬥的工具，以達到掌控儲君、影響朝政的目的，如：太武帝保母竇氏先是利用太武帝皇后赫連氏賜死了文成帝生母郁久閭氏，而後又暗害了赫連氏，自己登上了皇太后之位〔註 14〕；

〔註 12〕 《魏書》卷一三《皇后列傳·道武宣穆皇后劉氏傳》，中華書局，1974 年，第 325 頁。

〔註 13〕 《魏書》卷一三《皇后列傳·道武宣穆皇后劉氏傳》，中華書局，1974 年，第 325 頁。

〔註 14〕 李憑：《北魏文成帝初年的三后之爭》，《北朝史研究》，商務印書館，2004 年，第 65～83 頁。

文成帝乳母常氏又利用這一制度賜死了獻文帝母李氏，控制了朝政；文成帝皇后馮氏也利用這一制度先賜死了孝文帝生母李氏，取得了孝文帝的撫養權；孝文帝長子元恂出生後，她又以該制賜死林氏，親自撫養元恂，意圖將其培養成孝文帝一樣與她有著祖孫情、完全聽命於她的新一任皇帝。

二、馮氏姊妹皇后之爭

馮太后秉政後，由於馮氏家族沒有合適的女子，她先後將常太后寵臣之女林氏與來自龍城郡的高氏作為龍城皇后集團成員送到了孝文帝身邊。馮熙的女兒逐漸長大成人，馮太后預感到要振興馮氏家族，依靠龍城皇后集團遠不如自己的親族，於是她將兄長馮熙的女兒帶入了皇宮。

關於進入皇宮的馮熙女兒的人數，史書和墓誌有著不同的記載。《魏書》卷八三《外戚列傳·馮熙傳》載：

> 高祖前後納熙三女，二為后，一為左昭儀。由是馮氏寵貴益隆，賞賜累鉅萬。

《魏書》卷一三《皇后列傳》記載的則更為詳細：

> 孝文廢皇后馮氏，太師熙之女也。太和十七年，高祖既終喪，太尉元丕等表以長秋未建，六宮無主，請正內位。高祖從之，立后為皇后。高祖每遵典禮，后及夫、嬪以下接淑皆以次進。車駕南伐，后留京師。高祖又南征，后率六宮遷洛陽。……及車駕還洛，恩遇甚厚。高祖後從重引后姊昭儀至洛，稍有寵，后禮愛漸衰。昭儀自以年長，且前入宮披，素見待念，輕后而不率妾禮。后雖性不妒忌，時有愧恨之色。昭儀規為內主，譖構百端。尋廢后為庶人。〔註15〕

> 孝文幽皇后，亦馮熙女。……文明太皇太后欲家世貴寵，乃簡熙二女俱入披庭，時年十四。其一早卒。后有姿媚，偏見愛幸。未幾，疾病，文明太后乃遣還家為尼，高祖猶留念焉。拜為左昭儀，後立為皇后。歲餘而太后崩。高祖服終，頗存訪之，又聞后素疹痊除，遣閹官雙三念璽書勞問，遂迎赴洛陽。及至，寵愛過初，專寢當夕，宮人稀復進見。〔註16〕

〔註15〕《魏書》卷一三《皇后列傳·孝文廢皇后馮氏傳》，中華書局，1974 年，第332 頁。

〔註16〕《魏書》卷一三《皇后列傳·孝文幽皇后馮氏傳》，中華書局，1974 年，第333 頁。

根據這些記載可知，文明皇后首先將馮熙的兩個女兒送入皇宮，她們一個被封為左昭儀，但不久便逝世，另一個品位不詳，但後來也由於疾病被送出了皇宮。馮太后隨即又將馮熙的第三個女兒送入了皇宮，此女後被孝文帝封為皇后。這麼看來，馮熙先後有三個女兒被納入孝文帝後宮。但《魏故樂安王妃馮氏墓誌銘》卻稱：

> （樂安王妃馮氏）長姊南平王妃。第二第三姊並為孝文皇帝后。第四第五姊並為孝文皇帝昭儀。第六姊安豐王妃。第七姊任城王妃。〔註17〕

據此看來，馮熙應該有四個女兒進入孝文帝後宮，其中為皇后者二人，分別指幽皇后與廢皇后姊妹二人；為昭儀者二人，其一應為與幽皇后同時進宮但卻早卒者，但另一位昭儀則無從可考。

孝文帝遷都洛陽後，將在外養病的馮氏接回皇宮。馮氏回宮後，便被封為左昭儀，至太和二十一年（497年），才被立為皇后，中間經過了二年之久，因而史書有時稱之為昭儀而非皇后，如《魏書‧河間公齊傳》便將馮熙子馮俊記為「昭儀之弟，恃勢恣擄所部里正。」〔註18〕據此筆者認為，進入孝文帝後宮的馮熙女兒共有三位，其中一人被封為左昭儀，但卻早卒；一人被直接冊封為皇后（即廢皇后馮氏）；還有一人先被封為左昭儀，後又封為皇后（即幽皇后馮氏）。墓誌撰寫者不查，而誤以為馮熙有二女為皇后，二女為左昭儀。

為了維持馮氏家族地位的穩固，馮太后通過「子貴母死」制賜死了元恂的生母林氏，取得了他的撫養權，並為侄女冊封皇后消除了最大的競爭對手。馮太后的三個侄女是分兩批進入北魏皇宮的，她首先將馮熙的兩個女兒納入了皇宮，但她們卻「其一早卒，其一得幸於魏主，未幾，有疾，還家為尼。」〔註19〕隨著她們的一死一病，馮太后又將馮熙的另一個年紀較小的女兒選入了皇宮，雖然她身體健康但卻不得孝文帝的寵愛，即便有馮太后在背後支持，卻也未能成為孝文帝的皇后。

馮太后逝世後，出於對文明太后的情誼以及馮氏家族勢力的影響，太和十七年（493年）「高祖既終喪，太尉元丕等表以長秋未建，六宮無主，請正

〔註17〕趙超：《漢魏南北朝墓誌彙編》，中華書局，2008年，第154頁。
〔註18〕《魏書》卷一四《神元平文諸帝子孫列傳‧河間公齊傳》，中華書局，1974年，第363頁。
〔註19〕《資治通鑑》卷一四〇《齊紀六‧明帝》建武三年條，中華書局，1956年，第4339頁。

內位。高祖從之，立後為皇后。」〔註20〕馮氏雖然不得孝文帝寵愛，卻也恪守皇后本分，她不僅嚴守禮法，認真履行皇后的職責，統御嬪妃、管理後宮，還積極支持和參與孝文帝的改革。孝文帝也對馮氏很是尊重，雙方相敬如賓。但好景不長，隨著馮氏姐姐的回宮，她逐漸陷入困難的境地。

在廢皇后馮氏被冊封為皇后不久，孝文帝便派人尋找曾由於生病並送出皇宮的其姊馮氏，並將其接往洛陽新都。馮氏因病出宮前就極得孝文帝寵愛，回宮後孝文帝冊封她為左昭儀，並「寵愛過初，專寢當夕，宮人稀復進見。」〔註21〕

根據《魏書·馮熙傳》記載，馮熙的嫡妻乃景穆帝女博陵長公主，二人生有馮誕、馮修二子，而《魏書·皇后列傳》則稱馮誕為廢皇后馮氏兄，那麼，廢皇后馮氏也當為博陵長公主之女。此外，她懂得禮數、進退得當的行為，完全符合皇家規範，與其姊幽皇后馮氏的乖張跋扈、輕慢無禮有著明顯的區別。史書記載幽皇后馮氏之母乃出身微賤的馮熙側室常氏，那麼，廢皇后馮氏之母當為博陵長公主無疑。這樣，馮熙兩個異母女兒間，為了皇后之位發生了爭奪。

《魏書》卷一三《皇后列傳·孝文廢皇后馮氏傳》載：

> 高祖後從重引后姊昭儀至洛，稍有寵，后禮愛漸衰。昭儀自以年長，且前入宮掖，素見待念，輕后而不率妾禮。后雖性不妒忌，時有愧恨之色。昭儀規為內主，譖構百端。尋廢后為庶人。后貞謹有德操，遂為練行尼。后終於瑤光佛寺。

馮氏回宮後不僅獨享了孝文帝的寵愛，更由於她身為廢皇后馮氏的姐姐，且比其妹先進入皇宮，因而對廢皇后馮氏不行妃禮，這也引起了廢皇后馮氏的不滿，馮氏姊妹關係迅速惡化。

身為姐姐且得寵的馮氏不滿意昭儀的封號，想要取代妹妹成為孝文帝皇后，於是便利用孝文帝對她的寵愛，不斷地構陷妹妹。就在馮昭儀回宮後的第二年，也就是太和二十年七月（496 年），孝文帝廢皇后馮氏。次年七月，馮昭儀終於登上了皇后之位。

〔註20〕《魏書》卷一三《皇后列傳·孝文廢皇后馮氏傳》，中華書局，1974 年，第332 頁。

〔註21〕《魏書》卷一三《皇后列傳·孝文幽皇后馮氏傳》，中華書局，1974 年，第333 頁。

馮氏雖然被廢后位，但是卻仍然留下了其後宮屬官，靜待機會為她進行復仇等活動。《魏書》卷九四《閹官列傳·王遇傳》載：

> 廢后馮氏之為尼也，公私罕相供恤。遇自以常更奉接，往來祗謁，不替舊敬，衣食雜物，每有薦奉。后皆受而不讓。又至其館，遇夫妻迎送謁伏，侍立執臣妾之禮。

宦官王遇與廢皇后馮氏的關係史書沒有提及，但從她被廢出家以後，王遇夫婦不僅對她的生活極為照顧，更一直保持著君臣之禮來看，他們之間的關係應該極為密切，「故杞道德、王遇、張祐、苻承祖等拔自微閹，歲中而至王公」〔註22〕，馮太后兄馮熙死後也由他監護喪事，足見王遇與馮熙一家的關係之密切。作為馮太后提拔的宦官，自然會在馮氏被立為皇后之後成為她的屬僚，王遇的官職可能也與她執掌後宮時期的直接提拔有關。在馮皇后被廢後，他對於幽皇后馮氏卻很是不滿，或是由於他為廢皇后所信賴，幽皇后對他也很是抵制，這也加劇了王遇的不滿情緒，「幽后之前廢也，遇頗言其過。及後進幸，高祖對李沖等申後無咎，而稱遇謗議之罪。」〔註23〕在幽皇后淫亂事件爆發後，他也從後宮的角度進行舉報，從而給予她沉重的一擊，這也可視為馮氏姊妹皇后之爭最後的餘波。

三、馮、高二后奪嫡之戰

馮太后逝世後，孝文帝為了防止廢皇后馮氏效法其姑母，通過母子親情在太子繼位後臨朝稱制，從而將由太子拓跋恂帶回自己身邊親自教養。不僅如此，孝文帝還在太和十八年（494年）以太子「無師傅獎導風」〔註24〕為由解除了馮太后侄、廢皇后同母弟馮誕的太子太師之職，用以阻斷馮氏家族對太子的影響。

由是，廢皇后馮氏與元恂雖在太和十七年（493年）分別被立為皇后和太子，但在孝文帝的刻意阻斷下，皇后與太子間並未形成母子親情，於是馮氏只得另覓養子，孝文帝的次子元恪由此進入了她的視野。

元恪生母是孝文帝夫人高氏，其家本高句麗人〔註25〕，她也是馮太后親

〔註22〕《魏書》卷一三《皇后列傳·文成文明皇后馮氏傳》，中華書局，1974年。
〔註23〕《魏書》卷九四《閹官列傳·王遇傳》，中華書局，1974年。
〔註24〕《魏書》卷八三《外戚列傳上·馮熙傳附馮誕傳》，中華書局，1974年，第1821頁。
〔註25〕李憑：《北魏兩位高氏皇后族屬考》，收於氏著《北朝研究存稿》，商務印書

自選拔並送往孝文帝身邊的嬪妃。高氏先後為孝文帝生下皇次子元恪、廣平王元懷以及長樂公主元瑛〔註26〕，她也成為當時後宮中除林氏外，最得寵的嬪妃。高氏本可以憑其皇次子生母的身份安然的度過餘生，待其子長大成人，還可以隨兒子去往封國，過著王太妃的逍遙生活。但事與願違，馮太后逝世後，孝文帝親自取回了太子的撫養權，馮皇后想要效法其姑母，通過撫養皇位繼承人的方式控制北魏朝政的期望也即將落空。她只能重新選擇撫養的對象，並通過將其送上太子之位而達到臨朝稱制的目的，皇次子元恪無疑就是最佳人選，元恪的生母高氏就成為她撫養元恪的最大障礙。

由於此時太子人選已定，以「子貴母死」舊制賜死高氏顯然已不可行，她只能尋找更好的方式將高氏處死。關於高氏之死，《魏書》卷一三《皇后列傳・孝文幽皇后馮氏傳》載：

> 及馮昭儀寵盛，密有母養世宗之意。後自代如洛陽，暴薨於汲郡之共縣，或云昭儀遣人賊後也。世宗之為皇太子，三日一朝幽后，后撫念慈愛有加。高祖出征，世宗入朝，必久留後宮，親視櫛沐，母道隆備。

這一記載似乎為我們揭示了高氏的死因，即廢皇后馮氏之姊回宮後迅速得寵，並派人殺害了高氏，奪取了元恪的撫養權，為她日後為后、臨朝做足了安排。表面看來，這似乎是合情合理的，但細究之下不難發現這一事件發生的時間卻存在著明顯的問題。

根據史書和墓誌的記載，太和十七年（493 年）廢皇后馮氏被冊立為后，並在太和十九（495 年）初主持後宮遷都洛陽事宜，太和十九年底至二十年初，廢皇后馮氏之姊才被接回洛陽宮，並被冊封為昭儀。太和二十年（496 年）七月，孝文帝廢皇后馮氏。次年七月，立昭儀馮氏為皇后。那麼，太和二十年高氏死於遷都洛陽途中時，馮昭儀應該剛回宮不久，忙於復寵的她根本無暇部署這一行動，能做成這件事的只有廢皇后馮氏。

根據史書記載，孝文帝後宮嬪妃遷入洛陽時間在太和十九年（495 年）九月，而根據《文昭皇后高照容墓誌》銘文記載，她死於太和二十年（496 年）從代都遷往洛陽的途中，為何她會晚於其他人前往洛陽？這只能是當時的皇

館，2006 年，第 163～179 頁。

〔註26〕羅新、葉煒：《新出魏晉南北朝墓誌疏證》，《文昭皇后高昭容墓誌》，中華書局，2005 年，第 90 頁。

后馮氏的刻意安排的，目的將她與後宮眾人分離，以便於對她進行暗害。只是由於廢皇后與幽皇后都出自長樂馮氏家族，且為異母姊妹，加之二人先後被冊封為皇后，而太和二十年也正是馮昭儀得寵並被封為皇后的時期，因而造成史書撰寫者不查，誤將殺害高氏的廢皇后記為幽皇后。

遷都洛陽完成後，馮氏乃將失去生母的元恪帶回親自撫育，期待著可以幫助元恪取代元恂成為太子，並最終成為像馮太后一樣的臨朝稱制者。但事與願違，馮昭儀的回歸衝擊著廢皇后馮氏在後宮中的地位，馮昭儀一方面利用孝文帝的寵愛不斷對廢后進行攻擊、構陷，以便取而代之；另一方面她還可以接管剛剛失去母親的元恪，為日後臨朝稱制創造條件。太和二十年（496年），馮昭儀如願以償的被孝文帝冊立為皇后，是為幽皇后，並順利的取得了皇次子元恪的撫養權。

四、四后之爭沒有贏家

獲取了皇后之位後，幽皇后馮氏便開始為元恪成為太子而籌謀，此時元恪太子之路上最大的障礙便是當時的太子元恂。就外部環境而言，馮太后逝世後，為了消除馮氏家族對太子的影響，孝文帝不僅親自撫育太子元恂，更罷免了馮熙子馮誕的太子太師之職，改以「資性忠篤，稟操貞亮」〔註 27〕的高道悅為太子中庶子，承擔起教導太子的責任。馮誕又拒絕孝文帝為元恂與馮氏聯姻的要求，這也預示著馮氏家族與元恂將關係的徹底斷裂。從自身而言，身為太子的元恂「不好書學，體貌肥大，深忌河洛暑熱，意每追樂北方。」〔註 28〕孝文帝「製衣冠與之，詢（恂）竊毀裂，解髮為編服左衽。」〔註 29〕身為中庶子的高道悅雖數度苦言致諫，但卻不僅無法阻止元恂，更造成了元恂對他的怨恨。幽皇后馮氏又利用孝文帝對她的寵愛，不斷向孝文帝進讒言，用以離間父子間的感情。

此外，為了剪除元恂的支持力量，幽皇后還將矛頭對準了元恂的東宮官署。時為太子太傅、司空的穆亮和太子少傅、侍中的李沖成為幽皇后及其家族的目標。穆亮出自是鮮卑八大姓之一的丘穆陵氏（後改為穆氏），是北魏國內鮮卑貴族的代表，娶中山長公主，拜駙馬都尉，封長樂王。李沖出自漢

〔註 27〕《魏書》卷六二《高道悅列傳》，中華書局，1974 年，第 1400 頁。
〔註 28〕《魏書》卷二二《孝文五王列傳·廢太子恂》，中華書局，1974 年，第 588 頁。
〔註 29〕《南齊書》卷五七《魏虜列傳》，中華書局，1972 年，第 996 頁。

人門閥隴西李氏家族，「為文明太后所幸，恩寵日盛」〔註30〕，進爵隴西公，其女亦為孝文帝夫人。雖然孝文帝極為信賴二人，但穆亮卻由於兄長穆罷參預恒州刺史穆泰謀反事件而受到了牽連，他只得上表自劾，孝文帝改任他為使持節、征北大將軍、開府、儀同三司、冀州刺史，穆亮就此外鎮冀州，離開了國家的權力核心。而後，李沖又與其一手提拔的李彪結怨，李彪更「謂非復藉沖，而更相輕背，惟公坐斂袂而已，無復宗敬之意也。」〔註31〕在李彪的不斷挑釁刺激下，李沖身體每況愈下，再也無力保護元恂。

恰逢此時，又發生了元恂外逃事件，這也是他被廢的直接導火索。太和二十年（496 年），元恂趁孝文帝赴崧嶽而自己留守金墉之機，「密選宮中御馬三千疋置河陰渚。」〔註32〕並在出逃前於禁中殺害了高道悅。孝文帝聞之大驚，先杖責元恂百餘下，而後又以元恂「違父背尊，跨據恒朔」〔註33〕之過，將其廢為庶人。不久，又在李彪構陷他意圖謀反下，被孝文帝賜死，並葬之以庶人禮，其生母林氏也被追廢。

太和二十一年（497 年）正月，皇次子元恪被立為太子。同年七月，馮昭儀被立為皇后，並承擔起撫育太子的責任。此後，幽皇后馮氏與太子元恪間迅速建立起了母子親情，元恪更是「三日一朝幽后，后拊念慈愛有加。」〔註34〕

與此同時，馮氏不僅以中常侍雙蒙等為心腹擴張自己的勢力，更乘孝文帝出征之機與中官高菩薩淫亂，孝文帝回歸洛陽後，派人查實了馮氏的行徑，將其幽禁於宮中，並隔絕了她與元恪的聯絡。太和二十三年（499 年）三月，孝文帝在南征途中病逝，為了防止馮氏家族殘餘勢力的反撲，他在死前留下遺詔，令太子元恪赴魯陽繼位，並賜死了皇后馮氏。幽皇后馮氏的逝世，宣告長樂馮氏家族對北魏後宮控制的終結。宣武帝繼位後，隨著高氏家族女子被選為皇后，渤海高氏家族成為北魏外戚中的新興勢力。

孝文帝統治時期，不僅是北魏歷史發展的分水嶺，更是鮮卑保守勢力與

〔註30〕《魏書》卷五三《李沖列傳》，中華書局，1974 年，第 1179 頁。

〔註31〕《魏書》卷五三《李沖列傳》，中華書局，1974 年，第 1188 頁。

〔註32〕《南齊書》卷五七《魏虜列傳》，中華書局，1972 年，第 996 頁。

〔註33〕《魏書》卷二二《孝文五王列傳·廢太子恂傳》，中華書局，1974 年，第 588 頁。

〔註34〕《魏書》卷一三《皇后列傳·孝文昭皇后高氏傳》，中華書局，1974 年，第 335 頁。

漢族新興貴族間鬥爭最為激烈的時期，作為皇帝生活場所的後宮也被捲入其中，成為這一鬥爭最直接的參與者，更為皇后之位展開了一幕幕血淋淋的爭鬥。在這場後宮爭鬥中，馮太后最先出手，為了保護馮氏家族的利益，她以「子貴母死」的舊制，賜死了孝文帝後宮中最得寵的嬪妃林氏，取得了林氏之子元恂的撫養權，並將他立為了太子，林氏也在死後被孝文帝追封為皇后，她也由此成為孝文帝朝第一位皇后。孝文帝的第二位皇后馮氏是文明太后的姪女，雖然無寵，卻憑藉著家族勢力被封為皇后。為了效法姑母臨朝聽政，她在無法撫育太子的情況下，殺害了孝文帝次子元恪的生母高氏，意圖通過撫育元恪，幫助他繼位，實現自己臨朝之願。但事與願違，她在得寵於孝文帝的異母姐姐、時為昭儀馮氏的不斷讒言中傷下很快被廢。馮昭儀不僅取得了元恪的撫養權，更取代了妹妹成為孝文帝的第三任皇后，她還順利的幫助元恪取代元恂成為太子。但她意想不到的是，在元恪成為太子後不久，她也由於與高菩薩淫亂被幽，並最終被殺。元恪繼位後，追封逝世的生母高氏為皇后，高氏也由此成為了孝文帝的第四位皇后。

後宮爭鬥不僅使孝文帝的四位皇后先後失去了性命，更直接造成了龍城皇后集團的終結以及馮氏家族的沒落和高氏家族的崛起。宣武帝時期，高氏雖然有寵但卻無子，後宮爭鬥又開始再度爆發。

第三節　宣武帝朝的三后之爭

宣武帝繼位後，為了抑制宗室勢力對皇權的掣肘，他大力任用外戚，外戚家族為了繼續維繫和擴張自身的勢力，也不斷將家族中的女子送入後宮，並支持她們在後宮中爭奪后位，意圖在新君繼位後，通過皇太后勢力，繼續為家族獲取更大的利益。宣武帝朝的後宮爭鬥由是首先在外戚家族的后妃間展開。

一、最後的鮮卑皇后

宣武帝元恪是孝文幽皇后馮氏親自撫育並推上太子之位的皇子，他與幽皇后有著極深母子親情。在幽皇后與高菩薩淫亂事件爆發後，馮氏也「以罪失寵，而夫人嬪妾奉之如法，惟令世宗在東宮，無朝謁之事。」〔註35〕在幽

〔註35〕《魏書》卷一三《皇后列傳·孝文幽皇后馮氏傳》，中華書局，1974 年，第334 頁。

皇后被殺前後，時為太子的元恪不僅沒有做出任何救助她的行為，在他繼位後還不斷打壓馮氏家族勢力，更直接將馮聿、馮夙兄弟免官。如果說元恪在任太子時期，為了自保而沒有對馮氏施以援手。那麼，在他繼任帝位後，在宗室勢大的情況下，任用外戚是他的最佳選擇，而他卻對馮氏家族不斷壓制，反而對於出身貧寒的高氏家族大加任用，這其中也自然還有些其他的隱秘原因。

事實上，幽皇后馮氏與宣武帝元恪間的關係，並不似看上去那麼和諧。自幼生長於皇宮的元恪不可能對廢皇后派人殺害母親的事一無所知。在元恪生母高貴人逝世後，有司奏請加高氏昭儀之號，又遭到了幽皇后馮氏的極力反對，以致孝文帝並未對她進行越級追封，只是賜予她「文昭」這一諡號。對此元恪也不可能毫不知情，他之所以對幽皇后仍克盡為子之孝，無非是想要憑藉馮氏及其家族勢力的保護成為太子，並順利登上皇位。

元恪繼位後，不僅迅速追尊生母高氏為文昭皇后，為她增修墳冢，號曰終寧陵；還派人聯絡上了尚存的高氏家族成員並大加封賞，冊封舅父高肇為平原公、高顯為澄城公，追封外祖高颺為勃海公，以其嫡孫高猛襲爵；更將舅父高偃之女納為皇后。高氏家族就此「數日之間，富貴赫奕。」〔註36〕並迅速取代了馮氏家族，成為北魏王朝的新貴家族。

在孝文帝逝世前，為宣武帝指定了六位宰輔忠臣，這些人也在宣武帝繼位之初，擺脫馮氏家族勢力的掣肘，穩固皇權和朝局有著重要的作用。但隨著時間的推移，他們的權力過大，也對皇權產生了威脅，特別是以咸陽王元禧和北海王元詳為代表的鮮卑宗室，更由於血緣關係而屢有僭越行為，其中尤以元禧最甚。《資治通鑑》卷一四四《齊紀十·和帝》中興元年條載：

> 魏咸陽王禧為上相，不親政務，驕奢貪淫，多為不法，魏主頗惡之。禧遣奴就領軍於烈求舊羽林虎賁，執仗出入。烈曰：「天子諒闇，事歸宰輔。領軍但知典掌宿衛，非有詔不敢違理從私。」禧奴憫然而返。禧復遣謂烈曰：「我，天子之子，天子叔父，身為元輔，有所求須，與詔何異！」烈屬色曰：「烈非不知王之貴也，奈何使私奴索天子羽林！烈頭可得，羽林不可得！」禧怒，以烈為恒州刺史。

〔註36〕《資治通鑑》卷一四二《齊紀八·東昏侯》永元元年條，中華書局，1956年，第 4443 頁。

元禧是獻文帝子、孝文帝異母弟、宣武帝的叔父，加之宰輔之首的身份，使他的生活日益奢靡，「貪淫財色，姬妾數十，意尚不已，衣被繡綺，車乘鮮麗，……奴婢千數，田業鹽鐵遍於遠近，臣吏僮隸，相繼經營。」〔註 37〕此外，元禧意圖僭越，使用天子儀仗的行為，更直接威脅到了皇權的威嚴，這也遭到了于烈、于忠父子的強烈反對。于忠更直接進言宣武帝：「諸王專恣，意不可測。宜早罷之，自攬權綱。」〔註 38〕于烈出身鮮卑門閥世族家族，該家族世代掌兵，他本人在孝文帝晚年的政局變動中，對於穩固朝局也起到了重要作用。宣武帝也對他也極為信賴。于烈子于忠曾任太子翊軍校尉，宣武帝繼位後，他又被任命為左右郎將，一直在宣武帝身邊的于忠，更深受宣武帝信賴。宣武帝也借助于氏家族與元禧間的矛盾，對于烈父子大加拉攏，而于氏家族也不負宣武帝之望，在元禧的叛亂中，宣武帝「遣忠馳騎觀之，而烈分兵嚴備，果如所量。」〔註 39〕宣武帝的第一位皇后于氏，便是在這種背景下被選入後宮的。《魏書》卷一三《皇后列傳·宣武順皇后于氏傳》載：

> 宣武順皇后于氏，太尉烈弟勁之女也。世宗始親政事，烈時為領軍，總心膂之任，以嬪御未備，因左右諷諭，稱后有容德，世宗乃迎入為貴人。時年十四，甚見寵愛，立為皇后，謁於太廟。

由於于忠在宣武帝擺脫以元禧為代表的宗室輔臣掣肘中的功績，加之他一直在宣武帝身邊任職，且深受宣武帝信賴。在他的極力推薦下，其弟于勁之女被納入皇宮，並順利被冊封為皇后。于氏也曾一度得寵於宣武帝，並使其家族成員由此得到任用。于勁「封太原郡公。妻劉氏，為章武郡君。後拜征北將軍、定州刺史。」〔註 40〕于忠也「以世父之重，彌見優禮。」〔註 41〕其家族中人「累世貴盛，一皇后、四贈公、三領軍、二尚書令、三開國公。」〔註 42〕其家族勢力之大，一時無二。但在家族盛世的外表之下，卻也暗藏危機。

〔註 37〕《魏書》卷二一《獻文六王列傳上·咸陽王禧傳》，中華書局，1974 年，第 537 頁。

〔註 38〕《資治通鑒》卷一四四《齊紀十·和帝》中興元年條，中華書局，1956 年，第 4482 頁。

〔註 39〕《魏書》卷三一《于栗磾列傳附于忠傳》，中華書局，1974 年，第 741 頁。

〔註 40〕《魏書》卷八三《外戚列傳下·于勁傳》，中華書局，1974 年，第 1831 頁。

〔註 41〕《魏書》卷一三《皇后列傳·宣武順皇后于氏傳》，中華書局，1974 年，第 336 頁。

〔註 42〕《魏書》卷八三《外戚列傳下·于勁傳》，中華書局，1974 年，第 1831 頁。

　　于氏入宮之初為貴人，後以寵被立為皇后，其被冊立為皇后的時間在景明二年（501 年）九月。在此前不久，即景明二年八月，于烈卻以暴疾卒。于烈的突然去世，使該家族失去的統領者。其時，該家族中地位和官職最高的便是于烈之子于忠。《資治通鑒》卷 144《齊紀十‧和帝》中興元年條載：

> 　　（于忠）以討咸陽王禧功，封魏郡公，遷散騎常侍，兼武衛將
> 軍。詳因忠表讓之際，密勸魏主以忠為列卿，令解左右，聽其讓爵，
> 於是詔停其封，憂進太府卿。

于忠雖然有宣武帝的信賴，但卻由於遭到宗室的忌憚而受到排擠。與此同時，後宮中的于氏，也同樣受到了威脅。景明四年（503 年），宣武帝納「文昭皇后弟偃之女」〔註43〕為貴人。在宣武帝復興母家的政策之下，孝文昭皇后高氏的侄女也被納入宮，並迅速得寵。高氏的到來不僅分割了宣武帝對于氏的寵愛，也直接威脅到了于皇后的地位。這樣，于忠在前朝地位尚未穩固，于氏在後宮又受到宣武帝新寵的威脅，二人不僅不能互相照應，而且還都自顧不暇，于氏家族的傾頹似乎已經無可避免。

　　在誅殺咸陽王元禧的行動中，于氏家族的作用在於配合宣武的行動，但是卻直接觸動了鮮卑宗親的感情，他們視于氏家族為自身的威脅，並展開對于氏家族的排擠和打壓。恰逢此時，順皇后于氏又做了不理智行為，直接導致了鮮卑宗室的反撲。《魏書》卷二二《孝文五王列傳‧京兆王愉傳》載：

> 　　世宗為納順皇后妹為妃，而不見禮答。愉在徐州，納妾李氏，
> 本姓楊，東郡人，夜聞其歌，悅之，遂被寵嬖。罷州還京，欲進貴
> 之，託右中郎將趙郡李恃顯為之養父，就之禮逆，產子寶月。順皇
> 后召李入宮，毀擊之，強令為尼於內，以子付妃養之。

世宗在冊立于氏為皇后之後，出於密切于氏家族與皇室關係的目的，為異母弟、京兆王元愉納皇后妹為妻，但是元愉與于氏雙方的感情並不好。在當時「將相多尚公主，王侯亦娶后族，故無妾媵」〔註44〕的社會風氣之下，元愉未經嫡妻于氏同意，便私下納妾，更為了順利將其迎入家中，將她託於趙郡李氏門下，給了她門閥世族的家世背景，提升了妾室的出身。加之此時妾李

〔註43〕《魏書》卷一三《皇后列傳‧宣武皇后高氏傳》，中華書局，1974 年，第 336
　　　　頁。
〔註44〕《魏書》卷一八《太武五王列傳‧臨淮王譚附元孝友傳》，中華書局，1974 年，
　　　　第 423 頁。

氏與元愉已經有子，如果她順利進門，則有可能直接威脅于氏嫡妻的地位。順皇后便幫助妹妹去母奪子，將李氏送入道觀為尼。她的這一行為，直接惹怒了京兆王元愉等鮮卑宗親，他們便開始對于氏進行壓制。

為了避免于氏家族與鮮卑宗室關係繼續惡化，緩和元愉夫婦間的關係，「歲餘，后父于勁以後久無所誕，乃上表勸廣嬪侍。因令后歸李於愉，舊愛更甚。」[註45]他還主動上書宣武帝，請他廣納妃嬪。因而出現了史書中對於皇后于氏有「靜默寬容，性不妒忌。」[註46]的評價。高氏或也是在此時進入宣武帝後宮，與高氏相互照應的宣武帝舅高肇開始也在前朝主政。《魏書》卷二二《外戚列傳·高肇傳》載：

> 世宗初，六輔專政，後以咸陽王禧無事構逆，由是遂委信肇。
> 肇既無親族，頗結朋黨，附之者旬月超昇，背之者陷以大罪。以北
> 海王詳位居其上，構殺之。又說世宗防衛諸王，殆同囚禁。

這樣，在宣武帝朝就形成了于氏和高氏兩個外戚家族。從社會地位和影響力上看，于氏家族位居鮮卑世族行列，且在北魏為官三代，政治根基深厚；從親緣關係上看，高氏家族乃宣武帝母家，高肇還以宣武帝姑高平公主為妻，親緣關係密切。

于氏和高氏兩個家族都在宣武帝時期成為外戚家族，並都以幫助宣武帝滅除宗室諸王之功而得到任用。事實上，在去除鮮卑宗室的過程中，高肇家族的獲利更多，咸陽王元禧被殺後，「財物、珍寶、奴婢、田宅多入高氏。」[註47]這也是宣武帝刻意復興母家的需要。在去除宗室對皇權的掣肘後，于氏和高氏兩個家族的外戚爭奪戰便從後宮開始展開，逐漸蔓延至前朝。

二、高氏家族的內外崛起

以高肇為代表的高氏家族，「既無親族，頗結朋黨」[註48]，加之于氏與鮮卑宗親間的矛盾，使高氏家族在外朝的勢力明顯高於于氏家族。但在後宮中，于氏家族的代表順皇后卻處於嫡妻地位，而高氏家族成員則只是貴人。

〔註45〕《魏書》卷二二《孝文五王列傳·京兆王愉傳》，中華書局，1974年，第589
～590頁。
〔註46〕《魏書》卷一三《皇后列傳·宣武順皇后于氏傳》，中華書局，1974年，第
336頁。
〔註47〕《魏書》卷八三《外戚列傳下·高肇傳》，中華書局，1974年，第1829頁。
〔註48〕《魏書》卷八三《外戚列傳下·高肇傳》，中華書局，1974年，第1829頁。

為了扭轉這一局面，實現整個家族的振興，只有將高氏推上后位。那麼，等待順皇后于氏及其家族的，就只有被廢或是被殺。《魏書》卷一三《皇后列傳・宣武順皇后于氏傳》載：

> 世宗始親政事，烈時為領軍，總心膂之任，以嬪御未備，因左右諷諭，稱後有容德，世宗乃迎入為貴人。時年十四，甚見寵愛，立為皇后，謁於太廟。后靜默寬容，性不妒忌。生皇子昌，三歲夭歿。其後暴崩，宮禁事秘，莫能知悉，而世議歸咎於高夫人。

《魏書》卷八三《外戚列傳下・高肇傳》載：

> 時順皇后暴崩，世議言肇為之。皇子昌薨，僉謂王顯失於醫療，承肇意旨。

根據《魏書・宣武帝紀》的記載，正始三年（506年），順皇后于氏生下皇子元昌。正始四年（507年），順皇后于氏逝世。其時，正是高氏在後宮得寵，高肇在前朝掌握機要。在他們的相互配合下，「高肇欲其家擅寵，乃鴆殺於后及皇子昌，而立高嬪為后。」〔註49〕高氏也由此成為宣武帝的第二位皇后。

正始五年（508年），高氏被立為皇后。她本可以按照前代皇后的通行做法，撫育順皇后之子，並在其繼位後與之共同臨朝。或是由於當時于氏家族的勢力並未能被徹底剪除，撫育元昌於高氏家族來說亦有所威脅。於是，在高肇的授意下，皇子元昌在高氏冊立后的第二年，即永平元年（508年）病逝。不僅如此，高肇還在前朝打壓于氏家族成員，以致「（于）勁雖以后父，但以順后早崩，竟不居公輔。」〔註50〕于氏家族也從此退出外戚家族行列。

關於高氏的出身和封號，史書和墓誌的記載略有不同，似有探討之必要。《魏書》卷一三《皇后列傳・宣武皇后高氏傳》載：

> 宣武皇后高氏，文昭皇后弟偃之女也。世宗納為貴人，生皇子，早夭，又生建德公主。後拜為皇后，甚見禮重。性妒忌，宮人希得進御。及肅宗即位，上尊號曰皇太后。尋為尼，居瑤光寺，非大節慶，不入宮中。……喪還瑤光佛寺，嬪葬皆以尼禮。

《魏瑤光寺尼慈義墓誌銘》載：

> 尼諱英，姓高氏，勃海蓨人也。文昭皇太后之兄女。世宗景明四年納為夫人。正始五年拜為皇后。帝崩，志願道門，出俗為尼。

〔註49〕《魏書》卷一〇五《天象志四》，中華書局，1974年，第2431頁。
〔註50〕《魏書》卷八三《外戚列傳下・于勁傳》，中華書局，1974年，第1831頁。

以神龜元年九月廿四日薨於寺。〔註51〕

將史書與墓誌銘文記載對比，我們會發現《魏書‧皇后列傳》和《墓誌》銘文中的記載有些出入。其一，《魏書‧皇后列傳》記載高氏是文昭皇后弟高偃之女，而《墓誌》則記載其為文昭皇后兄女。對此，趙萬里先生考證：高偃乃為文昭皇后之兄〔註52〕，則高氏乃文昭皇后兄女無疑。其二，《魏書‧皇后列傳》記載高氏初為宣武帝後宮之貴人，而《墓誌》則記載其為宣武帝之夫人。是否二者中間有一個記載有誤呢？

類似的矛盾也在《魏書》卷一○五《天象志三》中出也有現，其載曰：

> （泰常三年）六月，貴嬪杜氏薨，是為密后。

根據墓誌的記載可知，貴嬪為三夫人中的一類，史書中直接稱其為「貴嬪」而非「貴嬪夫人」，這說明明元帝時期便已有這種簡化稱呼的方式。

另據《魏書》卷一○五《天象志三》載：

> （泰常五年）五月，貴人姚氏薨，是為昭哀皇后。

《魏書》卷一三《皇后列傳‧明元昭哀皇后姚氏傳》則載：

> 太宗以後禮納之，後為夫人。……泰常五年薨，帝追恨之，贈
> 皇后璽綬，而後加諡焉。

由此，筆者推斷貴人夫人也可簡稱為貴人或夫人。那麼，無論史書記載高氏是貴人亦或是夫人，都是對貴人夫人的簡稱，則高氏初入宮時為三夫人中的貴人夫人無疑。

在于氏母子先後逝世後，高氏順利成為皇后，並控制了後宮之後。宣武帝更是「委任高肇，疏薄宗室，好桑門之法，不親政事。」〔註53〕朝政被高肇所控制，為了防止其他后妃的獲寵，高氏在被封為皇后之後，採取了防範措施。《魏書》卷一三《皇后列傳‧宣武皇后高氏傳》載：

> 世宗暮年，高后悍忌，夫人嬪御有至帝崩不蒙侍接者。由是在
> 洛二世，二十餘年，皇子全育者，惟肅宗而已。

事實上，為維持專寵而阻攔皇帝寵愛其他嬪妃的事件，在孝文帝時期就已經出現。其「幽后之寵也，欲專其愛，後宮接御，多見阻遏。」〔註54〕高氏被

〔註51〕趙超：《漢魏南北朝墓誌彙編》，天津古籍出版社，2008年，第102頁。
〔註52〕趙萬里：《漢魏南北朝墓誌集釋》，科學出版社，1956年，第6頁。
〔註53〕《資治通鑑》卷一四六《梁紀二》天監五年條，中華書局，1956年，第4556頁。
〔註54〕《魏書》卷一三《皇后列傳‧宣武皇后高氏傳》，中華書局，1974年，第336頁。

封為皇后之後，也效法幽皇后的做法，阻止皇帝與其他嬪妃接觸，以致有些嬪妃甚至終生都未能與皇帝相見。

　　這一時期，由於皇帝與嬪妃接觸減少，也阻礙了皇子誕生的幾率。加之此時雖然「子貴母死」制度被實際廢除，但是皇后通過其他方式暗害皇子生母，獲取皇子撫育權的做法依然存在。這也造成「椒掖之中，以國舊制，相與祈祝，皆願生諸王、公主，不願生太子。」〔註55〕即便出生的皇子，也都在皇后和生母的暗害下，紛紛早夭。

　　孝明帝元詡是宣武帝僅存的唯一的皇子，他出生於永平三年（510年）。在他出生後，宣武帝格外重視，不僅對她「深加慎護，為擇乳保皆取良家宜子者。養於別宮，皇后及充華嬪皆莫得而撫視焉。」〔註56〕在宣武帝的嚴密保護下，孝明帝元詡得以順利長大，還在延昌元年（512年），便被封為皇太子。延昌四年（515年），宣武帝逝世，年僅五歲的太子元詡繼任帝位。就在此時，宣武帝後宮中又發生了第二次皇后之爭。

　　事實上，早在高氏被封皇后之初，她最大的競爭對手便已經進入後宮，並不著痕跡的慢慢接近皇帝。《魏書》卷一三《皇后列傳·宣武靈皇后胡氏傳》載：

> 后姑為尼，頗能講道。世宗初，入講禁中。積數歲，諷左右稱后姿行，世宗聞之，乃召入掖庭為承華世婦。……既誕蕭宗，進為充華嬪。

宣武帝繼位之初，靈太后胡氏的姑母便由於入宮宣講佛法而得以與順皇后于氏接觸，並不斷的在他面前推薦自己的侄女。根據高氏為後期間的善妒行徑，自然不會接納新的嬪妃入宮，而順皇后于氏在位期間則有過一次為宣武帝廣納嬪妃的行為。由此分析，胡氏的入宮的時間就應該是她的姑母在後宮宣講佛教時，通過皇后于氏傳達給了宣武帝，並最終使她在宣武帝廣納嬪妃中進入後宮。但是由於于氏的逝世，高氏成為皇后。雖然高氏對後宮嚴加防控，但卻在百密一疏中，造成了胡氏的懷孕。

　　由於北魏後宮長期以來「子貴母死」制的影響，造成「及蕭宗在孕，同

〔註55〕《魏書》卷一三《皇后列傳·宣武靈皇后胡氏傳》，中華書局，1974年，第337頁。

〔註56〕《魏書》卷一三《皇后列傳·宣武靈皇后胡氏傳》，中華書局，1974年，第337頁。

列猶以故事相恐，勸為諸計。」胡氏一方面看到了孝文帝以來「子貴母死」制度有所放鬆，另一方面也意識到「但使所懷是男，次第當長子」〔註57〕，當時的皇后于氏生下的皇長子元昌與皇后高氏生下的皇次子相繼早夭，她的孩子必然就會成為宣武帝的皇長子。在當時的北魏皇位傳承中，一般都會以皇長子繼任。既然懷孕事件使她已然得罪了高氏及其家族，那麼只有平安生下宣武帝的皇長子，才能為自己求的一線生機。胡氏以自身性命及家族前途，與高氏及其家族進行了第一次博弈。

她於永平三年（510年）三月生下了宣武帝的獨子元詡。在宣武帝的刻意安排和保護下，不僅元詡得以順利長大，胡氏也在後宮中提升了地位。或是看到宣武帝並不寵愛胡氏，但卻還刻意保護她們母子，使高氏覺得自己和家族勢力完全有可能控制後庭局勢，因而她並未對胡氏的存在過於計較，只是加大了對後宮其他嬪妃的監管，不再使其他嬪妃有懷孕的機會。胡氏在與高氏的第一次博弈取得了勝利。

胡氏作為宣武帝的嬪妃，其家族在前朝勢力不甚顯著，她本沒有與權臣高肇和皇后高氏抗衡的機會，但是由於有了宣武帝獨子生母的身份，加之有了與高氏有著極大仇恨的于氏家族的幫助，雙方之間真正的爭奪，最終在宣武帝逝世後迅速展開。

三、嫡母、生母的皇太后之爭

宣武帝逝世後，孝明帝繼位，此時宣武帝皇后高氏仍然是後宮的控制者。孝明帝繼位後先冊封高氏為皇太后，冊封生母胡氏為皇太妃，在北魏後宮中首次出現新君的嫡母和生母同時在世的情況。高氏與胡氏之間的競爭表面上看是對皇太后之位乃至後宮控制權的爭奪，實際也是前朝政治乃是家族勢力的博弈。

宣武帝繼位之初，在于氏家族的幫助下，成功去除了輔政的咸陽王元禧和北海王元詳對朝政的干涉，加之順皇后于氏又參與了京兆王元愉家庭內部的妻妾之爭，為了避免其家族與宗室間的矛盾，于勁「以後久無所誕，乃上表勸廣嬪侍。因令后歸李於愉」〔註58〕，即時的避免了該家族與宗室諸王間

〔註57〕《魏書》卷一三《皇后列傳·宣武靈皇后胡氏傳》，中華書局，1974年，第337頁。

〔註58〕《魏書》卷二二《孝文五王列傳·京兆王愉傳》，中華書局，1974年，第589頁。

關係繼續惡化。雖然壓制諸王是在宣武帝的指令下進行的，但是隨著于氏在後宮中逐漸失寵，于氏家族也意識到繼續與諸王交惡對家族極為不利，因而也有意識的緩解二者間的矛盾。而此時在打擊諸王中獲利最多的高肇卻不斷加大對諸王的打擊，最終導致了宗室諸王的集體憤慨，也為其家族的覆滅留下了隱患。《魏書》卷二二《孝文五王列傳・京兆王愉傳》載：

> 始愉自以職求侍要，既勢劣二弟，潛懷愧恨，頗見言色。又以幸妾屢被頓辱，內外離抑。及在州謀逆，愉遂殺長史羊靈引及司馬李遵，稱得清河王密疏，云高肇謀殺害主上。於是遂為壇於信都之南，柴燎告天，即皇帝位。赦天下，號建平元年，立李氏為皇后。世宗詔尚書李平討愉。愉出拒王師，頻敗，遂嬰城自守。愉知事窮，攜李及四子數十騎出門，諸軍追之，見執以送。詔征赴京師，申以家人之訓。

元愉雖然由於謀反被俘，但卻並未迅速被處死，而是被押送至洛陽，但在押送途中，他卻「絕氣而死，年二十一。或云高肇令人殺之。斂以小棺，瘞之。」〔註59〕

此前，在宣武帝平定了咸陽王元禧後，「禧之諸女，微給資產奴婢。自餘家財，悉以分賚高肇、趙修二家。……禧諸子每乏衣食，獨彭城王勰歲中再三賑給之。」〔註60〕雖然陷害、誅殺諸王是宣武帝的意志，高肇只是實際的執行者，但他卻在本可以獲得赦免的事件中陷害諸王，並從中獲得經濟利益，以元勰為首的北魏宗室與高肇之間的關係已經變得不可調和。《魏書》卷二一《獻文六王列傳下・彭城王勰傳》載：

> 性仁孝，言於朝廷，以其舅潘僧固為冀州樂陵太守。京兆王愉構逆，僧固見逼從之。尚書令高肇性既凶愎，賊害賢俊。又肇之兄女，入為夫人，順皇后崩，世宗欲以為后，勰固執以為不可。肇於是屢譖勰於世宗，世宗不納。因僧固之同愉逆，肇誣勰北與愉通，南招蠻賊。勰國郎中令魏偃、前防閤高祖珍希肇提攜，構成其事。

彭城王元勰為人「小心謹慎，初無過失，雖閒居宴處，亦無慢色惰容。愛敬儒

〔註59〕《魏書》卷二二《孝文五王列傳・京兆王愉傳》，中華書局，1974年，第590頁。

〔註60〕《魏書》卷二一《獻文六王列傳・咸陽王禧傳》，中華書局，1974年，第539頁。

彥，傾心禮待。清正儉素，門無私謁。」〔註61〕由於反對高氏為皇后，導致高肇與元勰結下了仇怨。高肇利用元勰舅父潘僧固曾參與元愉叛亂一事，強行誣陷元勰也參與其中，最終造成了「勰既有大功於國，無罪見害，百姓冤之。」〔註62〕

事實上，元禧與于烈間的矛盾起源於元禧的僭越，元禧被殺也並非無辜，且于氏家族並未從中獲取實際利益，加之于烈的即時低頭認錯，緩解了雙方的僵局，于氏家族與宗室間的矛盾得以化解。高肇則在處決元禧中獲得了實際的利益，特別是他在「京兆王愉出為冀州刺史，畏肇恣擅，遂至不軌。肇又譖殺彭城王勰。由是朝野側目，咸畏惡之。」〔註63〕直接引起了北魏宗室集團的震怒，雙方的矛盾已經無可調和。

高肇本出自東夷，為了提升門第而冒入渤海高氏後人，他在任時憑藉外戚身份不僅打壓宗室，更直接觸動了鮮卑功勳的利益，也遭到了整個鮮卑功勳貴族的反對。但在宣武帝的寵信下，高肇並未認清自己的身份和能力，由於過多插手朝政和宗室內務，也使他成為宗室的直接對立面。《魏書》卷八三《外戚列傳下·高肇傳》載：

> 高后既立，愈見寵信。肇既當衡軸，每事任己，本無學識，動違禮度，好改先朝舊制，出情妄作，減削封秩，抑黜勳人。由是怨聲盈路矣。延昌初，遷司徒。雖貴登臺鼎，猶以去要，怏怏形乎辭色。眾咸嗤笑之。

在北魏宗室和鮮卑貴族的強烈反對中，特別是宗王對皇權的威脅已經徹底解除後，宣武帝也通過明升暗降的方式，將高肇委任為司徒，從而在實際上宣告了高肇政治生涯的終結，只是此時的高肇和侄女高氏還沒有清醒認識到這一變化。

高氏在後庭有著元詡母子的威脅，善妒成性的高氏不可能沒有想除去他們母子。或是由於順皇后母子的無故早亡，使宣武帝認識到保護皇子的重要性。在宣武帝的嚴密保護下，高后竟然也無從得手，加之此時胡氏家族勢力有限，無力與高氏對抗，因而她在後宮也少有活動，也使高氏並未認真對待

〔註61〕《魏書》卷二一《獻文六王列傳·彭城王勰傳》，中華書局，1974年，第582頁。

〔註62〕《魏書》卷二一《獻文六王列傳·彭城王勰傳》，中華書局，1974年，第582頁。

〔註63〕《魏書》卷八三《外戚列傳下·高肇傳》，中華書局，1974年，第1829頁。

她的存在和威脅。但在高肇的頻繁樹敵之下，卻也為胡氏及其家族提供了眾多的同盟者，後宮勢力也隨之悄然發生著變化。

延昌四年（515 年），宣武帝突然病逝，高氏與胡氏的最終角逐也迅速展開。就朝堂而言，自延昌以來，與高氏家族有著血仇的于氏家族的代表已經變為于烈之子、順皇后于氏的堂兄于忠；宗室的代表則是孝文帝的異母弟、高陽王元雍。二人在前朝對高肇形成了聯合打壓之勢，高肇一黨也隨之展開抗爭。《魏書》卷三一《于栗磾列傳附于忠傳》載：

> 及世宗崩，夜中與侍中崔光遣右衛將軍侯剛，迎蕭宗於東宮而即位。忠與門下議：以蕭宗幼年，未親機政；太尉、高陽王雍屬尊望重，宜入居西柏堂，省決庶政；任城王澄明德茂親，可為尚書令，總攝百揆。奏中宮，請即敕授。御史中尉王顯欲逞奸計，與中常侍、給事中孫伏連等屬色不聽，寢門下之奏。……孫伏連等密欲矯太后令，以高肇錄尚書事，顯與高猛為侍中。忠即於殿中收顯，殺之。

宣武帝逝世之時，于忠正擔任侍中、領軍將軍，他不僅與崔光、侯剛等人迅速迎立新君，更將高陽王元雍、任城王元澄引入宰輔，迅速控制了朝堂。另一方面，高肇黨羽以宣武皇后高氏的詔令，以高肇、王顯等輔政。但是由於此時高肇正在外任職，其黨羽空有皇后的詔令而無實際的兵權，最終只能失敗被殺，進而在史書中記載他們為「矯太后令」的謀逆行為。此後，北魏政局便出現了「（于）忠既居門下，又總禁衛，遂秉朝政，權傾一時。」〔註64〕

與此同時，高氏也在後宮中展開了行動。《魏書》卷三一《于栗磾列傳附于忠傳》載：

> 初，世宗崩後，高太后將害靈太后。劉騰以告侯剛，剛以告忠。忠請計於崔光，光曰：「宜置胡嬪於別所，嚴加守衛，理必萬全，計之上者。」忠等從之，具以此意啟靈太后，太后意乃安。故太后深德騰等四人，並有寵授。

宣武帝逝世後，其皇后高氏本欲加害孝明帝生母胡氏，以達到繼續掌控後宮、撫育幼帝的目的。但是由於與之有著血仇的于忠已經倒向了胡氏母子一方，並通過自身兵力於胡氏母子嚴加保護，而高肇又領兵在外，使她既無外援，又無內應，孤掌難鳴，其在後宮誅殺胡氏的行動也只能以失敗告終。

〔註64〕《魏書》卷三一《于栗磾列傳附于忠傳》，中華書局，1974 年，第 743 頁。

後宮爭鬥失敗，無非會有兩個結果，或是突然暴斃，或是迅速出家，求得生機。高氏雖然在宮廷政變中失敗，但卻看似對她的生活沒有發生過多影響。延昌四年（515 年）二月，孝明帝尊皇后高氏為皇太后；己亥，尊胡充華為皇太妃。同年三月，高氏出家瑤光寺；八月，尊皇太妃為皇太后。對於高氏的突然出家，史書沒有給出任何解釋，但將史書記載聯繫分析，卻可以發現其中的端倪。《魏書》卷八三《外戚列傳下‧高肇傳》載：

> 肇承變哀愕，非唯仰慕，亦私憂身禍，朝夕悲泣，至於羸悴。將至，宿瀍澗驛亭，家人夜迎省之，皆不相視。直至闕下，衰服號哭，升太極殿，奉喪盡哀。

> 太尉、高陽王先居西柏堂，專決庶事，與領軍于忠密欲除之。潛備壯士直寢邢豹、伊瓮生等十餘人於舍人省下。肇哭梓宮訖，於百官前引入西廊，清河王懌、任城王澄及諸王等皆竊言目之。肇入省，壯士扼而拉殺之。下詔暴其罪惡，又云刑書未及，便至自盡，自餘親黨，悉無追問。削除職爵，葬以士禮。

高肇自布衣起家，位至宰輔，其所依仗無非是外戚的身份和宣武帝的寵信。宣武帝的逝世，使他的依靠轟然倒塌，其內心的困頓與悲痛必然深切，以致他返回都城後，沒有迅速回家籌謀策略，而是第一時間去拜祭宣武帝亡靈，這也給了于忠、元雍等人誅殺他的時機，最終導致他也以謀反被殺。就在高肇被殺後不久，高太后便出家，這兩個事件之間的聯繫不言而喻。

通過分析不難發現，高氏在延昌四年（515 年）二月庚辰被尊為皇太后，但此時的朝堂為于忠、元雍等人控制，而後宮則為胡太后得掌控之中，他們相互配合、封鎖消息，甚至還有可能釋放出高太后政變成功的假消息來迷惑統兵在外的高肇，使高肇放鬆警惕而迅速回宮奔喪，以達到誅殺高肇的目的。可以說，在胡太后一黨誅殺高肇的行為中，高太后的存在只是他們放出的誘餌。這種以宮廷中人迷惑、誘捕朝廷官員的做法在鮮卑歷史上屢見不鮮。《魏書》卷一三《皇后列傳‧神元皇后竇氏傳》載：

> 神元皇后竇氏，沒鹿回部大人竇之女也。竇臨終，誡其二子速侯、回題，令善事帝。及竇卒，速侯等欲因帝會喪為變，語頗漏泄。帝聞之，知其終不奉順，乃先圖之。於是伏勇士於宮中，晨起，以佩刀殺后，馳使告速侯等，言后暴崩。速侯等驚走來赴，因執而殺之。

拓跋力微是在率部依附沒鹿回部部帥竇賓後發展了部落勢力，並娶竇賓女為妻。在竇賓死後，拓跋力微吞併了沒鹿回部，他的妻子竇氏本欲聯合兄長殺拓跋力微，而拓跋力微則先殺竇氏，又封鎖消息，等竇氏的兄長到來之際，以伏兵誅殺之，從而徹底控制了竇賓的所部勢力。從行為方式上看，胡太后一黨與拓跋力微的行為是何其相似。

在高肇被殺後，高皇后存在不僅失去了意義，而且還會阻礙時為太妃的胡氏的皇太后之路，於是高太后只能選擇出家來躲避暴斃的結局，但卻最終未能如願。「神龜元年，太后出覲母武邑君。時天文有變，靈太后欲以後當禍，是夜暴崩，天下冤之。喪還瑤光佛寺，嬪葬皆以尼禮。」〔註65〕宣武皇后高氏的一生也藉此終結，沒有前朝和外戚勢力依靠的胡氏，最終憑藉「母以子貴」的優勢，在外戚家族與鮮卑宗親勢力的角逐中獲得了全勝，宣武帝朝的後庭爭鬥也由此落下帷幕。

解除了高肇和高太后得威脅後，胡太后母子也迅速控制了朝局，她開始「臨朝聽政，猶稱殿下，下令行事。後改令稱詔，群臣上書曰『陛下』，自稱曰『朕』。」〔註66〕對他們母子有保護之功的于忠、元雍此時就成為她的首要政敵，於是就有了「領軍于忠矯詔殺左僕射郭祚、尚書裴植，免太傅、領太尉、高陽王雍官，以王還第。」〔註67〕的局面。但是由於她的個人能力有限，最終造成「朝政疏緩，威恩不立，天下牧守，所在貪婪。……文武解體，所在亂逆，土崩魚爛，由於此矣。」〔註68〕

第四節　孝明帝朝的寵妃之爭

孝明帝統治時期是北魏由安定走向動亂的分水嶺，由於孝明帝生母胡太后臨朝期間的過度攬權，激化了自身與孝明帝間的母子矛盾，最終導致了尒朱榮的變亂、胡太后被殺，後宮紛爭在其中也起到了重要的推波助瀾的作用。

〔註65〕《魏書》卷一三《皇后列傳·宣武皇后高氏傳》，中華書局，1974年，第337頁。
〔註66〕《魏書》卷一三《皇后列傳·宣武靈皇后胡氏傳》，中華書局，1974年，第337頁。
〔註67〕《魏書》卷九《孝明帝紀》，中華書局，1974年，第222頁。
〔註68〕《魏書》卷一三《皇后列傳·宣武靈皇后胡氏傳》，中華書局，1974年，第337頁。

一、嬪妃的爭寵與後宮擴充

　　北魏宣武帝元恪於延昌四年（515 年）逝世，時年三十三歲。同年，宣武帝的獨子、皇太子元詡繼位。根據《魏書·孝明帝紀》所載，元詡出生於永平三年（510 年）三月，則其繼位時只有五歲，其母胡氏執掌朝政。由於此時他年級尚小，自然不會有婚配行為。

　　事實上，孝明帝真正意義上選納嬪妃、組建後庭，應該發生於胡太后二度臨朝之初。孝明帝繼位時由於年幼，朝政為胡太后一派掌控，但隨著年齡的增長，不甘繼續處於傀儡境地的孝明帝為元叉、劉騰所利用，他們於正光元年（520 年）七月，發動了政變，矯皇太后詔曰：

　　　　朕所以敬順群請，臨朝總政。帝年以長，久思退身，所以往歲殷勤，具陳情旨，百官內外，已照此懷。而僉爾眾意，苦見勤奪，僶俛從事，以迄於茲。自此春來，先疾屢發，藥石攝療，莫能善瘳，夏首及今，數加動劇，便不堪日釐萬務，鉅細兼省。帝齒周星紀，識學逾躋，日就月將，人君道茂，足以撫緝萬邦，諧決百揆。
　　〔註 69〕

元叉、劉騰不僅以皇太后的名義宣布結束臨朝聽政，更通過「幽皇太后於北宮，殺太傅、領太尉、清河王懌，摠勒禁旅，決事殿中。辛卯，帝加元服，大赦，改年。」〔註 70〕等一系列行為，徹底宣告孝明帝親政的開始。此後的孝明帝卻並沒有獲得實際的權力，朝權改由元叉和劉騰把持。

　　元叉與劉騰政變之所以成功，主要在於胡太后與孝明帝母子間關係的疏離。尤其是在孝明帝繼位後，胡太后又過度掌權，引發了母子矛盾。《魏書》卷一三《皇后列傳·宣武靈皇后胡氏傳》載：

　　　　及肅宗踐祚，尊后為皇太妃，後尊為皇太后。臨朝聽政，猶稱殿下，下令行事。後改令稱詔，群臣上書曰『陛下』，自稱曰『朕』。太后以肅宗沖幼，未堪親祭，欲傍《周禮》夫人與君交獻之義代行祭禮。

胡太后在臨朝聽政中的一系列行為儼然成為皇帝，這些行為也都危及了皇權的尊嚴，自然引起孝明帝的不滿，元叉等人也正是利用了孝明帝的不滿發動了政變。在政變爆發後，高陽王元雍從中不斷調和，孝明帝與胡太后母子最

〔註 69〕《魏書》卷九《孝明帝紀》，中華書局，1974 年，第 230 頁。
〔註 70〕《魏書》卷九《孝明帝紀》，中華書局，1974 年，第 230 頁。

終達成了和解。

　　直至孝昌元年（525年），元叉、劉騰的政變最終被化解，胡太后再度臨朝聽政，此時的孝明帝已經十五歲，也已經成年。特別是經歷了政變後的孝明帝與胡太后母子間的嫌隙日益加深。胡太后在二度臨朝後，對前朝和後宮的把持更甚從前，內外庭官員都在她的控制下，由於此時孝明帝已經成年，她也仿照馮太后的做法，將自己的侄女送到孝明帝的身邊，力圖實現自己家族的長盛不衰。《魏書》卷一三《皇后列傳・孝明皇后胡氏傳》載：

> 孝明皇后胡氏，靈太后從兄冀州刺史盛之女。靈太后欲榮重門族，故立為皇后。肅宗頗有酒德，專嬖充華潘氏，后及嬪御，並無過寵。太后為肅宗選納，抑屈人流。

《魏故胡昭儀墓誌銘》載：

> 昭儀諱明相，安定臨涇人也。……聖朝散騎常侍征虜將軍使持節豫州刺史誕之曾孫。散騎常侍征西將軍金紫光祿大夫使持節岐雍二州刺史高平侯洪之孫。散騎常侍征虜將軍都督并州諸軍事使持節并州刺史陰槃伯樂世之女。宣武皇帝崇訓皇太后之從侄。……遂以懋德充選掖庭，拜左昭儀。〔註71〕

由於胡太后曾居崇訓宮，因而又稱崇訓太后。胡太后臨朝後，「欲榮重門族」〔註72〕，為了維持胡氏外戚集團的利益，將自己的兩個侄女送到孝明帝身邊。但此時的北魏後宮經過了孝文帝和宣武帝的改革，皇帝完全可以按照自己的喜好選立皇后，孝文帝幽皇后馮氏和宣武帝皇后高氏，雖然都是外戚家族的女子，但她們成為皇后卻都不是皇太后的封授，而是皇帝出自寵愛而進行的冊封。但是從胡太后兩個侄女均不得寵的現狀看，孝明帝皇后胡氏應該是胡太后憑藉臨朝之權，而強加於孝明帝的，她也由此備受孝明帝的冷落，因而史書中並未有任何記載提及二人間的互動，甚至連胡氏正式被冊立為皇后的記載都沒有。

　　胡太后在神龜二年（519年）還曾著手為孝明帝擴充後宮，其選納範圍為漢人門閥世族家族，「時博陵崔孝芬、范陽盧道約、隴西李瓚等女，但為世

〔註71〕趙超：《漢魏南北朝墓誌彙編》，《魏故胡昭儀墓誌銘》，天津古籍出版社，2008年，第209頁。

〔註72〕《魏書》卷一三《皇后列傳・孝明皇后胡氏傳》，中華書局，1974年，第340頁。

婦。」〔註73〕此外，胡氏家族遠親也隨著這次擴充後宮，被送入後宮之中。
《魏書》卷九四《閹官列傳·張祐傳》載：

> 祐養子顯明，後名慶，少歷內職。有姿貌，江陽王繼以女妻
> 之。襲爵，降為隴東公，又降為侯。遷洛，廢替二十餘年，虛爵而
> 已。

> 熙平初，為員外常侍、兼衛尉少卿。以元叉姊婿，故越次而授
> 焉。神龜二年冬，靈太后為肅宗採名家女，慶女入充世婦，未幾為
> 嬪，即叉甥也。

張慶乃宦官張祐養子，張祐雖曾深得孝文帝與文明太后的信任，身居高官並
得封爵位，但在張祐死後，其家勢便已衰落。張祐養子張慶妻為江陽王元繼
之女，元繼長子元叉又以靈太后妹夫身份而受到重用，張慶也隨之以元叉姐
夫的身份，成為了胡氏外戚集團的遠親。不僅自己的官職得到提升，還將女
兒與博陵崔氏、范陽盧氏、隴西李氏等世家大族之女一同送入皇宮。不僅如
此，張慶之女入宮後，還與選自漢人門閥世族之家的女子一同被封為世婦，
後又從世婦進封為嬪，而漢人世族家族的女子卻僅為世婦，沒能被進封為
嬪，這自然引起了世族體制維護者的不滿，從而出現「諸人訴，訟咸見忿責」
〔註74〕的現象。

　　此外，在元叉政變爆發的同時，北魏邊郡的軍事問題不斷出現，小規模
的地方武裝鬥爭更時有發生，為了拉攏掌兵權的朝臣、穩固北魏皇權統治，
胡太后也將這些家族的女子選入後宮，成為孝明帝的嬪妃，以此達到拉攏六
郡勢力的目的。《北史》卷四八《尒朱榮列傳》載：

> 尒朱榮字天寶，北秀容人也。世為部落酋帥，其先居尒朱川，
> 因為氏焉。

> 正光中，四方兵起，遂散畜牧，招合義勇。以討賊功，進封博
> 陵郡公，其梁郡前爵聽賜弟二子。……自是兵威漸盛，朝廷亦不能
> 罪責。

> 榮女先為明帝嬪，欲上立為后，帝疑未決。

〔註73〕《魏書》卷一三《皇后列傳·孝明皇后胡氏傳》，中華書局，1974年，第340
　　　　頁。
〔註74〕《魏書》卷一三《皇后列傳·孝明皇后胡氏傳》，中華書局，1974年，第340
　　　　頁。

尒朱榮的女兒入宮時間不詳，但從尒朱榮勢力擴張發生於正光年間，其女被選入後宮應該也在同一時間，此時也是孝明帝與胡太后矛盾的尖銳時期。孝明帝身邊的輔臣在此時由於遭到胡太后一黨的傾軋而遭受損失，導致帝黨勢力單薄，選納尒朱榮女入後宮，應該在很大程度上出自孝明帝的意圖，胡太后則出於穩固邊疆的目的也應允了他的這一訴求。

孝明帝后妃如下表所示：

表四：孝明帝后妃表

后妃	姓氏	籍貫	出身	子女	史料來源	備注
皇后	胡氏	安定臨涇	靈太后從侄		《魏書·皇后列傳》	
左昭儀	胡氏	安定臨涇	靈太后從侄		《漢魏南北朝墓誌彙編·魏故胡昭儀墓誌》	胡明相，後出家
嬪	潘氏			皇女	《魏書·皇后列傳》	充華嬪
嬪	王氏	琅琊臨沂	王紹女		《魏書·王肅列傳附王紹傳》	
嬪	張氏	安定石唐	張慶女		《魏書·閹官列傳·張祐傳》	
嬪	尒朱氏	北秀	尒朱榮女		《北史·尒朱榮列傳》	再嫁
嬪	盧氏	范陽	盧孝伯長女		《漢魏南北朝墓誌彙編·魏故充華嬪盧氏墓誌銘》	盧令媛，充華嬪
世婦	崔氏	博陵	崔孝芬女		《魏書·皇后列傳》	
世婦	盧氏	范陽	盧道約女		同上	
世婦	李氏	隴西	李瓚女		同上	
不詳	韓氏		韓僧真女		《魏書·靈徵志上》	韓令姬

此時孝明帝後宮中最得寵的嬪妃便是嬪潘氏。《魏書》卷九四《閹官列傳·成軌傳》載：

> 成軌，字洪義，上谷居庸人。少以罪刑，入事宮掖，以謹厚稱。除中謁者僕射。……延昌末，遷中常侍、中嘗食典御、光祿大夫，賜始平伯，統京染都將，轉崇訓太僕少卿。……孝昌二年，以勤舊封始平縣開國伯，食邑三百戶。肅宗所幸潘嬪，以軌為假父，頗為中官之所敬憚。

成軌自幼入宮，歷經孝文帝、宣武帝和孝明帝三朝都深受信賴，並曾擔任過太后三卿中的太僕少卿和衛尉卿，其在後宮中的勢力不容小視。孝明帝的寵

妃潘氏以他為假父，自然是孝明帝的授意，目的在於防止胡太后的暗害，借助成軌的力量保護潘氏的安全。成軌則借助孝明帝寵妃假父的身份，不僅與皇室形成了名義上的姻親關係，更使其在宦官中的地位再度得到了提升。但此時的孝明帝無論在前朝還是後宮都為胡太后所控制，潘氏雖然得寵卻並未由此提升等級。

作為對胡太后的反抗，孝明帝對於她所選納的嬪妃，特別是出身胡氏家族的嬪妃都給予冷遇，這也造成孝明帝繼位之後，只有潘嬪誕下唯一的皇女，其他嬪妃均未能育有子嗣。

二、胡太后與尒朱氏的參政之爭

孝明帝後宮嬪妃中以潘氏最為得寵，但或是由於她沒有顯赫的家世背景，不僅無法通過外戚勢力幫助處於權力困境中的孝明帝，也無法通過孝明帝的寵愛提升自己在後宮中的地位。皇后胡氏雖然位居皇后，卻與孝明帝沒有夫妻感情，甚至還受到孝明帝的冷遇。這樣，孝明帝後宮中雖然等級分明，卻沒有任何嬪妃能夠脫穎而出，打破等級固化和寵愛不均的局面。隨著尒朱氏的到來，孝明帝後宮狀況也發生了變化。

尒朱氏是尒朱榮的長女，尒朱榮則「世為部落酋帥，其先居尒朱川，因為氏焉。」〔註75〕其祖「代勤，太武敬哀皇后舅也。既以外親，兼數征伐有功，給復百年，除立義將軍。」〔註76〕尒朱榮父尒朱新興位居散騎常侍、平北將軍、秀容第一領人酋長。尒朱榮繼任父爵，正光年間，朝廷政局不穩，國家對邊疆的控制力漸弱，邊郡起義不斷，尒朱榮也乘此時機發展勢力，「兵威漸盛，朝廷亦不能罪責。」〔註77〕為了拉攏和穩固這一邊郡勢力，其長女便被選入孝明帝後宮為嬪。

此時的北魏後宮為胡太后所掌控，雖然尒朱榮長女入宮雖然是孝明帝刻意拉攏其所致，但卻也未遭到胡太后的反對，其原因或與尒朱榮姻親有關。在宣武帝逝世之初，胡太后與高太后就後宮權力進行了爭奪，而于忠則以保護之功，得到了胡太后的信賴，而于忠的堂弟「（于）暉善事人，為尒朱榮所親，以女妻其子長孺。」〔註78〕由於這種姻親關係，在胡太后看來，尒朱榮

〔註75〕《北史》卷四八《尒朱榮列傳》，中華書局，1974年，第1751頁。
〔註76〕《北史》卷四八《尒朱榮列傳》，中華書局，1974年，第1751頁。
〔註77〕《北史》卷四八《尒朱榮列傳》，中華書局，1974年，第1751頁。
〔註78〕《魏書》卷八三《外戚列傳下·尒朱榮傳》，中華書局，1974年，第1833頁。

也應屬她一黨成員，因而並未對尒朱氏進行防範。

　　尒朱氏出身北鎮鮮卑勢力積聚地帶，她本人作為鮮卑女性，自然也有著極強的參政意願，這從孝明帝死後，她再嫁孝莊帝為皇后的行為中也可以看出端倪。《北史》卷四八《尒朱榮列傳》載：

　　　皇后復嫌內妃嬪，甚有妒恨之事。帝遣世隆語以大理，後曰：
　　「天子由我家置立，今便如此。我父本日即自作，今亦復決？」世
　　隆曰：「兄止自不為，若本自作，臣今亦得封王。」帝既外迫強臣，
　　內逼皇后，恒怏怏不以萬乘為貴。

尒朱氏不僅保持了鮮卑女性的善妒習性，更對皇帝的行為大加干涉，甚至還意圖插手朝政事宜，最終導致了夫妻關係的破裂。由此可以推斷，她在進宮後雖然未能得寵於孝明帝，但是卻也成為他的政治同盟。尒朱氏的目標是獲取皇后之位，實現自己對後宮的掌控，而孝明帝對於胡太后強行安排的皇后也很是不滿，更重要的是，他需要借助外部勢力擺脫胡太后對自己的控制，掌軍的尒朱榮則是最佳人選。

　　尒朱榮乃「（元）略之姑夫，略素所輕忽。略又黨於鄭儼、徐紇，榮兼銜之。」〔註79〕鄭儼、徐紇在胡太后再次臨朝後以其寵臣身份掌控朝權，這也引起了眾多朝臣的不滿，加之后黨成員元略對尒朱榮的輕慢，更加劇了尒朱榮對胡太后的不滿。孝明帝則利用這一矛盾，通過尒朱氏聯絡尒朱榮，許尒朱氏以皇后之位、尒朱榮以輔政之權，這對尒朱榮父女都有著極大的吸引力。於是在孝明帝的支持下，尒朱榮以誅殺鄭儼、徐紇等佞臣為名，率兵向洛陽出發。但讓尒朱榮父女料想不到的是，胡太后竟然採納了鄭儼的計策，毒殺了年僅十九歲的孝明帝，將孝明帝的女兒詐稱皇子繼位，後又選立年僅三歲的臨洮王子元釗為新君。

　　他們的意圖也很明確，尒朱榮既然聲稱按照孝明帝的指示發兵洛陽、誅殺佞臣，那麼孝明帝死後，新君繼任，尒朱榮必須要停止軍事行動，否則就是反叛行為。如若尒朱榮停止軍事行動，胡太后便有時間可以瓦解其兵權，甚至在日後處死他。但尒朱榮卻並未按照她的預想停止行動，而是加快了向洛陽進軍的速度。《北史》卷四八《尒朱榮列傳》載：

　　　尋屬明帝崩，事出倉卒，榮乃與元天穆等密議，入匡朝廷。……

〔註79〕《北史》卷一八《景穆十二王列傳·南安王楨傳》，中華書局，1974 年，第
　　　　671 頁。

於是將赴京師。靈太后甚懼，詔以李神軌為大都督，將於太行杜防。
榮抗表之始，遣從子天光、親信奚毅及倉頭王相入洛，與從弟世隆
密議廢立。天光乃見莊帝，具論榮心，帝許之。……武泰元年四月，
莊帝自高渚度，至榮軍，將士咸稱萬歲。

尒朱榮不僅沒有停止軍事行動，而且迅速率兵進逼洛陽，胡太后在無人可派
的情況下，只能派遣寵臣李神軌統軍，但沒有軍事作戰經驗的李神軌根本無
法與多年領兵作戰的尒朱榮相抗衡，其失敗也成為必然。大勢已去的胡太后
遂率領孝明帝的后妃出家，企圖求得生機，以便日後復興。她在出家後也多
番陳述向尒朱榮求饒，希望能夠獲得尒朱榮的寬恕。尒朱榮面對毒殺女婿、
將自己變為叛軍的胡太后，他自然不會留情，胡太后與幼帝遂被殺害。隨後，
尒朱榮迫使自己控制下的新君孝莊帝冊封自己的女兒為皇后，繼續完成他和
女兒的夙願。

　　北魏後宮權力爭奪一般發生於皇太后與皇后、皇后與嬪妃之間，像孝明
帝朝這樣發生於皇太后與嬪妃之間的爭奪並不常見。無論是皇太后與皇后間
的競爭，還是皇后與嬪妃間的爭鬥，其爭奪的對象從來不僅僅是皇帝的寵愛，
更重要的是後宮的控制權，以及附著於此之上的家族勢力的擴張。因此，北
魏後宮爭鬥從來就不是后妃一個人的行為，而是后妃家族間的博奕。爭鬥勝
利者的家族可以一夕之間得以飛躍等級，榮耀於世，但失敗者則面臨家族成
員的貶斥，乃至被殺戮的命運。這也使後宮爭鬥跨越出後宮的範圍，成為前
朝政治的一部分。

第五章　皇太后對後宮的掌控

　　皇太后作為後宮中輩分、地位最高的女性，一般在新君繼位後仍可以憑藉親情關係，對皇帝的後宮加以干涉，甚至還可以直接通過與皇帝的母子親情影響朝政。為了穩固自己家族的利益，皇太后一般都在新君繼位之初，就著手在後宮中培植自己的勢力，用以維繫自己的權威和家族的利益。

第一節　保太后的登位

　　我國古代王朝中的皇太后一般是新君的嫡母或生母，但北魏卻由於「子貴母死」制的存在，使新君被冊立為太子時，生母便隨之被殺，加之北魏前期實行「手鑄金人」預測方式，也使很多嬪妃由於鑄金人失敗而不能登后位。於是在北魏出現了新君保母或乳母被封為皇太后的現象，這些由乳母或保母獲封的皇太后，也與其他皇太后一樣，不僅可以控制後宮，也可以插手朝政，更為了實現自己的登位，排除其他的干預勢力。

一、竇太后的開創之舉

　　竇氏是太武帝的保母，她也是北魏歷史上第一位由保母冊封的皇太后，開北魏保母干政之先河。竇氏由保母獲封皇太后得過程，正是北魏前期鮮卑遺風的影響，也是後宮制度不甚完備作用的結果。

（一）「子貴母死」下生母的省缺

　　鮮卑族女性有著較高的社會地位和強烈的參政意願。在部落制時代中，

部帥的妻子只是「以次第為稱」〔註1〕，沒有明確的地位差異，這也造成部帥諸子並無嫡庶之分，他們有著同等的繼承權，而母族勢力的強弱也成為他們繼任與否的關鍵因素。在母親和母族幫助下繼任的部帥，一般也會給予她們優待和特權，從而形成鮮卑族中母權干政的傳統。

北魏道武帝建國後，創立了後宮制度，將其諸妻劃分為皇后與夫人兩級，並確立了皇后嫡妻的地位。在皇位傳承中，北魏首次將「父死子繼」作為皇位傳承的唯一模式加以固定，排除了「兄終弟及」的權力傳承模式及其所帶來的戰爭。同時，為了防止鮮卑族中長期存在母權干政現象，達到「不令婦人后與國政，使外家為亂。」〔註2〕道武帝還制定了「後宮產子將為儲貳，其母皆賜死。」〔註3〕（即「子貴母死」），並將其作為一項固定制度在北魏後宮中推行。明元帝生母劉氏便是北魏歷史上第一位死於該制度下的嬪妃。明元帝繼位後將「後宮人為帝母，皆正位配饗焉。」〔註4〕的做法作為「子貴母死」制度的補充，在後宮中加以推行。

太武帝生母杜氏最初是「以良家子選入太子宮，有寵，生世祖。及太宗即位，拜貴嬪。」〔註5〕她在明元帝被確立為太子時，就已經跟隨在他的身邊，她也是跟隨明元帝最後的嬪妃之一。明元帝繼位後，她也被冊封為貴嬪夫人。或也是由於二人間有著較深感情的原因，雖然在杜氏子太武帝拓跋燾被明元帝認定為「成吾業者，必此子也。」〔註6〕卻也沒有過早的確立其太子身份，杜氏也一直生活在後宮之中。只是在太武帝出生後，明元帝安排了保母竇氏加以照看，從而造成太武帝「生不逮密太后，及有所識，言則悲慟，哀感傍人」〔註7〕。隨著太武帝的不斷長大，明元帝開始將他作為皇位繼承人加以培養，杜氏也在泰常五年（420年）被以「子貴母死」制賜死，隨後拓跋燾也在「泰常七年四月，封太平王。五月，立為皇太子。及明元帝疾，命帝總攝

〔註1〕《魏書》卷一三《皇后列傳》，中華書局，1974年，第321頁。
〔註2〕《魏書》卷三《明元帝紀》，中華書局，1974年，第49頁。
〔註3〕《魏書》卷一三《皇后列傳·道武宣穆皇后劉氏傳》，中華書局，1974年，第325頁。
〔註4〕《魏書》卷一三《皇后列傳·道武宣穆皇后劉氏傳》，中華書局，1974年，第325頁。
〔註5〕《魏書》卷一三《皇后列傳·明元密皇后杜氏傳》，中華書局，1974年，第326頁。
〔註6〕《魏書》卷四《太武帝紀》，中華書局，1974年，第69頁。
〔註7〕《魏書》卷四《太武帝紀》，中華書局，1974年，第107頁。

百揆。」〔註8〕這樣，在太武帝被確立為太子時，其生母就已經被賜死，進而在他繼位後，也就沒有生母可以冊封為皇太后，他就只能追封生母為皇后，並給予她配享太廟的榮耀。

此外，《魏書》中也有多處以密太后稱呼杜氏，如《魏書》卷一〇八《禮志一》載：

> （神䴥三年）九月，立密皇太后廟於鄴，后之舊鄉也。置祀官太常博士、齋郎三十餘人，侍祀，歲五祭。

《魏書》卷四《太武帝紀上》載：

> （神䴥三年）癸卯，立密皇太后廟於鄴。

> （太延元年）十一月，丙子，行幸鄴，祀密太后廟。

《魏書》卷一三《皇后列傳·明元密皇后杜氏傳》又載：

> 泰常五年薨，謚曰密貴嬪，葬雲中金陵。世祖即位，追尊號謚，配饗太廟。又立后廟於鄴，刺史四時薦祀。以魏郡太后所生之邑，復其調役。後甘露降於廟庭。

太武帝還在杜氏的家鄉為其單獨建立廟宇，不僅命當地官員進行祭祀，他自己也在行軍路過時親自祭奠，這種單獨為皇后立廟祭祀的行為，在北魏歷史上也只有杜氏一人享有。這種祭祀也持續了整個太武帝朝，直至文成帝繼位後，受到漢化影響，認為「婦人外成，理無獨祀；陰必配陽，以成天地。……此乃先皇所立，一時之至感，非經世之遠制，便可罷祀。」在國家宗廟建設完成後，太武帝還將杜氏神位遷入皇家宗廟，使之成為與明元帝共同享受後世祭祀。他的這些行為，無一不彰顯出對母親的愛，也為後世追封生母配享廟亭，提供的重要的參照。

此外，太武帝還對杜氏的母家進行追封，開北魏歷史上封授外戚家族之先河。《魏書》卷八三《外戚列傳上》載：

> 始光中，世祖思念舅氏，以超為陽平公，尚南安長公主，拜駙馬都尉，位大鴻臚卿。車駕數幸其第，賞賜鉅萬。神䴥三年，以超行征南大將軍、太宰，進爵為王，鎮鄴，追加超父豹鎮東大將軍、陽平景王，母曰鉅鹿惠君。真君五年，超為帳下所害。世祖臨其喪，哀慟者久之。謚曰威王。

> 超既薨，復授超從弟遺侍中、安南將軍、開府、相州刺史。入

〔註8〕《北史》卷二《太武帝紀》，中華書局，1974年，第41頁。

為內都大官，進爵廣平王。

太武帝雖然沒有在生母杜氏身邊長大，但是對杜氏卻有著極深的感情，以致他繼位後不僅追封杜氏為皇后，還對舅舅進行了封授，更對外祖父母也進行了追贈。

太武帝追封生母為皇后，並為之設廟祭祀，社會中對杜氏稱為太后也應該在情理之中，但不管杜氏是否正式被追封為皇太后，即便是太武帝曾對她有此追封，她也只是名號上的皇太后，並不能真正擁有皇太后的身份和權勢。

（二）「手鑄金人」制下嫡母的排除

「手鑄金人」作為北方民族對重要事件的吉凶進行預測的方式，在十六國北朝時期有著廣泛的應用，其中最主要的是對皇位繼承進行預測，如冉閔「鑄金為己象，壞而不成」〔註9〕，進而遭到前燕對其稱帝的質疑。北魏道武帝創立後宮制度後，也將這一預測方式引入後宮，「將立皇后，必令手鑄金人，以成者為吉，不成則不得立也。」〔註10〕

在這一制度的影響下，一些嬪妃由於鑄金人成功而被冊封為皇后，但也有些人由於鑄金人失敗而不得封后，如道武帝「納劉頭眷之女，寵冠後庭，生子嗣。及克中山，獲燕主寶之幼女。將立皇后，用其國故事，鑄金人以卜之，劉氏所鑄不成，慕容氏成，三月，戊午，立慕容氏為皇后。」〔註11〕嬪妃能否成為皇后不完全取決於她們的受寵程度，更主要的是與她們背後的勢力有關，而最終的決定因素則是「鑄金人」預測的結果。

明元帝後宮中除了太武帝生母杜氏外，還有數位嬪妃，其中有子者包括「大慕容夫人生樂平戾王丕；……慕容夫人生樂安宣王範；尹夫人生永昌莊王健」〔註12〕等。此外，其後宮還有無子的嬪妃姚氏等人。

姚氏乃後秦國主姚興之女，明元帝永興五年（413年）十一月，「姚興遣使朝貢，來請進女，帝許之。」〔註13〕事實上，後秦與北魏之間的聯姻計劃在道武帝時期就已經開始，只是由於種種原因並未實現。《晉書》卷一一八

〔註9〕《晉書》卷一一〇《慕容儁載紀》，中華書局，1974年，第2832頁。
〔註10〕《魏書》卷一三《皇后列傳》，中華書局，1974年，第321頁。
〔註11〕《資治通鑒》卷一一一《晉紀》隆安四年條，中華書局，1956年，第3507頁。
〔註12〕《魏書》卷一七《明元五王列傳》，中華書局，1974年，第413頁。
〔註13〕《魏書》卷三《明元帝紀》，中華書局，1974年，第54頁。

《姚興載紀》載：

> 先是，魏主拓跋珪送馬千匹，求婚於興，興許之。以魏別立后，
> 遂絕婚，故有柴壁之戰。

北魏道武帝建國之初，由於國力不足，他首先向後秦示好，不僅對後秦進行朝貢，而且求娶後秦公主，實現雙方的政治聯姻。但是在雙方還未正式通婚時，北魏便通過「鑄金人」的預測，選定慕容氏為皇后。在后位已定的情況下，如若後秦將公主送入皇宮，也只能為嬪妃，這對於勢力尚強的後秦來說，自然不能接受，雙方的聯姻計劃也就此擱置。

明元帝繼位後，為了緩和雙方的關係，重提和親計劃。於是「魏遣使聘於興，且請婚。」〔註14〕北魏還提出了「今修和親，兼婚姻之好，豈但分災共患而已，實亦永安之福也。」〔註15〕的理論，並得到了後秦國主姚興的認可，於是才有了姚氏被送入北魏之事。《魏書》卷一三《皇后列傳‧明元昭哀皇后姚氏傳》載：

> 明元昭哀皇后姚氏，姚興女也，興封西平長公主。太宗以后禮
> 納之，後為夫人。后以鑄金人不成，未升尊位。然帝寵幸之，出入
> 居處，禮秩如后焉。是後猶欲正位，而后謙讓不當。泰常五年薨，
> 帝追恨之，贈皇后璽綬，而後加諡焉。葬雲中金陵。

為了表示對姚氏的重視，明元帝以后禮迎接姚氏，她入宮後雖然在位次上只是夫人，但明元帝卻對她十分寵愛。但由於姚氏未能通過「鑄金人」的預測，因而不得登后位。

與此同時，後秦在姚興的逝世後，其國家勢力急轉直下，並於泰常二年（417年）便被東晉所滅。後秦的覆滅使姚氏失去了母家的支撐，她也只能在後宮中以明元帝的寵愛維繫地位，以致在明元帝想要力排眾議冊封姚氏為皇后是，她只能「謙讓不當」。為了表達對姚氏的寵愛和重視，明元帝再未讓任何嬪妃進行「鑄金人」的預測，防止她人由於「鑄金人」成功登上后位。在姚氏逝世後，明元帝還追封她為皇后。

出於對姚氏的寵愛，明元帝一直都沒有正式冊封皇后，這也造成太武帝繼位後，沒有嫡母可以冊封為皇太后，也給與太武帝有著實際母子親情的保母竇氏以機會，使她可以憑藉感情因素影響太武帝，不僅使自己擺脫宮人身

〔註14〕《晉書》卷一一八《姚興載紀下》，中華書局，1974年，第2998頁。
〔註15〕《晉書》卷一一八《姚興載紀下》，中華書局，1974年，第2999頁。

份，更可以在被封為皇太后之後參與北魏朝政。

（三）掌控後庭勢力

太武帝保母竇氏「以夫家坐事誅，與二女俱入宮。」〔註16〕其在後宮中應屬身份較低的宮人。只是由於她「操行純備，進退以禮」〔註17〕的品行，且有過生育、照顧孩子的經歷，而被明元帝選為拓跋燾的保母，負責照看年幼的皇長子。太武帝自出生後便與生母杜氏隔絕，在竇氏無微不至的照顧下長大的太武帝，也將對母親的感情投射到保母竇氏身上，並由於「感其恩訓，奉養不異所生。及即位，尊為保太后，後尊為皇太后，封其弟漏頭為遼東王。」〔註18〕竇氏也由此成為北魏歷史上第一位由保母而冊封為皇太后者。

太武帝於天賜五年（408 年）出生，泰長七年（422 年）「四月，封泰平王；五月，為監國。太宗有疾，命帝總攝百揆」〔註19〕，至泰常八年（423 年）正式繼位時，他已經十五歲，且有過以太子身份監國的經驗，使他能夠在繼位後迅速穩固朝政，正式開啟自己的皇權統治。

太武帝繼位的同年，追封自己的生母為皇后，並著手對舅氏進行封賞。此後便開始對與自己有著母子親情的保母竇氏加以封賞。始光二年（425 年），「三月丙辰，尊保母竇氏曰保太后。」〔註20〕由保母冊封為保太后是竇氏登上皇太后的第一步，也是其中最關鍵的一步，這中間有幾個重要因素。首先，太武帝生母的缺位；明元帝也沒有留下嫡妻。這樣就造成新君繼位後，沒有法理上可以封為皇太后之人。其次，太武帝個人強勢控制朝局，而竇氏本人「性恬素寡欲，喜怒不形於色，好揚人之善，隱人之過。」〔註21〕的性格也為她積累較多的人脈。第三，鮮卑族的傳統以母子關係凌駕於一切關係之上，這種母子關係不僅包括血緣上的母子，也包括親情上的母子。竇氏雖然不是先帝嬪妃，但通過撫育新君也與之建立了母子感情。在這些有利於竇

〔註16〕《魏書》卷一三《皇后列傳·世祖保母竇氏傳》，中華書局，1974 年，第 326 頁。

〔註17〕《魏書》卷一三《皇后列傳·世祖保母竇氏傳》，中華書局，1974 年，第 326 頁。

〔註18〕《魏書》卷一三《皇后列傳·世祖保母竇氏傳》，中華書局，1974 年，第 326 頁。

〔註19〕《魏書》卷四《太武帝紀上》，中華書局，1974 年，第 69 頁。

〔註20〕《魏書》卷四《太武帝紀上》，中華書局，1974 年，第 70 頁。

〔註21〕《魏書》卷一三《皇后列傳·世祖保母竇氏傳》，中華書局，1974 年，第 326 頁。

氏的因素交織下，使她由保母冊封保太后這關鍵一步，整個北魏竟沒有任何人提出反對。

此後，太武帝主要掌管前朝事務，並開始對外征戰，後宮則在保太后的統管中。在他們的相互配合下，北魏社會進入了安定繁榮期。「延和元年春正月丙午，尊保太后為皇太后，立皇后赫連氏，立皇子諱（晃）為皇太子，謁於太廟，大赦，改年。」〔註22〕隨著皇后的冊立，太武帝的後宮也逐漸完備。

根據《魏書・皇后列傳》的記載，竇太后於太平真君元年（440 年）逝世，時年六十三歲，可以推知她被封為皇太后時五十五歲，而她被封為保太后時則是在四十八歲，從保太后到皇太后冊封時隔七年之久。在這七年的時間內，她足以完全控制太武帝後宮，並在前朝培植自己的勢力，因而太武帝即便冊立太子、冊封皇后，也無法撼動她對後宮的控制權。

太武帝長子拓跋晃的生母是出自賀蘭部的夫人賀氏，在拓跋晃被冊立為皇太子前一年，即神麚元年（428 年），賀氏突然逝世，並在死後被「追贈貴嬪，葬雲中金陵。」〔註23〕一般認為，賀氏死於「子貴母死」制之下，而發令者便是太武帝。但從竇氏完全掌控後宮的行為和時間來看，發令者為竇氏更為可信，或是竇氏假借太武帝名義，發布的賜死賀氏的命令。如文成帝保母常氏就曾挾皇太后赫連氏之令，處死了文成帝生母郁久閭氏；文明太后亦親自下令處死了孝文帝太子元恂的生母林氏。以皇太后下令實施「子貴母死」制賜死太子的生母，似為北魏後宮的通行做法，而已經登位保太后的竇氏自然也有能力並有實力下達實施這一政策的詔令，為自己在太子繼位後仍享有後宮特權掃除障礙。

太武帝皇后赫連氏，乃大夏國主赫連勃勃之女，「世祖平統萬，納后及二妹俱為貴人，後立為皇后。」〔註24〕赫連氏雖然出身大夏國公主，但她是在太武帝滅亡其國後被掠入後宮，這也造成入宮後的她並無母家可以依靠。即便是得以封后，她也無力改變後宮的權力結構，後宮仍然為竇氏所掌控。甚至可以說，從太武帝繼位，到冊封皇后赫連氏，期間雖然已經過去了九年，這中間太武帝雖然廣納後宮、冊封嬪妃，「稍增左右昭儀及貴人、椒房、中式

〔註22〕《魏書》卷四《太武帝紀上》，中華書局，1974 年，第 80 頁。

〔註23〕《魏書》卷一三《皇后列傳・太武敬哀皇后賀氏傳》，中華書局，1974 年，第 327 頁。

〔註24〕《魏書》卷一三《皇后列傳・太武皇后赫連氏傳》，中華書局，1974 年，第 327 頁。

數等，後庭漸已多矣。」〔註25〕卻沒有任何冊立皇后的行為，應該也是竇太后為了穩固自己對後宮的控制權而進行了阻撓。直至她擁有了影響前朝、掌控後宮的能力，自己可以得封皇太后，有了名正言順的政治地位，她才使太武帝有了立后之舉。

竇氏最初只是太武帝的保母，在太武帝繼位後以母子親情被封為皇太后，並享有皇太后的法定權威，但她既非正式的皇室成員，自然無法入葬皇陵。對此，竇太后也有著清醒的認識和明確的安排。她認為「吾母養帝躬，敬神而愛人，若死而不滅，必不為賤鬼。然於先朝本無位次，不可違禮以從園陵。」〔註26〕因而將自己的墓地安排在崞山。她雖然沒有入葬皇陵，但卻也按照皇太后相應的規制獲得安葬，彰顯了自己的政治地位。

太武帝保母竇氏以宮人身份通過與新君的母子親情登頂後宮，這不僅是她個人善於經營、運籌帷幄的結果，也與在當時的北魏後宮「子貴母死」與「手鑄金人」兩項制度的嚴格執行密切相關。前者以暴力的手段去除了新君的生母，後者則以宗教預測方式選擇新君的嫡母，但這種預測中不乏有人為因素在內，如果再有人刻意進行安排，自然也會在很大程度上也排除了新君的嫡母，進而造成新君繼位後，既無生母可以以親情獲封皇太后，亦無嫡母可以以法理獲封皇太后。作為新君情感上的母親，保母便可以在此時登上權力巔峰，徹底改變自己及家族的命運。

二、常太后的繼往開來

太武帝保母竇氏憑藉自身的能力，由保母躍居皇太后，或是其家族成員人數較少，在朝入仕者只有其弟竇漏頭被封遼東王，其家族女性成員並沒有與鮮卑宗親聯姻，這也造成太平真君元年（440年）竇太后逝世後，其家族也隨之迅速衰落。特別是在太平真君六年（446年）十一月，遼東王竇漏頭的逝世後，竇氏家族更是一蹶不振，再也無法維繫以往的地位。但竇氏以保母身份獲封皇太后的事例卻給北魏後庭宮人以鼓勵，很快就有人效法竇太后，再度上演保母登位皇太后。

（一）保母的劬保之功

太武晚年效法明元帝的做法，冊立長子拓跋晃為太子，並令其以太子身

〔註25〕《魏書》卷一三《皇后列傳》，中華書局，1974年，第321頁。
〔註26〕《魏書》卷一三《皇后列傳·世祖保母竇氏傳》，中華書局，1974年，第326頁。

份監國，以實現皇權的平穩過渡。正平元年（451 年）六月戊辰，薨於東宮，時年二十四。關於太子的死因，《魏書》卷九四《閹官列傳‧宗愛傳》載：

> 給事仇尼道盛、侍郎任平城等任事東宮，微為權勢，世祖頗聞之。二人與愛並不睦。為懼道盛等案其事，遂構告其罪。詔斬道盛等於都街。時世祖震怒，恭宗遂以憂薨。

太子拓跋晃的東宮官員與太武帝信賴的閹官宗愛間產生的矛盾，導致了他們被構陷並遭到殺害，監國太子拓跋晃自然也被太武帝遷怒，最終在憂懼中病逝。太武帝在拓跋晃逝世後也有所悔悟，宗愛則害怕受到太武帝的追責，遂發動政變，謀害太武帝。

太武帝死後，皇位懸空，當時的皇位繼位者可以是皇子亦可以是皇孫，也就是說太子拓跋晃的兄弟和長子都能夠成為皇位繼承人選。尚書左僕射蘭延、侍中吳興公和疋等人認為拓跋晃的長子拓跋濬只有 12 歲，不僅年齡較小，而且也沒有任何監國或任職的經驗，不足以獨立應對國內朝局，他們主張以太武帝三子秦王拓跋翰繼位。而侍中、太原公薛提則認為：「高宗有世嫡之重，不可廢所宜立而更求君。」〔註27〕就在雙方僵持不下之時，宗愛「與吳王余素協，乃密迎余自中宮便門入，矯皇后令徵延等。」〔註28〕宗愛一方面在宮內截殺了蘭延、拓跋翰等人，阻止拓跋翰繼任。另一方面，由於與東宮間的矛盾，他也派人暗害拓跋濬。只是拓跋濬不僅有東宮勢力的明面保護，更有保母常氏及其友人的暗中幫扶，才使他免於被殺。這中間不得不提的便是太武帝左昭儀馮氏。

馮氏乃北燕國王馮文通的季女，其雖非皇后，但卻是後宮嬪妃中地位最高的一個，且從入宮時間上看，馮氏於太武帝延和三年（434 年）進入北魏後宮，此時大夏公主赫連氏已經被太武帝冊封為皇后，她的地位則僅次於赫連氏。從後宮地位上看，二者雖然嫡庶有別，但是在竇氏掌管後宮之下，皇后的嫡妻地位並不顯著，這也造成她們在後宮的等級差異也不甚明顯；從個人經歷上看，赫連氏和馮氏都是周邊政權的公主，且她們所在的大夏和北燕都在太武帝時期覆滅，二者也都沒有母家可以依靠。但不同的是，赫連氏有著皇后的身份，雖然只是徒具其名，但卻可以成為宗愛政變的傀儡，而馮氏則由於出身北燕，由於與文成帝的乳母常氏為同鄉，自然關係極為親近，甚至

〔註27〕《魏書》卷九四《閹官列傳‧宗愛傳》，中華書局，1974 年，第 2012 頁。
〔註28〕《魏書》卷九四《閹官列傳‧宗愛傳》，中華書局，1974 年，第 2012 頁。

可能已經成為在「同火人」〔註29〕。這樣，赫連氏與馮氏雖然個人經歷極為相似，卻最終走向了兩個不同的陣營。

在蘭延、拓跋翰等人被殺時，身處皇宮的馮氏應該會第一時間得到消息，並通過宮人傳遞消息給常氏，這樣拓跋濬便被東宮官員匆忙帶往鹿苑安頓。此時的宗愛也忙於控制朝政，積極冊立新君，暫時放鬆了對皇長孫的搜尋，這也為日後皇長孫的繼位提供了機會。

宗愛首先冊封赫連氏為皇太后，然後假皇太后之詔，封南安王拓跋余為新君，從而為他的政變披上了合理的外衣，而他自己則「位居元輔，錄三省，兼總戎禁，坐召公卿，權恣日甚，內外憚之。」〔註30〕不久，不堪受控的拓跋余意圖擺脫宗愛的控制，但卻由於奪權失敗而被殺。「宗愛既殺南安王余於東廟，秘之，惟尼知狀。尼勸愛立高宗。愛自以負罪於景穆」〔註31〕，他拒絕冊立拓跋濬而意欲繼續冊立太武帝其他諸子。但在其他朝臣的共同策劃下，文成帝終於在倉促中繼位。《魏書》卷三〇《劉尼列傳》載：

> 尼懼其有變，密以狀告殿中尚書源賀，賀時與尼俱典兵宿衛。……於是，賀與尚書長孫渴侯嚴兵守衛，尼與麗迎高宗於苑中。麗抱高宗於馬上，入京城。……賀及渴侯登執宗愛、賈周等，勒兵而入，奉高宗於宮門外，入登永安殿。

那麼，為何宗愛暗殺時尋找不到拓跋濬，而劉尼等人迎立新君卻能迅速找到他？這中間所不能忽略的便是常氏及其「同火人」的作用。

（二）新君嫡母、生母之爭

文成帝以太武帝嫡長孫身份直接繼位稱帝，由於他並未經歷皇太子階段，他的生母郁久閭氏也並未由此而被以「子貴母死」制賜死。文成帝繼位後，郁久閭氏本可以以母子血緣關係，被封為皇太后，如若這樣，他的保母常氏也就沒有機會登上皇太后之位。

常氏雖出身宮人，但他卻不僅在太武帝晚年的政變中保護了文成帝，更在政變過程中，在宮廷內外都締結了較強的勢力。由於與竇太后有著相似和

〔註29〕趙萬里先生認為：「『同火人』即木蘭詩所謂『火伴』。北魏以同鄉結成「同火人」的現象十分普遍，《大監劉阿素墓誌》等也都有記載。趙萬里：《漢魏南北朝墓誌集釋》卷二《北魏·后嬪內職》，科學出版社，1956年，第6頁。
〔註30〕《魏書》卷九四《閹官列傳·宗愛傳》，中華書局，1974年，第2012頁。
〔註31〕《魏書》卷三〇《劉尼列傳》，中華書局，1974年，第721頁。

經歷和身份，她也想要仿照竇太后般登位皇太后，成為後宮的主宰者，並藉此實現家族的興盛。那麼，擋在她前面的太武帝皇后赫連氏和文成帝生母郁久閭氏就不能繼續存在，不然即便她能夠被封為皇太后，也不可能擁有控制後庭、插手前朝的權力。

關於文成帝生母郁久閭氏，《魏書》卷一三《皇后列傳‧景穆恭皇后郁久閭氏傳》載：

> 景穆恭皇后郁久閭氏，河東王毗妹也。少以選入東宮，有寵。真君元年，生高宗。世祖末年薨。高宗即位，追尊號諡。葬雲中金陵，配饗太廟。

郁久閭氏出身蠕蠕（柔然），太武帝時期才舉家歸附，郁久閭氏之兄閭毗也是在文成帝繼位後才獲得封授，可見其家族在太武帝時期由於在北魏生活的時間較短，而且沒有根基，根本無法與其他宮廷勢力對抗。文成帝繼位之時又年紀較小，不僅沒有監國形成的執政經歷，亦沒有聽命於他的東宮官署，他根本無力保護生母郁久閭氏。於是在興安元年（452 年），文成帝剛剛繼位不久，郁久閭氏就突然逝世，死因不詳。郁久閭氏的死因，很大程度上與「子貴母死」制度有關，那麼，賜死她的人既然不可能是她已經逝世的丈夫或公公，自然也不會是她剛剛繼位的兒子，此時後宮中只有作為太武帝皇后的赫連氏能夠以長輩身份成為發令者。

事實上，在北魏後宮中以皇太后作為施行「子貴母死」制度的現象屢見不鮮，如文成帝後宮嬪妃李氏「及生顯祖，拜貴人。太安二年，太后令依故事，令后具條記在南兄弟及引所結宗兄洪之，悉以付託。臨決，每一稱兄弟，輒拊胸慟泣，遂薨。」〔註32〕孝文帝後宮嬪妃林氏「得幸於高祖，生皇子恂。以恂將儲貳，太和七年，后依舊制薨。高祖仁恕，不欲襲前事，而稟文明太后意，故不果行。」〔註33〕可見，下達執行「子貴母死」制者，可以是皇太后（如昭太后常氏），亦可以是太皇太后（如文明太皇太后馮氏）。郁久閭氏能否順利度過危難期，順利登上皇太后之位，最終取決於唯一可以對她下達賜死命令的太武帝皇后赫連氏。

〔註32〕《魏書》卷一三《皇后列傳‧文成元皇后李氏傳》，中華書局，1974 年，第331 頁。

〔註33〕《魏書》卷一三《皇后列傳‧孝文貞皇后林氏傳》，中華書局，1974 年，第332 頁。

　　如前文所述，赫連氏雖然是大夏國公主，但卻由於國破而無所依靠，不僅她本人與兩個妹妹都由於戰敗被俘，並進入北魏後宮，她的兄弟也都先後被北魏所俘獲。其兄赫連昌被俘後，雖然受到了北魏優待，「詔昌尚始平公主，假常忠將軍、會稽公，封為封王。坐謀反，伏誅。」〔註34〕赫連昌的弟弟赫連定在他被俘後繼任國王，但卻也在「神䴥四年，為吐谷渾慕璝所襲，擒定，送京師，伏誅。」〔註35〕特別是在赫連昌出逃後，「河西候將格殺之，驗其謀反，群弟皆伏誅。」〔註36〕這也造成整個赫連氏宗族的覆滅，無所依靠的赫連氏只能在宗愛政變中充當傀儡。

　　宗愛先後假借皇太后赫連氏的詔令殺害了東平王拓跋翰、冊立新君拓跋余。宗愛政變覆滅後，文成帝繼位。赫連氏與文成帝既與其無血緣關係，又在文成帝繼位中沒有任何貢獻，她也自然不會受到文成帝勢力的優待。在新君繼位後，她在後宮中也仍然只是作為傀儡存在，此時的後宮為文成帝保母常氏所控制。

　　常氏登位皇太后首先要去除的便是文成帝生母郁久閭氏，去除她最名正言順的方式便是「子貴母死」制度，而有資格施行此令者為太武帝皇后赫連氏就控制在自己的手中，於是在她的安排下，郁久閭氏便在興安元年（452年）十一月逝世。同月，「壬寅，追尊景穆太子為景穆皇帝，皇妣為恭皇后；尊保母常氏為保太后。」〔註37〕就在文成帝追封父母為帝、后，冊封保母為保太后前不久，太武帝在世的最後二子廣陽王拓跋建、臨淮王拓跋譚也相繼逝世〔註38〕，這也是文成帝和保太后為穩固皇位，消除了最後的隱患。此後，文成帝才開始對前朝和後庭進行追封和冊封，避免了由此發生朝政動盪威脅其統治。

　　排除了朝廷內的皇位威脅、後宮中的登位阻力後，常太后終於在興安二年（453年）三月，由保太后順利得封皇太后，擁有者統轄後宮的法律地位。

〔註34〕《魏書》卷九五《鐵弗劉虎列傳》，中華書局，1974年，第2059頁。
〔註35〕《魏書》卷九五《鐵弗劉虎列傳》，中華書局，1974年，第2059頁。
〔註36〕《魏書》卷四《太武帝紀上》，中華書局，1974年，第84頁。
〔註37〕《魏書》卷五《文成帝紀》，中華書局，1974年，第111頁。
〔註38〕根據《魏書・太武五王列傳》記載可知，太武帝共有十一子，其中五子早逝，僅六子順利成人，其中長子即文成帝生父、太子拓跋晃，次子晉王拓跋伏羅，逝世於太平真君八年（448年），而東平王拓跋翰和南安王拓跋余又均逝世於宗愛政變之中，因而至文成帝繼位時，在世這僅有臨淮王拓跋譚和廣陽王拓跋建。二者死因不詳，應是文成帝繼位之初排除皇位威脅而為。

此時太皇太后赫連氏雖然只是傀儡，但卻有著比她更高的輩分和榮耀，赫連氏的存在無疑會削弱常太后的光環，因而就在兩個月後，太皇太后赫連氏也突然崩逝。

作為先帝正式冊封的皇后，赫連氏並未被廢，按照慣例，她應該在逝世後擁有諡號，但文成帝對於赫連氏賜死生母之事耿耿於懷，對於這一事件的策劃者常太后，他的情感卻比較複雜。一方面由於常太后一直撫養和保護他，二人有著類似母子的親情；另一方面文成帝對她也有著殺母之恨。而對於赫連氏，文成帝就僅僅生下了殺母之恨。特別是從表面上看，賜死文成帝生母郁久閭氏的詔令由赫連氏所發布，她也是郁久閭氏之死的直接實施者。因而在她逝世後，文成帝並未給她追加諡號，加之她又並非新君生母，因而也沒有配享太廟的資格。

幾乎與此同時，在常太后的安排下，文成帝於興安二年（453 年）「夏五月乙酉，行幸崞山。辛卯，還宮。」〔註 39〕崞山乃太武帝保母竇太后的墓地，常太后也一直按照竇太后的行為軌跡實施自己的行為，她安排文成帝登崞山祭祀竇太后，很大程度上也是為自己日後的葬禮進行安排，期待可以按照竇太后的規制進行安葬。在她的著力安排下，最終她在「和平元年崩，詔天下大臨三日，諡曰昭，葬於廣寧磨笄山，俗謂之鳴雞山，太后遺志也。依惠太后故事，別立寢廟，置守陵二百家，樹碑頌德。」〔註 40〕

（三）培植勢力穩家族

文成帝繼位後，不僅對母親進行追封後，對舅氏也進行封授，以此表達對母親的感念之情。《魏書》卷八三《外戚列傳上・閭毗傳》載：

> 毗即恭皇后之兄也。皇后生高宗。高宗太安二年，以毗為平北將軍，賜爵河東公；弟紇為寧北將軍，賜爵零陵公。其年，並加侍中，進爵為王。……自餘子弟賜爵為王者二人，公五人，侯六人，子三人，同時受拜。所以隆崇舅氏，當世榮之。和平二年，追諡后祖父延定襄康公，父辰定襄懿王。

文成帝繼位後，對母家大加封賞，其舅閭毗更獲封王爵，閭氏家族之勢一時無二。此外，他還對逝世的曾祖和祖父也進行追封，文成帝母族之興自此始。

〔註 39〕《魏書》卷五《文成帝紀》，中華書局，1974 年，第 112 頁。
〔註 40〕《魏書》卷一三《皇后列傳・高宗乳母常氏傳》，中華書局，1974 年，第 327
　　　～328 頁。

另一方面，有鑒於竇太后家族在其逝世後便走向衰落，常太后也在文成帝繼位後，通過自身影響力，使文成帝也對自己的家族成員進行廣泛的封賞。《魏書》卷八三《外戚列傳上·常英傳》載：

> 興安二年，太后兄英，字世華，自肥如令超為散騎常侍、鎮軍大將軍，賜爵遼西公。弟喜，鎮東大將軍、祠曹尚書、帶方公。三妹皆封縣君，妹夫王睹為平州刺史、遼東公。追贈英祖、父，符堅扶風太守亥為鎮西將軍、遼西蘭公，勃海太守澄為侍中、征東大將軍、太宰、遼西獻王，英母許氏博陵郡君。

常太后不僅通過皇帝對自己的兄弟進行了冊封，還對妹妹、妹夫也都進行了封授，其家族成員「皆以親疏受爵賜田宅，時為隆盛。」〔註41〕此外，常太后逝世的父、祖以及嫡母〔註42〕也都獲得了追封，還將自己的生母宋氏進行了封授。由於常英是常太后的異母兄，「（常）英事宋不能謹，而（王）睹奉宋甚至。」〔註43〕常太后母親認為常英對自己遠不如女婿王睹恭敬，因而勸說常太后應該更多封賞王睹，但常太后卻從興盛家族的角度出發，認為：「英為長兄，門戶主也，家內小小不順，何足追計。睹雖盡力，故是他姓，奈何在英上？本州、郡公，亦足報耳。」〔註44〕這也是她對家族長遠之計的考量，也是她對於維繫家族的安排。

除了培植自己家族勢力外，常太后也開始著手在後庭培植勢力，用以在自己逝世後也能維繫家族特權，此時與常氏關係最為密切的便是太武帝左昭儀馮氏。常氏出自北燕遼西郡，馮氏則是北燕公主，由於有著同鄉情誼，二人間關係十分密切。文成帝繼位時，北燕已為北魏太武帝所滅，其國主孫女馮氏也被沒入北魏皇宮。馮氏入宮之初便得到了「雅有母德」的姑母馮昭儀的「撫養教訓」〔註45〕。文成帝繼位後，她便被常太后送到了文成帝身邊，並冊封為貴人〔註46〕。馮氏雖然在後宮嬪妃中等級較高，又有太武帝左昭儀馮氏和皇太后常氏的支持，但她卻不得文成帝的寵愛，此時文成帝寵愛的是

〔註41〕《魏書》卷八三《外戚列傳上·常英傳》，中華書局，1974年，第1818頁。
〔註42〕常太后兄常英的生母許氏。
〔註43〕《魏書》卷八三《外戚列傳上·常英傳》，中華書局，1974年，第1817頁。
〔註44〕《魏書》卷八三《外戚列傳上·常英傳》，中華書局，1974年，第1818頁。
〔註45〕《魏書》卷一三《皇后列傳·文成文明皇后馮氏傳》，中華書局，1974年，第328頁。
〔註46〕貴人即貴人夫人，北魏後宮三夫人之一，其地位僅低於皇后和昭儀，是此時後宮中等級較高的嬪妃。

貴人李氏，二人還生下了兒子拓跋弘（即獻文帝）。文成帝對李氏的寵愛妨礙了常太后對馮氏提攜的計劃，她對李氏的得寵大加阻撓。《魏書》卷一三《皇后列傳·文成元皇后李氏傳》載：

> 世祖南征，永昌王仁出壽春，軍至后宅，因得后。及仁鎮長安，遇事誅，后與其家人送平城宮。高宗登白樓望見，美之，……乃下臺，后得幸於齋庫中，遂有娠。常太后後問后，后云：「為帝所幸，仍有娠。」時守庫者亦私書壁記之，別加驗問，皆相符同。及生顯祖，拜貴人。

李氏本出自官宦之家，後被永昌王拓跋仁所強納。拓跋仁由於「與濮陽王閭若文謀為不軌，發覺，賜死」〔註47〕，李氏由是以罪眷身份被送往平城為宮人。在押送途中，她被外出的文成帝發現，二人遂發生關係而使李氏有孕。

李氏的出現是常氏始料未及的事件，她不僅親自審問李氏，更審查了當時的記錄，多方核對才對其身份進行認可。李氏也在回宮後不久便生下了文成帝的長子拓跋弘。為了防止李氏繼續得寵，進而阻撓常太后所扶植的馮氏的地位。拓跋弘被立為太子不久，在太安二年（456年）二月，李氏便被常太后以「子貴母死」制賜死。同年，馮氏也被封為皇后（即文成文明皇后）。和平元年（460年），常太后逝世，馮氏接管了她在朝廷和後宮的勢力。和平六年（465年）文成帝逝世，獻文帝繼位，馮氏被尊為皇太后。

常太后對於貴人馮氏的提攜、幫助，甚至不遺餘力的將她推上皇后之位，不僅僅是由於常太后與馮氏姑母的同鄉之誼，更重要的是她要為自己的家族留下幫手，以備日後家族出現危機時有所依靠。事實上，她的這番考量和安排，也在她死後保證常氏家族的權勢，起到了重要的作用。《魏書》卷八三《外戚列傳·常英傳》載：

> （常）英黷貨，徙燉煌。……（伯夫）以贓污欺妄征斬於京師。……后員與伯夫子禽可共為飛書，誣謗朝政。事發，有司執憲，刑及五族。高祖以昭太后故，罪止一門。欣年老，赦免歸家，恕其孫一人扶養之，給奴婢田宅。其家僮入者百人，金錦布帛數萬計，賜尚書以下，宿衛以上。其女婿及親從在朝，皆免官歸本鄉。十一年，高祖、文明太后以昭太后故，悉出其家前後沒入婦女，以喜子

〔註47〕《魏書》卷一七《明元六王列傳·永昌王健傳》，中華書局，1974年，第415頁。

　　　　振試守正平郡。卒。

常氏家族成員或以貪污受賄，或以誹謗朝廷而受到懲處，但馮太后感念常太后對其的幫扶，對於常氏家族成員的罪行不僅減輕了處罰，更對罷免的常氏家族成員給予財物上的優待，保證了其家族成員的生活。

第二節　馮太后的後宮布局

　　為了保持家族的長盛不衰，穩居外戚家族榜首地位就顯得尤其重要。對於已經登位的皇太后而言，為了保證家族勢力的強盛，只有將本家族的女性，不斷送往新君身邊，甚至幫助她成為皇后，才使最穩妥和長久之策。有鑑於此，北魏的皇太后也大都積極將侄女送入皇宮，並通過她們推行自己的家族安排。

一、外戚勢力的培育

　　和平六年（465 年）五月，拓跋弘繼位。其時，「丞相乙渾謀逆，顯祖年十三，居於諒闇，太后密定大策，誅渾」〔註48〕馮太后在原常太后集團成員的支持下，誅滅乙渾集團，並以皇太后身份開始臨朝聽政。

　　馮太后與獻文帝既沒有母子血緣關係，亦沒有親自撫育而形成的情感聯繫，二人的共同臨朝只是由於共同誅殺乙渾變亂的利益需求，在長期相處的過程中，他們無論是在前朝，還是在後宮都不斷產生矛盾。直至獻文帝長子拓跋宏的出生，才為雙方尋找到了緩和關係的基點。《魏書》卷一三《皇后列傳·獻文思皇后李氏傳》載：

　　　　獻文思皇后李氏，中山安喜人，南郡王惠之女也。姿德婉淑，
　　年十八，以選入東宮。顯祖即位，為夫人，生高祖。皇興三年薨，
　　上下莫不悼惜。

獻文帝繼位後並未冊立皇后，其長子拓跋宏的生母李氏也在他出生後不久就逝世。關於她的死因，史書未載，但根據《魏書·孝文帝紀》的記載可知，孝文帝被立為太子的時間是皇興三年（469 年）六月，李氏的逝世時間也是在皇興三年。可以看出，李氏應該就是由於兒子被立為太子而死於「子貴母死」之下無疑，而發令者必然就是皇太后馮氏。

〔註48〕《魏書》卷一三《皇后列傳·文成文明皇后馮氏傳》，中華書局，1974 年，第328 頁。

　　為了緩和與獻文帝日益嚴峻的矛盾，馮太后在李氏死後退出朝堂親自撫育太子（即孝文帝拓跋宏），並與之建起了深厚的祖孫親情。孝文帝繼位後，馮氏不僅以太皇太后身份臨朝聽政，朝政為馮氏所掌控，從而出現了孝文帝「奉馮氏過厚，於李氏過薄，舅家了無敘用。」〔註49〕

　　為了維繫自己家族的勢力和權威，馮太后更在文成帝冊封其為皇后之時，就「使人外訪，知熙所在，征赴京師，拜冠軍將軍，賜爵肥如侯。尚恭宗女博陵長公主，拜駙馬都尉。出為定州刺史，進爵昌黎王。」〔註50〕獻文帝繼位後，馮氏得封太后，馮熙為太傅。孝文帝繼位後，馮氏得以太皇太后之名臨朝，馮熙任侍中、太師。此外，馮熙子馮誕和馮修也都得到重用，其中馮誕「年才十餘歲，文明太后俱引入禁中，……誕與高祖同歲，幼侍書學，仍蒙親待。」〔註51〕共同成長的經歷也使孝文帝與馮誕結下了深厚的情誼，「高祖寵誕，每與誕同輿而載，同案而食，同席坐臥。彭城王勰、北海王詳，雖直禁中，然親近不及。」〔註52〕這也是馮太后為馮氏家族興盛埋下的關鍵一步。而後，在馮太后親自撫育孝文帝子元恂時，又採用同樣的方法，將馮誕子馮風「幼養於宮，文明太后特加愛念。」〔註53〕意圖將其與元恂同時撫育，使他們可以形成深厚的情誼，從而確保其家族的長盛不衰。

　　除了不斷提升家族成員的官職、爵位外，為了將馮氏家族與北魏宗室形成密切的血緣親屬關係，馮太后還為家族成員與元魏宗親和鮮卑貴族聯姻。其中馮熙尚景穆帝女博陵長公主，馮熙長子馮誕尚獻文帝女樂安長公主，馮熙次子馮修妻乃鮮卑貴族、司空穆亮女；馮誕子馮穆尚孝文帝女順陽長公主。該家族中的女性成員則一般嫁入宗親之家。《魏故樂安王妃馮氏墓誌銘》載：

> 長姊南平王妃。第二第三姊並為孝文皇帝后。第四第五姊並為孝文皇帝昭儀。第六姊安豐王妃。第七姊任城王妃。妃諱季華，長樂郡信都人也。太宰之孫。太師之第八女。〔註54〕

從這些記載可以看出，馮熙的八個女兒中，就有三人嫁入北魏後宮〔註55〕，

〔註49〕《魏書》卷八三《外戚列傳上・李惠傳》，中華書局，1974年，第1825頁。
〔註50〕《魏書》卷八三《外戚列傳上・馮熙傳》，中華書局，1974年，第1819頁。
〔註51〕《魏書》卷八三《外戚列傳上・馮熙傳》，中華書局，1974年，第1821頁。
〔註52〕《魏書》卷八三《外戚列傳上・馮熙傳》，中華書局，1974年，第1821頁。
〔註53〕《魏書》卷八三《外戚列傳上・馮熙傳》，中華書局，1974年，第1823頁。
〔註54〕趙超：《漢魏南北朝墓誌彙編》，《魏故樂安王妃馮氏墓誌銘》。
〔註55〕墓誌記載馮熙兩個女兒為孝文帝后，兩個女兒為孝文帝昭儀，但根據《魏書・皇后列傳》及相關記載，馮熙兩個女兒為後者，分別是孝文廢皇后和孝文幽

其餘則都嫁入宗室之家，這也使馮氏家族成為北魏宗室的姻親，並通過這種關係，保證了家族勢力的穩固。

無論從馮氏家族成員的任職、聯姻，還是成長經歷上看，馮太后對於家族成員的安排可謂盡心盡力、照顧周全。馮氏家族男性成員大都擔任宰輔高官，對於維繫家族地位有著重要的作用；在宮中成長的經歷以及擔任太子太傅等職務，則為他們與皇帝形成深厚感情打下了基礎；與北魏公主以及鮮卑貴族的聯姻，更使他們與北魏皇室形成血緣關係。此外，她還著力打壓孝文帝母家、將自己的侄女送到孝文帝身邊，通過這種方式避免在她死後，北魏迅速興起新的外戚家族，而使自身家族陷於衰落。

二、後宮寵妃的防範

孝文帝繼位後，時為太皇太后的馮氏繼續臨朝聽政，為了維繫自己家族的利益，她也效法常太后的做法，將自己親信之女送到孝文帝身邊，期待能夠以此保持長樂馮氏家族的長盛不衰。

早在文成時期，北魏後宮中便形成了以常太后、馮昭儀以及文成帝皇后馮氏等人為代表的龍城皇后集團〔註56〕，他們不僅有著朝臣的支持，更控制著皇后的選拔，文成文明皇后馮氏便是其中的受益者。常太后逝世後，馮氏成為這一集團的代表。為了維持龍城皇后集團和馮氏家族利益，馮太后先後將出自常太后寵臣家庭，且「容色美麗」〔註57〕的林氏和來自馮氏家鄉龍城鎮「德色婉豔」〔註58〕的高氏先後送到了孝文帝身邊，她們也都得到了孝文帝的寵愛，並先後生下皇長子元恂（即廢太子）和皇次子元恪（即宣武帝）。

林氏出自北魏官僚家族，其叔父林金閭本是保太后常氏的寵臣，官至尚書、平涼公，後由於參與乙渾政變被殺，林氏也由此被沒入皇宮。由於林氏家人乃常太后的屬僚，在常太后死後，其原有集團實力為馮太后接管，林氏作為常太后集團成員家族自然加入到馮太后陣營，並被送到孝文帝身邊。她也不負馮太后的期望，迅速得寵於孝文帝。

皇后，而為昭儀者僅一人，應以史書記載為是。

〔註56〕李憑：《北魏龍城諸后考實》，刊於《歷史研究》，2007年第3期，第20～32頁。

〔註57〕《魏書》卷一三《皇后列傳·孝文貞皇后林氏傳》，中華書局，1974年，第332頁。

〔註58〕《魏書》卷一三《皇后列傳·孝文昭皇后高氏傳》，中華書局，1974年，第335頁。

　　馮太后認識到了龍城集團勢力，對於維繫家庭地位的作用有限，只有家族成員才是維繫家族勢力的可靠力量，集團成員則只是其中的過渡。但是此時其兄之女尚未達到婚配年齡，因而只能以林氏暫且維繫，但是林氏的過於得寵，對於日後自己姪女的得寵有所威脅，此時高氏舉家由高麗「西歸，達龍城鎮，鎮表后德色婉豔，任充宮掖。后親幸北部曹，見后姿貌，奇之，遂入掖庭，時年十三。」〔註59〕高氏出自馮太后的家鄉，使馮太后對她有著莫名的好感，加之此時削弱林氏寵愛的現實需要，馮太后迅速將她送到了孝文帝身邊。高氏也沒有辜負馮太后的期望，她也迅速得到了孝文帝的寵愛。這樣，在孝文帝後宮中就出現了兩個分庭抗禮的寵妃，二人分割了孝文帝的寵愛，防止了由於一人獨寵而勢大難控的局面，馮太后為其姪女日後的入宮做足了準備。

三、家族女性的推介

　　隨著馮熙的女兒逐漸長大並接近婚配的年齡，林氏和高氏的存在可能對即將入宮的馮氏家族女子的地位造成威脅。更重要的是，太和七年（483年），孝文帝長子元恂出生，這也使馮太后意識到，繼續獲取皇子撫養權，可以幫助家族成員實現對未來皇帝的有效控制。同年，馮太后繼續以「子貴母死」制，令元恂生母林氏「依舊制薨。高祖仁恕，不欲襲前事，而秉文明太后意，故不果行。」〔註60〕按照慣例，只有當太子冊封時，其生母才能以「子貴母死」制賜死，馮太后在元恂剛剛出生便實施這一制度，其目的在於徹底斷絕元恂與林氏的關係，而孝文帝則出於對林氏的寵愛，想要拖延甚至是廢棄這一制度，挽救林氏的性命。但當時的北魏雖然是馮太后與孝文帝祖孫共同執政，但內、外朝大權基本都為馮太后所控制，孝文帝挽救林氏的計劃最終沒能實現，只能在她死後將她追封為皇后，〔註61〕她也是繼明元昭哀皇后姚氏後，第二位在死後被當朝皇帝追封為皇后的嬪妃。

　　林氏死後，馮太后按照撫育孝文帝的方式，為了與儲君形成深厚的感

〔註59〕《魏書》卷一三《皇后列傳・孝文昭皇后高氏傳》，中華書局，1974 年，第335 頁。
〔註60〕《魏書》卷一三《皇后列傳・孝文貞皇后林氏傳》，中華書局，1974 年，第332 頁。
〔註61〕在北魏死於「子貴母死」的嬪妃一般會在兒子繼位後被追封為皇后，但姚氏和林氏獲得當朝皇帝的追封則主要由於寵愛，其中姚氏無子僅以寵獲得追封，林氏雖然有子但是孝文帝亦由於對其寵愛，未及其子繼位而先追封其為皇后。

情，她對於孝文帝長子拓跋恂親自「撫視之，常置左右。年四歲，太皇太后親為立名恂，字元道，於是大赦。太和十七年七月癸丑，立恂為皇太子。」〔註62〕馮太后在撫育元恂的同時，還將馮氏家族中的第三代成員馮風帶入宮中，使他與元恂共同學習和成長，以增強二人間的感情，為日後元恂繼任帝位，馮氏家族成員繼續位居宰輔做了準備。

與此同時，「文明太皇太后欲家世貴寵，乃簡熙二女俱入掖庭，時年十四。其一早卒。后有姿媚，偏見愛幸。」〔註63〕馮太后將其兄馮熙的三個女兒先後送入皇宮，但她們卻並未能達到馮太后的期待。入宮後不久，便有一人病逝，唯一得寵者卻因「疾病，文明太后乃遣還家為尼」〔註64〕，宮中僅剩下的一人卻一直得不到孝文帝的寵愛。

馮太后逝世後，她在後宮中這唯一的侄女，也隨之成為馮氏家族及其依附勢力的期望。在馮太后的喪禮完成後，「太尉元丕等表以長秋未建，六宮無主，請正內位」〔註65〕。在他們不斷的上書請求下，最終在太和十七年（493年），馮氏與元恂分別被孝文帝冊立為皇后（即廢皇后）和太子（即廢太子）。同年，孝文帝將太子元恂接回親自撫育。

太和十八年（494年），孝文帝以太子「無師傅獎導風」〔註66〕為由，解除了馮太后侄、廢皇后同母弟馮誕的太子太師之職，從而徹底隔絕了馮氏家族與年幼的太子間的聯繫。孝文帝的這一做法不僅使廢皇后馮氏失去了親自撫育太子、與之建立母子親情的機會，也使馮氏家族成員再也無法成為太子的親近幕僚，幾乎斷絕了皇太后臨朝參政、馮氏家族長盛不衰的希望。

與此同時，孝文帝在親政後，也對勢力過於龐大的馮氏家族也不斷抑制，首先便是對馮氏家族成員官職和特權方面的約束。《魏書》卷八三《外戚列傳·馮熙傳》載：

（馮）風，幼養於宮，文明太后特加愛念。數歲，賜爵至北平

〔註62〕《魏書》二二《孝文五王列傳·廢太子恂傳》，中華書局，1974年，第587頁。

〔註63〕《魏書》卷一三《皇后列傳·孝文幽皇后馮氏傳》，中華書局，1974年，第333頁。

〔註64〕《魏書》卷一三《皇后列傳·孝文幽皇后馮氏傳》，中華書局，1974年，第333頁。

〔註65〕《魏書》卷一三《皇后列傳·孝文廢皇后馮氏傳》，中華書局，1974年，第332頁。

〔註66〕《魏書》卷八三《外戚列傳上·馮熙傳附馮誕傳》，中華書局，1974年，第1821頁。

王，拜太子中庶子，出入禁闈，寵侔二兄。高祖親政後，恩寵稍衰，
降爵為侯。幽后立，乃復敘用。后死，亦冗散。卒，贈青州刺史。

　　（馮）夙，字寶興，廢后同產兄也。位黃門郎、信都伯。后坐
妹廢，免為長樂百姓。世宗時卒河南尹。

馮夙和馮風分別是廢皇后馮氏和幽皇后馮氏的同母兄，廢皇后與幽皇后姊妹
乃馮熙的嫡女與庶女，她們二人的兄弟自然也是馮熙的嫡子和庶子。孝文帝
在廢皇后馮氏的同時，不僅對其兄弟進行懲處，還對已經獲得超授王爵的馮
氏家族成員，按照新的爵位規定降封為公，足見其壓制馮氏家族的決心。

　　特別是在馮太后逝世後，她精心布局的馮熙嫡女為后的局面也隨著馮熙
庶女的回宮發生了轉變。馮熙的嫡女雖然不十分得寵，但是在處理後宮事宜
中卻表現得進退有度，「高祖每遵典禮，后及夫、嬪以下接淑皆以次進。車駕
南伐，后留京師。高祖又南征，后率六宮遷洛陽。」〔註67〕定都洛陽後，孝
文帝將在外養病的廢皇后之姐（即幽皇后）接回了皇宮，並冊封為左昭儀。
馮昭儀回宮後，徹底打破了馮太后的後宮布局，也為其家族的衰敗埋下了伏
筆。《魏書》卷一三《皇后列傳·孝文廢皇后馮氏傳》載：

　　　高祖後從重引后姊昭儀至洛，稍有寵，后禮愛漸衰。昭儀自以
年長，且前入宮掖，素見待念，輕后而不率妾禮。后雖性不妒忌，
時有愧恨之色。昭儀規為內主，譖構百端。尋廢后為庶人。后貞謹
有德操，遂為練行尼。后終於瑤光佛寺。

幽皇后馮氏回宮後，「寵愛過初，專寢當夕，宮人稀復進見」〔註68〕，而皇后
馮氏也在她的不斷挑釁下，逐漸產生了不滿情緒，姊妹間的關係也在隨之急
劇惡化。在姐姐的不斷地構陷下，馮氏很快被廢並出家，廢皇后的同母兄弟
也遭到了孝文帝的罷免。

　　母親的出身的眼界直接決定著女兒的品行，馮氏姊妹後宮之爭，僅僅是
個人的爭寵，並未考慮到家族的利益。幽皇后馮氏，「母曰常氏，本微賤，得
幸於熙，熙元妃公主薨後，遂主家事。」〔註69〕廢皇后生母乃景穆帝女博陵

〔註67〕《魏書》卷一三《皇后列傳·孝文廢皇后馮氏傳》，中華書局，1974 年，第
　　　　332 頁。
〔註68〕《魏書》卷一三《皇后列傳·孝文幽皇后馮氏傳》，中華書局，1974 年，第
　　　　333 頁。
〔註69〕《魏書》卷一三《皇后列傳·孝文幽皇后馮氏傳》，中華書局，1974 年，第
　　　　333 頁。

長公主，皇室出身的她不僅有著嚴格的禮儀教養，更有著較高的文化素養，特別是她與馮熙的女兒更有著馮氏家族與北魏皇室的雙重血緣關係，如若在後宮有所不當，也容易獲得皇室宗親的體量，這也是馮太后選擇她作為皇后的最主要原因。而幽皇后馮氏的母親出身低微，且沒有皇室親緣關係，雖然孝文帝對其很是寵愛，但馮太后為了使馮熙嫡女能夠順利登上后位，庶女是否疾病並不重要，而她離宮也是馮太后必然的選擇。甚至從孝文帝在她離宮後一直未冊封皇后來看，馮熙庶女應該並未生病，而是馮太后為了使馮熙嫡女登位而刻意安排。孝文帝對此或有不滿，但卻終究無可奈何。直至馮太后逝世後，他為了穩固朝堂而冊立馮熙的嫡女為后，並在擺脫馮氏家族勢力，遷都洛陽後，才將自己寵愛的馮熙的庶女接回皇宮。

在馮熙嫡女被廢後，庶女順利登上了后位，但她的不當言行也為自己及馮氏家族帶來的覆滅的危機。《魏書》卷一三《皇后列傳·孝文幽皇后馮氏傳》載：

> 高祖頻歲南征，后遂與中官高菩薩私亂。及高祖在汝南不豫，后便公然醜恣，中常侍雙蒙等為其心腹。……（彭城公主）因言后與菩薩亂狀。高祖聞而駭愕，未之全信而秘匿之，惟彭城王侍疾左右，具知其事。

> 后漸憂懼，與母常氏求託女巫，禱厭無所不至，願高祖疾不起，一旦得如文明太后輔少主稱命者，賞報不貲。又取三牲宮中妖祠，假言祈福，專為左道。母常或自詣宮中，或遣侍婢與相報答。

幽皇后馮氏在登位以後，順利控制了後宮，但她卻在孝文帝南征時，不僅自身淫亂失德，更與其母使用巫蠱之術詛咒孝文帝，這都是古代王朝帝王最不可忍耐的。於是孝文帝先將其幽於宮中，「猶以文明太后故，未便行廢。」〔註70〕太和二十三年（499年）三月，孝文帝在南征途中病重，為了防止幽皇后在他死後控制朝政，他乃令太子元恪赴魯陽繼位。此外，孝文帝還留下遺詔賜死皇后馮氏，並與其合葬於長陵。

宣武帝元恪繼位後，不僅迅速追尊生母高氏為文昭皇后，為她增修墳冢，號曰終寧陵；還派人找到了舅父，更追封業已逝世的外祖高颺為勃海公，以其嫡孫高猛襲爵；封舅父高肇為平原公、高顯為澄城公，更將舅父

〔註70〕《魏書》卷一三《皇后列傳·孝文幽皇后馮氏傳》，中華書局，1974年，第333頁。

高偃之女納入後宮，後又封為皇后。高氏家族也就此在「數日之間，富貴赫奕。」〔註71〕由是，高氏家族取代了馮氏家族，成為以外戚身份興起的北魏新貴。

第三節　胡太后的後宮策略

孝文帝的生母靈太后是馮太后的崇拜者和積極傚仿者，她在孝明帝繼位後，也仿照馮太后的做法，一方面提升自己家族在朝廷中的地位和權勢，另一方面也將家族或親屬家的女子送入皇宮，期待她們可以得寵，並憑此維繫自己家族的長盛不衰。

一、外戚與後宮並重

胡太后在孝明帝繼位後，迅速控制了朝權，為了提升家族門第，保持家族勢力的昌盛，她首先對家族成員授以官爵，從而使安定胡氏家族成為繼長樂馮氏、渤海高氏後興起的第三個外戚家族。

與長樂馮氏以罪臣家族興起、渤海高氏由東夷歸附不同，胡太后所在的安定胡氏家族在十六國時期就已經開始在相應的政權中任職，胡太后的曾祖胡略曾任職於前秦，其祖胡淵則在大夏任職，並在太武帝武力兼併大夏中「以降款之功，賜爵武始侯，後拜河州刺史。」〔註72〕其家族也由此以功臣進入北魏任職。

孝明帝繼位後，為了提升母家勢力，而以外祖胡國珍為光祿大夫。靈太后掌權後，更對母家大加封賞，迅速提升了胡氏家族的地位和權勢，並令「（胡）國珍與太師、高陽王雍，太傅、清河王懌，太保、廣平王懷，入居門下，同釐庶政。」〔註73〕作為胡國珍獨子的胡詳，也在父親逝世後襲爵。由於他與胡太后的血親關係，他並未按照孝文帝制定了爵位世襲例減邑的慣例，而是全部承襲了父親的爵位和封邑，並「歷位殿中尚書、中書監，改封東平郡公。」〔註74〕胡國珍的養子胡僧洗也「位中書監、侍中，改封濮陽郡公。」〔註75〕

〔註71〕《資治通鑑》卷一四二《齊紀八·東昏侯紀》永元元年條，中華書局，1956年，第4443頁。
〔註72〕《魏書》卷八三《外戚列傳下·胡國珍傳》，中華書局，1974年，第1833頁。
〔註73〕《魏書》卷八三《外戚列傳下·胡國珍傳》，中華書局，1974年，第1834頁。
〔註74〕《魏書》卷八三《外戚列傳下·胡國珍傳》，中華書局，1974年，第1834頁。
〔註75〕《魏書》卷八三《外戚列傳下·胡國珍傳》，中華書局，1974年，第1834頁。

胡太后的妹夫元叉更以鮮卑宗室遠親身份而深受信賴。《魏書》卷一六《道武七王列傳・京兆王黎傳附元叉傳》載：

> 世宗時，拜員外郎。靈太后臨朝，以叉妹夫，除通直散騎侍郎。叉妻封新平郡君，後遷馮翊郡君，拜女侍中。叉以此意勢日盛，尋遷散騎常侍、光祿少卿，領嘗食典御，轉光祿卿。……尋遷侍中，餘官如故，加領軍將軍。既在門下，兼總禁兵，深為靈太后所信委。

元叉在靈太后臨朝後，深得靈太后的信任，官職得到迅速提升，不僅擔任領軍將軍兼總禁兵，護衛著內庭的安全；還兼任內庭官職嘗食典御，保障著胡太后和孝文帝的飲食安全；更可以頻繁出入宮闈，活躍於胡太后母子身邊。胡太后集內外重要官職於元叉一身，也為他日後的宮廷變亂創造了機會。

在對家族男性成員提升官爵的同時，靈太后對家族中女性也進行了封授。《魏書》卷八三《外戚列傳下・胡國珍傳》載：

> 靈太后臨朝，加侍中，封安定郡公，給甲第，賜帛布綿谷奴婢車馬牛甚厚。追崇國珍妻皇甫氏為京兆郡君，置守冢十戶。……尋進位中書監、儀同三司，侍中如故，賞賜累萬，又賜絹歲八百匹，妻梁四百匹，男女姊妹兄弟各有差，皆極豐贍。

> 封國珍繼室梁氏為趙平郡君，元叉妻拜為女侍中，封新平郡君，又徙封馮翊君。國珍子祥妻長安縣公主，即清河王懌女也。

靈太后臨朝後，不僅對胡國珍的官爵進行了提升，追封生母為郡君，更將胡國珍的繼室以及妹妹都封為郡君。而後，她又再度將自己的生母由京兆郡君加封為秦太上君，而胡國珍死後也被追封為秦太上公。〔註76〕甚至連妹妹、妹夫元叉逝世的女兒，她也親自下詔追贈為鄉公主。胡太后對自己家族人員的封授，也是北魏歷代皇太后中封授人數最多、品級最高，也由此埋下了母子矛盾。

在婚姻方面，胡太后也積極促使家族成員與北魏宗室聯姻，但是由於其家庭成員較少，因而能夠參與聯姻者也只有她的同母妹妹和異母弟弟。其中她的同母妹出嫁時間應該與她入宮時間相差無幾，此時的胡氏家族只是一般官員家庭。

〔註76〕或是由於自孝文帝時期，去除了異姓封王之制，異姓的爵位以公最高，因而胡國珍最終也止於公爵，未能獲封王爵。

胡國珍雖然也承襲了父爵，並按照北魏例降的慣例為武始伯，但由於他並未擔任重要官職，加之胡太后入宮之初也並不得寵，無法為妹妹尋找到高門婚姻，因而胡國珍次女的聯姻對象也是北魏宗室遠親元乂。

元乂乃道武帝的五代孫。京兆王拓跋黎獨子拓跋跟根襲爵後，改封為江陽王，但其死後無子，「顯祖以南平王霄第二子繼為根後。」〔註77〕而元繼則是元乂的生父，二者從家世門和官爵都相當，因而締結了聯姻。

胡國珍與嫡妻皇甫氏無子，他先收養其兄真子胡僧洗為後。在皇甫氏死後，他又納繼室梁氏，生子胡詳。胡太后臨朝後，與元懌關係密切，進而造成了胡氏家族的聯姻對象大都是清河王元懌的家庭成員。《魏故侍中司徒公驃騎大將軍使持節定州刺史常山文恭王墓誌銘並序》載：

> 王諱邵，字子開，高祖孝文皇帝之孫，丞相清河文獻王之第二子也。……太妃南陽張氏。父道始，陽邑中都二縣令。王兄亶，字子亮，侍中車騎將軍清河王。姊胡氏，字孟蕤，長安長公主。妹司馬氏，字仲茜。妹盧氏，字季蔥。妃胡氏。父僧洗，侍中車騎大將軍儀同三司濮陽郡開國公。〔註78〕

根據《魏書》所載，「國珍子祥妻長安縣公主，即清河王懌女也。」〔註79〕胡國珍的養子胡僧洗之女「為清河王亶妃，生孝靜皇帝。」〔註80〕清河王元懌女的封號，《魏書》記載為長安縣公主，而《墓誌》記載為長安長公主。按照我國古代公主封號的慣例，皇帝的姊妹才可封為長公主，而元懌乃孝文帝子、孝明帝的叔父，其女並非皇女亦非孝明帝姊妹，自然不可封長公主，其封號應為「縣公主」。元懌長子元亶之妻乃胡國珍養子胡僧洗的女兒。墓主元邵乃清河王元懌的次子，其姊長安長公主嫁入了胡氏家族，常山王元邵妃胡氏，父為胡僧洗。史書記載胡國珍曾以兄胡真子胡僧洗為養子，胡僧洗與胡僧洗雖然關係不詳，但按照古代家族成員的名字習慣，一般都會採用相同的字或者文字部首相同，而二人的名字完全符合這兩個特徵，那麼二人應該為兄弟無疑。此外，在古代的家族過繼中，一般不會過繼長子，多數會以次子

〔註77〕《魏書》卷一六《道武七王列傳‧京兆王黎傳》，中華書局，1974年，第401頁。

〔註78〕趙超：《漢魏南北朝墓誌彙編》，《魏故侍中司徒公驃騎大將軍使持節定州刺史常山文恭王墓誌銘並序》，天津古籍出版社，2008年，第223頁。

〔註79〕《魏書》卷八三《外戚列傳下‧胡國珍傳》，中華書局，1974年，第1836頁。

〔註80〕《魏書》卷八三《外戚列傳下‧胡國珍傳》，中華書局，1974年，第1836頁。

或其他諸子進行過繼，如若二人為兄弟，那麼應該是胡僧洸為兄，胡僧洗為弟。從聯姻上看，胡詳妻為清河王元懌女，而胡僧洗女又嫁給了元懌子元亶，雙方姻親關係密切。但在元叉矯詔殺害元懌後，胡氏家族與北魏皇室間的關係破裂，胡太后家族與宗室的聯姻也隨之逐漸減少。

此外，元叉與胡太后妹的孩子，作為胡氏家族的近親屬也都與漢人高門世族聯姻。《魏故使持節侍中驃騎大將軍儀同三司尚書令冀州刺史江陽王元公之墓誌銘》載：

> 公諱叉，字伯俊，河南洛陽人也。道武皇帝之玄孫。太師京兆王之世子。……妃安定胡氏。父珍，相國太上秦公。息亮，字休明，年十一，平原郡開國公。息妻范陽盧氏。父聿，駙馬都尉太尉司馬。息穎，字稚舒，年十五，秘書郎中。舒妻清河崔氏。父休，尚書僕射。女僧兒，年十七，適琅琊王子建。父散騎常侍濟州刺史。〔註81〕

從聯姻對象上看，元叉諸子女的聯姻對象分別出自范陽盧氏、清河崔氏以及琅琊王氏等北魏世族高門，這也是胡太后的提升門第思想以及與元叉自身在北魏朝堂作用日益顯著有關。

二、遠親的推介與冊立

在維持家族勢力方面，胡太后也選擇了與馮太后相同的方式，將姪女送到皇帝身邊，並通過幫助她們冊封為皇后或高等級的嬪妃，來提升和維繫家族門第，其目的在於即便在皇帝逝世後，其家族女性仍可以憑藉皇后的身份與新君共掌朝政，實現家族的昌盛不衰。

與馮太后不同的是，胡太后的家族中人丁遠沒有馮太后家族興旺，雖然馮太后和胡太后都只有一個兄弟，且都與北魏公主聯姻。但不同的是，馮太后兄馮熙的子女較多，他共有四子八女十二個孩子，且都順利成年，並參與到家族聯姻之中，因而馮太后在將家族成員送入皇宮時，也有較大的選擇空間和餘地。而胡太后弟胡詳的子嗣情況不詳，甚至極有可能他並無子女。只有胡國珍的養子胡僧洗有一子胡寧，但胡寧卻只有一子一女，其女或是由於年齡與孝明帝相差較大，雖然她與胡太后有著近親的血緣關係，卻並未

〔註81〕趙超：《漢魏南北朝墓誌彙編》，《魏故使持節侍中驃騎大將軍儀同三司尚書令冀州刺史江陽王元公之墓誌銘》，天津古籍出版社，2008年，第181頁。

被胡太后送入皇宮。在家族女性成員人數較少的情況下，胡太后只能從遠親家庭中選擇適齡的女性送入皇宮。《魏書》卷一三《皇后列傳·孝明皇后胡氏傳》載：

> 孝明皇后胡氏，靈太后從兄冀州刺史盛之女。靈太后欲榮重門族，故立為皇后。蕭宗頗有酒德，專嬖充華潘氏，后及嬪御，並無過寵。……武泰初，后既入道，遂居於瑤光寺。

《魏故胡昭儀墓誌銘》又載：

> 昭儀諱明相，安定臨涇人也。……聖朝散騎常侍征虜將軍使持節豫州刺史誕之曾孫。散騎常侍征西將軍金紫光祿大夫使持節岐雍二州刺史高平侯洪之孫。散騎常侍征虜將軍都督并州諸軍事使持節并州刺史陰槃伯樂世之女。宣武皇帝崇訓皇太后之從姪。……春秋十有九，以孝昌三年歲在丁未，四月癸巳朔，十九日辛亥薨於建始殿。越五月廿三日，遷窆於西陵。〔註82〕

胡太后送入孝明帝後宮中的姪女共有兩位，分別是堂兄胡盛之女和家族遠親胡樂世之女，但她們都不得孝明帝寵愛。為了實現家族成員繼續掌控後宮的目的，胡太后還是對她們在後宮中的位份進行了安排。

北魏後宮經過了孝文帝漢化改革，已經在實際上廢棄了「手鑄金人」立后的制度，此時的皇后選拔一般按照皇帝的喜愛程度為重要的考量指標，但從史書記載中看，孝明帝「專嬖充華潘氏，後及嬪御，並無過寵。」〔註83〕此時的北魏後宮全權由胡太后所掌控，從兄胡盛的女兒由於與她的血緣關係最近而被冊封為皇后，胡樂世的女兒作為家族遠親也被封為了嬪妃中地位最高的左昭儀。那麼，胡太后的姪女被冊立為皇后以及嬪妃中地位最高的左昭儀，自然不是由孝明帝的喜好決定，而只是胡太后出於興盛家族勢力考量而強迫孝明帝冊立的。

由於此時孝文帝專寵潘嬪，為了防止孝明帝由於專寵而出現廢后，或者提升潘氏家族地位而危害胡氏家族利益，胡太后也曾積極為孝明帝擴充後宮，甚至期待孝明帝長子降生後，可以由她自己或是她的姪女、皇后胡氏所撫養，用以維繫家族地位和權力。《魏書》卷九四《閹官列傳·張祐附張慶傳》：

〔註82〕趙超：《漢魏南北朝墓誌彙編》，天津古籍出版社，2008年，第209頁。
〔註83〕《魏書》卷一三《皇后列傳·孝明皇后胡氏傳》，中華書局，1974年，第340頁。

神龜二年冬，靈太后為肅宗採名家女，慶女入充世婦，未幾為嬪，即又甥也。

《魏書》卷一三《皇后列傳・孝明皇后胡氏傳》：

太后為肅宗選納，抑屈人流。時博陵崔孝芬、范陽盧道約、隴西李瓚等女，但為世婦。諸人訴訟，咸見忿責。

張祐是北魏後宮的閹官，深得孝文帝與文明太后的信任，身居高官並得封爵位。但張祐死後，其家勢便已經衰落。張祐養子張慶妻為江陽王元繼之女，元繼長子元叉為胡太后的妹夫，張慶女也就以元叉的外甥女的身份，成為了胡氏外戚集團的遠親，並與陵崔孝芬、范陽盧道約、隴西李瓚等人的女兒一道作為名家女而選入皇宮。由於張慶並非門閥世族家庭，但其女進宮後卻與選自門閥世族之家的女子一同被封為世婦，後又從世婦進封為嬪，而門閥家族的女子卻僅為世婦，沒能被進封為嬪，這自然引起了門閥制度維護者的不滿，從而出現「諸人訴，訟咸見忿責」的現象。〔註84〕

三、世家女子擴充後宮

此外，出於擴充後宮以及穩固統治的需要，胡太后也非常注重從鮮卑貴族之家選納嬪妃，尒朱榮之女也就由此進入北魏後宮，成為孝明帝後宮嬪妃。《北史》卷四八《尒朱榮列傳》載：

尒朱榮字天寶，北秀容人也。世為部落酋帥，其先居尒朱川，因為氏焉。

正光中，四……以討賊功，進封博陵郡公，其梁郡前爵聽賜弟二子。……自是兵威漸盛，朝廷亦不能罪責。

榮女先為明帝嬪，欲上立為后，帝疑未決。

尒朱榮乃北魏六鎮地區的鮮卑酋帥家族，其自身不僅有著極強的軍事實力，更在當地極有威望。作為鮮卑勢力盤踞地帶鮮卑貴族代表，尒朱榮的女兒也被選入皇宮。她的入宮不僅是胡太后擴充後宮的需要，更是胡太后籠絡北鎮鮮卑領袖的重要手段。

此外，胡太后還為孝明帝從民間直接選納嬪妃。北魏前期和中期，皇帝

〔註84〕昭儀之下的嬪妃應為夫人，但從目前獲知的文獻材料和出土資料看，孝文帝朝並沒有冊封這一等級的嬪妃，由是嬪也就成為實際意義上低於昭儀的嬪妃。

都有過大規模從民間選納女子進入皇宮的行為，但自宣武帝時期開始，隨著北魏政治的動盪，從民間選納女子進入皇宮的現象已經極少出現。根據史書的記載，僅孝明帝時期有過一例。《魏書》卷一一三《靈徵志上‧人疴》載：

> 肅宗熙平二年十一月己未，并州表送祁縣民韓僧真女令姬從母右脅而生。靈太后令付掖庭。

《魏書》卷一一四《釋老志》：

> 所謂佛者，本號釋迦文者，譯言能仁，謂德充道備，堪濟萬物也。……初，釋迦於四月八日夜，從母右脅而生。

由於韓僧真之女與佛教典籍中記載的佛祖釋迦摩尼一樣「從母右脅而生」，篤信佛教的胡太后認為韓氏是佛教吉祥的象徵而將其選入後宮。韓氏被選入皇宮並非靈太后延續前代皇帝，從民間選納民女為嬪妃的做法，而是靈太后認為韓氏是吉祥之人才破例將其納入後宮的。

　　皇太后對後宮的掌控一般發生於政權穩固時期，其目的是為了維繫自身家族在北魏社會中的地位和特權，防止在自己逝世後，皇帝提升寵妃家族勢力，而使自己家族面臨威脅。皇太后掌控後宮的手段一般表現為將自己集團或家族成員送入宮廷，並幫助她們成為獲取皇帝的寵愛，更重要的是通過寵愛而獲封皇后以及高等級嬪妃。皇太后對後宮的掌控一般也會遭到皇帝的抵制，這中間也夾雜著後宮中皇太后與皇后之間的權力爭奪，其本質上則是對朝堂權力的控制。

第六章　皇太后與皇帝間的繼位之爭

　　由於受到鮮卑族女性持家、參政傳統的影響，北魏皇太后也有著極強的參政意願，這也使后權與皇權之間的矛盾表現的較為激烈。皇太后與皇帝之間的權力爭奪，自北魏建國之初就已經出現，一直伴隨著北魏歷史的演進而存在。后權與皇權的競爭，在北魏不僅持續時間較長，而且影響也較大，其實質在於對朝政的控制。

第一節　祁氏對部帥傳承的掌控

　　祁氏是部落聯盟時代拓跋部部帥拓跋猗㐌的妻子，在其母族的幫助和參與下，她的三個兒子都曾繼任部帥，祁氏不僅多次以部帥生母的身份，直接管轄部落事務，更多次參與部帥的傳承。對部落制時代，部帥的「兄終弟及」傳承方式的形成和延續起到了重要作用。北魏建國後，道武帝追封拓跋猗盧為帝，祁氏也被追封為皇后。可以說，祁氏是拓跋部歷史上第一位直接參與皇位繼承的皇后。

一、長子、長孫繼任部帥

　　拓跋部落聯盟的建立者拓跋力微，不僅統一了已經分裂的拓跋部、吞併了勢力龐大的沒鹿回部，更由於對外作戰的勝利，使其在位期間，「控弦上馬二十餘萬」〔註1〕。由是「遠近肅然，莫不震懾」〔註2〕。他也仿傚檀石槐的

〔註1〕　《魏書》卷一《序紀・神元帝紀》，中華書局，1974年，第3頁。
〔註2〕　《魏書》卷一《序紀・神元帝紀》，中華書局，1974年，第3頁。

做法，建立了以拓跋部為中心的部落聯盟，並率領該部落聯盟，向王國體制
邁進。

　　拓跋力微死後，部帥之位凡四傳，歷十七年，由拓跋力微子拓跋祿官繼
任。此時的拓跋部由於頻繁的部帥更迭，部落中一直存在著其他繼任者的威
脅。拓跋祿官雖然繼任部帥，但卻無力獨掌部落，於是他將部落一分為三：
拓跋祿官自己執掌「在上谷北，濡源之西，東接宇文部」〔註3〕的一部；以拓
跋力微孫、沙漠汗子拓跋猗盧統一部，「居代郡之參合陂北」〔註4〕；以拓跋
猗㐌另統一部，「居定襄之盛樂故城」〔註5〕。自此，祿官居東、猗盧居西、
猗㐌偏北，各自進行對外擴張。《魏書》卷一《序紀》記載：

　　　　元年，（猗盧）始出并州，遷雜胡北徙雲中、五原、朔方。又西
　　渡河擊匈奴、烏桓諸部。自杏城以北八十里，迄長城原，夾道立碣，
　　與晉分界。

　　　　三年，（猗㐌）度漠北巡，因西略諸國。

　　　　七年，（猗㐌）至自西略，諸降附者二十餘國。凡積五歲，今始
　　東還。

拓跋猗盧「善用兵，西擊匈奴、烏桓諸部，皆破之」〔註6〕，征服了盤踞在黃
河一帶的匈奴、烏桓部落。拓跋猗㐌則「度漠北巡，因西略諸國」〔註7〕，用
十餘年的時間，「降附者二十餘國」〔註8〕，「並與（司馬）騰盟於汾東而還。」
〔註9〕至此，經過了三位部帥的不斷對外擴張，拓跋鮮卑部落聯盟不僅得到
了周邊部落的承認，實力得以恢復。

　　拓跋祿官十一年（西晉永興二年，305年），拓跋猗㐌逝世；十三年（西
晉永嘉元年，307年），拓跋祿官逝世；在他們二人先後逝世後，拓跋猗盧
「遂總攝三部，以為一統。」至此，拓跋部再度統一，不僅實力得以迅速提
升，勢力範圍也有所擴大。

〔註3〕《魏書》卷一《序紀‧神元帝紀》，中華書局，1974年，第5頁。
〔註4〕《魏書》卷一《序紀‧神元帝紀》，中華書局，1974年，第5頁。
〔註5〕《魏書》卷一《序紀‧神元帝紀》，中華書局，1974年，第5頁。
〔註6〕《資治通鑒》卷八二《晉紀四》惠帝元康五年條，中華書局，1956年，第2614頁。
〔註7〕《魏書》卷一《序紀‧昭帝紀》，中華書局，1974年，第5頁。
〔註8〕《魏書》卷一《序紀‧昭帝紀》，中華書局，1974年，第5頁。
〔註9〕《魏書》卷一《序紀‧昭帝紀》，中華書局，1974年，第5頁。

　　六年後，拓跋猗盧不僅築「盛樂以為北都，修故平城以為南都。」〔註10〕還在「灅水之陽黃瓜堆，築新平城，晉人謂之小平城。」〔註11〕自此，在拓跋部歷史上首次出現了固定的都城，但此時部落聯盟仍然沿襲著游牧民族的生活傳統，拓跋猗盧乃率部游牧遷徙於三城之間。在穩定和鞏固了部落聯盟的勢力範圍後，拓跋猗盧開始著手對部落聯盟進行封建化變革。

　　拓跋猗盧的興建都城以及封建化變革都觸動了部落酋帥和依附於他們的氏族貴族的利益，他們開始聯合起來對猗盧的變革進行抵制。猗盧為了繼續推行變革，也對這些反對勢力大肆鎮壓，雙方的矛盾愈演愈烈。及至猗盧晚年，拓跋部落聯盟已經分裂為以猗盧長子六修為代表的新人派和以猗㐌子拓跋普根為代表的舊部派。其中新人派是拓跋猗盧變革的堅定支持者和擁護者，而舊部派則拒絕變革，希望維持鬆散的部落聯盟。不久，拓跋猗盧又由於處理部帥繼承問題不當而引發了矛盾，導致新人派的分裂，並最終造成變革計劃的流產。

　　猗盧晚年寵愛幼子比延並意圖傳位於他，於是他在修建新平城後，任命長子六修為南部部帥，率部鎮守新平城，並軟禁了六修之母，其用意在於使六修失去母族的支撐而無力與比延爭奪部帥之位。

　　拓跋猗盧統部九年（西晉建興四年，316年），六修、比延兄弟的部帥繼承矛盾最終演化為部落戰爭，拓跋猗盧及幼子拓跋比延為長子拓跋六修所殺，此時「普根先守外境，聞難來赴，攻六修，滅之。」〔註12〕拓跋普根隨後繼任部帥。新人派在內部鬥爭中消耗了自身力量，舊部派則取得了最終的勝利，新人派領袖「衛雄、姬澹率晉人及烏丸三百餘家，隨劉遵南奔并州」〔註13〕。自此，拓跋部落聯盟「國內大亂，新舊猜嫌，迭相誅戮」〔註14〕，部落聯盟實力有所衰落。

　　在部落制時代鮮卑部帥的權力傳承中，一般會依靠母族勢力參與部帥爭奪，母族勢力的強弱也成為他們能否繼任部帥的關鍵，如拓跋力微就曾借助母族勢力而繼任部帥，拓跋什翼犍則在母族支持下將拓跋部落聯盟發展為代國，拓跋珪也在母族賀蘭部的幫助下繼任代王。拓跋普根能順利平定拓跋六

〔註10〕　《魏書》卷一《序紀·穆帝紀》，中華書局，1974年，第8頁。
〔註11〕　《魏書》卷一《序紀·神元帝紀》，中華書局，1974年，第8頁。
〔註12〕　《魏書》卷一《序紀·神元帝紀》，中華書局，1974年，第8頁。
〔註13〕　《魏書》卷一《序紀·神元帝紀》，中華書局，1974年，第8頁。
〔註14〕　《魏書》卷二三《衛操列傳》，中華書局，1974年，第602頁。

修的政變，一方面是他們父子在戰爭中消耗了自身的軍事實力，而另一方面則是拓跋普根母族在其平叛中發揮了巨大的作用。田餘慶先生根據祁氏主政後依賴的外力：即東方的宇文部和慕容部，〔註15〕推斷祁氏很可能出自廣寧烏桓。

　　按照鮮卑部帥繼任傳統，依靠母族勢力繼任的部帥，其母親一般都會在他繼任參與部落政務，甚至很多時候會成為部落的實際執掌者。拓跋普根繼任後，其母祁氏與其同掌部落，他們開始著手恢復由於戰爭而造成的部落勢力。但普根繼任僅月餘就逝世，此時部落的實際控制者是拓跋普根的母親祁氏。其時，「普根子始生，桓帝後立之。」〔註16〕為了便於自己繼續控制部落，祁氏乃冊立普根剛剛出生的兒子為部帥。但不足一年，普根子又薨。此後，部帥之位為猗盧孫拓跋郁律所取得。

二、推翻部帥冊立新主

　　拓跋猗㐌死後，其妻祁氏幫助她跟猗㐌的長子拓跋普根和長孫（普根子，名不詳）先後取得部帥之位。二人相繼去世後，部帥之位傳入拓跋郁律之手。拓跋郁律母族不詳，但根據史書記載可知他共有兩位妻子，分別是出自鮮卑賀蘭部的賀氏與出自廣寧烏桓的王氏。那麼，他能夠順利從祁氏手中奪回部帥之位，其支持者必然來自妻族。至於他是在賀蘭部還是王氏家族，亦或是二者共同的支持下奪取的政權，史書沒有明確記載，暫不可考。

　　拓跋郁律在任期間卓有建樹，他「西兼烏孫故地，東吞勿吉以西，控弦上馬，將有百萬。」〔註17〕再度復興並提升了拓跋鮮卑部落聯盟的勢力。隨著拓跋郁律的勢力和聲望不斷的提升，祁氏擔心他繼續統部對會對自己的兒子造成威脅，為了迅速將自己的其他兩個兒子推上部帥之位，祁氏暗害了拓跋郁律及支持他的數十位部落大人，扶植自己的另外兩個兒子拓跋賀傉、拓跋紇那先後繼任部帥，她自己則一直控制著部落的大權，一度使部落聯盟被稱為「女國」。她還「以諸部人情未悉款順，乃築城於東木根山，徙都之。」〔註18〕其根本目的也是脫離拓跋郁律及其支持者勢力盤踞地帶，為了自己和兩個兒子持續控制部落，尋找和發展自己的勢力基礎。

〔註15〕田餘慶：《拓跋史探》，生活‧讀書‧新知三聯書店，2011 年，第 20 頁。
〔註16〕《魏書》卷一《序紀‧神元帝紀》，中華書局，1974 年，第 8 頁。
〔註17〕《魏書》卷一《序紀‧穆帝紀》，中華書局，1974 年，第 9 頁。
〔註18〕《魏書》卷一《序紀‧惠帝紀》，中華書局，1974 年，第 10 頁。

拓跋猗㐌與祁氏共有三子，長子拓跋普根，次子拓跋賀傉，三子拓跋紇那。其中拓跋普根繼位前也多有戰功，有著較高的部落威望，他在拓跋猗盧晚年的部落變亂中，以軍事力量平亂並繼位。但可惜的是，他僅在位一月就逝世。在他擔任部帥時，祁氏作為他的母親和支持者，也開始參與部落的事務。而後，祁氏又聯合母族，幫助次子拓跋賀傉繼任部帥，她也在兒子繼任後完全主導了部落事務，以致拓跋賀傉在位期間建樹不多，僅僅實現了率部遷都於木根山，而這應該也是祁氏的意圖。

拓跋賀傉在位五年而亡，為了能繼續執掌部落聯盟的最高權力，祁氏又將自己的幼子拓跋紇那推上了部帥之位。但在他繼位後不久，祁氏便逝世，而此時的部落聯盟也面臨了嚴重的內憂外患。就外部環境而言，「石勒遣石虎率騎五千來寇邊部，帝御之於句注陘北，不利，遷於大寧。」〔註19〕與後趙作戰的失敗，不僅造成了部帥軍事實力的削弱，也降低了拓跋紇那的威信。

與此同時，拓跋郁律外逃的兒子也對他的統治造成了威脅。拓跋郁律的兩個兒子在他死後，為了逃避祁氏母子的迫害而外逃。其中拓跋郁律的長子拓跋翳槐逃往了外家賀蘭部，次子拓跋什翼犍則在母親王氏的幫助下，逃往母家廣寧烏桓。

拓跋翳槐的母族賀蘭部在拓跋部落聯盟中的實力和地位僅次於拓跋部，他在依附母族後，得到了母族的支持，而此時的拓跋紇那則在母親祁氏逝世後，失去了母族的全力支持，加之他又沒有強大的妻族支撐，面對拓跋翳槐和賀蘭部的威脅，拓跋紇那能夠依靠的只有與母親聯繫緊密的宇文部。《魏書》卷一《序紀‧煬帝紀》載：

> 三年，石勒遣石虎率騎五千來寇邊部，帝御之於句注陘北，不利，遷於大寧。時烈帝居於舅賀蘭部，帝遣使求之。賀蘭部帥藹頭，擁護不遣。帝怒，召宇文部，並勢擊藹頭。宇文眾敗，帝還大寧。

> 五年，帝出居於宇文部。賀蘭及諸部大人共立烈帝。

無論是在征討賀蘭部，還是被推翻後的去向，拓跋紇那依靠的都是宇文部，足以說明這一時期的他已經喪失了拓跋本部的支持，這也應該是由於祁氏直接出面掌控部落，打破了以往部帥生母在幕後參與部落事務的慣例，從而引

〔註19〕《魏書》卷一《序紀‧煬帝紀》，中華書局，1974年，第10頁。

發了部落貴族的不滿，導致他們母子失去了部落核心力量的支持。賀蘭部作為部落聯盟中勢力較大部落，則是拓跋部最主要、最密切的盟友，拓跋本部自然不會輕易與之為敵，拓跋紇那的結局在祁氏死時就已經注定。

此後，拓跋郁律的長子翳槐在以母族賀蘭部為首的諸部大人的擁戴下，順利的取得了部落大權，但他也僅掌部一年而崩，其異母弟拓跋什翼犍又在母族廣寧烏桓的支持下回部繼位〔註20〕，並建立起了拓跋鮮卑歷史上的第一個政權──代國。

第二節　賀太后與道武帝的皇儲之爭

道武帝拓跋珪是北魏的建立者，他在位期間致力於改變鮮卑族長期以來的「兄終弟及」與「父死子繼」相交織的權力繼承模式，實現皇位的父子相承和平穩過渡，這種傳承模式的轉變最終導致了賀太后與道武帝母子關係的破裂，並引發了鮮卑部落勢力的反撲，北魏在建國後首次面臨最嚴峻的內外交困局面。

一、鮮卑傳統繼位模式

鮮卑族本是東胡部落聯盟成員，東胡部落聯盟被匈奴打敗而解體後，鮮卑從中分離出來，並發展成為一個獨立的民族。西漢時期，匈奴在漢朝政府和周邊民族的聯合打擊下分裂，並遷出了統治區，鮮卑族則乘機南下佔據了原匈奴故地，建立起了部落軍事大聯盟。此時的鮮卑部落剛剛脫離母系氏族不久，部落外婚是當時鮮卑部落中的主要婚姻形式。在這一婚姻體制下，鮮卑部落中的男性成員都是本部落出生者，而他們的妻子和母親則都來自其他部。如若這些來自其他部落的女性被殺或出現意外，很容易造成其母族部落的報復，於是部落中以約法規定：「其自殺父兄則無罪」〔註21〕。這一約法的出發點是根據「母有族類，父兄以己為種，無復報者」〔註22〕，目的在於避

〔註20〕北魏建立後，賀蘭部與烏桓王氏同樣有著較高的地位，雖然王氏著力將賀蘭部的勢力排斥於權力繼承外，但隨著拓跋什翼犍與賀蘭部的聯姻，賀蘭部的勢力再度影響著部落權力的傳承，其對拓跋權力傳承的影響遠大於烏桓王氏。

〔註21〕《後漢書》卷九○《烏桓鮮卑列傳·烏桓傳》，中華書局，1965 年，第 2979頁。

〔註22〕《三國志》卷三○《烏桓鮮卑東夷列傳·烏桓傳》注引《魏書》，中華書局，1959 年，第 832 頁。

免母族部落因本部成員被殺而發動部落戰爭，但約法也在客觀上也造成鮮卑婦女在部落和家庭內有著極高的社會地位。

在早期的鮮卑部落中，部帥不過是一種「部落職務」，部落權力歸屬全體部民，這一時期鮮卑族的社會結構為部落——邑落二級制，由全體部民「推募勇健能理決鬥訟相侵者為大人，邑落各有小帥，不世繼也。」〔註23〕南遷匈奴故地後，鮮卑部落與當地的匈奴、高車部落逐漸融合，並建立起了部落軍事大聯盟，鮮卑族的社會結構變為部落聯盟——部落——邑落三級制，部落大人的權力也逐漸擴大。他們不僅能夠主宰部落事物，還可以通過分部大人，統管整個部落聯盟事宜。隨著部落勢力的不斷擴大，部落大人逐漸產生了皇權化傾向，最終形成「自檀石槐後，諸大人遂世相傳襲。」〔註24〕並最終造就了部落大人以「兄終弟及」與「父死子繼」共存的世襲傳承模式。

由於這一時期鮮卑部帥的妻妾「惟以次第為稱」〔註25〕，部帥諸子也並無嫡庶之分，在任部帥的兄弟和子侄都擁有著同等的繼承權，母族勢力的強弱就成為他們繼任與否的決定性因素，如拓跋沙漠汗有二位妻子封氏與蘭氏。其中封氏出自鮮卑是賁部〔註26〕，乃拓跋猗㐌、拓跋猗盧二人之母；蘭氏出自匈奴蘭部〔註27〕，為拓跋弗之母。當沙漠汗三個兒子與叔父們進行部落帥爭奪之時，封氏已死，拓跋猗㐌、拓跋猗盧兄弟就此失去了母族部落的支持，而此時蘭氏尚存，匈奴蘭部就成為拓跋弗參與部帥爭奪的主要依靠。在蘭部的幫助下，拓跋弗在拓跋綽死後，順利取得了部帥之權。在幫助繼任者取得部帥之位後，部帥的母親和母族也會憑藉功績影響或控制部落權力，有時甚至會出現部帥母親直接控制部落的局面，如拓跋猗㐌妻祁氏借助母家廣寧烏桓勢力先後扶植自己的三個兒子拓跋普根、拓跋賀傉和拓跋紇那先後繼任部帥，他們繼任後卻「未親政事，太后臨朝」〔註28〕，一度使部落聯盟有了「女國」之稱。

祁氏死後，拓跋紇那的統治也隨即被推翻，他也逃往了慕容部，拓跋郁

〔註23〕《三國志》卷三〇《烏桓鮮卑東夷列傳‧烏桓傳》，中華書局，1964年，第832頁。

〔註24〕《後漢書》卷九〇《烏桓鮮卑列傳‧烏桓傳》，中華書局，1965年，第2994頁。

〔註25〕《魏書》卷一三《皇后列傳》，中華書局，1974年，第321頁。

〔註26〕《魏書》卷一一三《官氏志》，中華書局，1974年，第3007頁。

〔註27〕《後漢書》卷八九《南匈奴列傳》，中華書局，1965年，第2945頁。

〔註28〕《魏書》卷一《序記‧惠帝紀》，中華書局，1974年，第10頁。

律的兒子拓跋翳槐則在以母族賀蘭部為首的諸部大人的擁戴下，順利的取得了部落大權。但他僅在位一年而崩，其異母弟拓跋什翼犍在母族廣寧烏桓的支持下回部繼位〔註29〕，並建立起了拓跋鮮卑歷史上的第一個政權——代國。此後，部落權力開始在什翼犍子孫中傳承。

二、皇儲之爭的爆發

東晉十六國時期，鮮卑拓跋部建立起了部落聯盟，後又在部落聯盟基礎上建立了代國政權。但不久代國就在十六國的混戰中為前秦所滅，代王拓跋什翼犍的長孫拓跋珪收集拓跋部殘餘勢力，在母親賀氏和賀蘭部的幫助和支持下繼任部帥，後又於登國元年（386年）稱代王，恢復代國政權。皇始元年（398年），拓跋珪稱帝，改國號為魏，世稱北魏。

拓跋珪建國後著力於穩固內外政局。為了鞏固與原部落聯盟中部落的關係，他與這些部落締結了聯姻關係，這些來自加盟部落的女子與道武帝所生的兒子就成為皇位的有力競爭者。在道武帝十個兒子中，母族背景清晰者共有六位，包括「宣穆劉皇后生明元皇帝，賀夫人生清河王紹，大王夫人生陽平王熙，王夫人生河南王曜……段夫人生廣平王連、京兆王黎。」〔註30〕其中宣穆皇后劉氏來自獨孤部、賀夫人來自賀蘭部、大王夫人和王夫人均來自烏桓王氏家族、而段夫人則出自鮮卑段部，這四個部落或家族就成為道武帝兒子爭奪皇位的依靠。有如此多的兒子可以繼任帝位，道武帝自然想要通過「父死子繼」的方式實現皇位傳承，從而保證皇位為自己的直系後裔所獨享。但在傳統的鮮卑族的權力傳承中，「兄終弟及」與「父死子繼」兩種方式長期共存。這兩種方式比較來說，「兄終弟及」的權力傳承模式更為鮮卑貴族所接受。拓跋珪在建國過程中，其母賀氏及賀蘭部是他的主要支持者。代國建立後，賀氏利用自己的影響力左右著朝政。為了在道武帝退位後繼續維繫她本人及賀蘭部的特權，賀氏也想要效法部落聯盟時代部帥拓跋猗㐌妻祁氏那樣，使自己的其他兒子繼任，實現太后臨朝、母族掌權的政治格局。

其時，鮮卑族中烝報婚盛行。道武帝的父親拓跋寔乃拓跋什翼犍長子和

〔註29〕北魏建立後，賀蘭部與烏桓王氏同樣有著較高的地位，雖然王氏著力將賀蘭部的勢力排斥於權力繼承外，但隨著拓跋什翼犍與賀蘭部的聯姻，賀蘭部的勢力再度影響著部落權力的傳承，其對拓跋權力傳承的影響遠大於烏桓王氏。

〔註30〕《魏書》卷一六《道武七王列傳》，中華書局，1974年，第389頁。

繼承人，但他卻在政變中為救父親而被殺，賀氏則懷著拓跋寔的遺腹子為跋什翼犍所收繼，並與之生下少子拓跋觚。〔註31〕因而，拓跋觚若按母系言為道武帝之弟，若按父系言則為道武從父〔註32〕，加之他又極受賀氏寵愛，這也使他成為道武帝皇位傳承中的有力競爭者。

　　隨著道武帝諸子的先後出生，就皇位繼承問題，道武帝母子間的關係變得異常緊張。道武帝致力於擺脫母親及母族的掣肘，意圖以長子拓跋嗣繼位，將「父死子繼」的權力傳承模式加以固定。道武帝的母親獻明皇后賀氏則意欲使他傳位於幼弟、秦王拓跋觚，繼續維持鮮卑傳統的「兄終弟及」的權力傳承模式，自己則可以繼續影響朝政，並為母族部落獲取更大的利益。北魏皇權傳承模式間的糾葛，直接表現為道武帝拓跋珪和其生母獻明皇后賀氏間的矛盾。

　　道武帝晚年的權力傳承中著力要解決兩個問題，一是擺脫母族對皇權的干涉，實現皇權的父子相承接；二是防止兄弟間為爭奪繼承權而進行的戰爭。賀氏在北魏朝中的勢力，使道武帝意識到無法徹底抑制母親賀氏對皇權傳承的干涉，為了避免在自己死後，北魏皇權傳承過程中發生戰爭，他只能先從繼位者身上著手解決這一問題。《魏書》卷一三《皇后列傳·獻明皇后賀氏傳》載：

　　　　后少子秦王觚使於燕，慕容垂止之。后以觚不返，憂念寢疾，
　　皇始元年崩，時年四十六，祔葬於盛樂金陵。

為了實現皇權的順利過渡，避免因為皇權傳承而爆發戰爭，道武帝借後燕之手，殺害幼弟拓跋觚，解除了他對皇權的威脅，並使母親賀氏抑鬱而終。同年，道武帝改國號為魏，徹底宣告擺脫母權控制的新政權的誕生。

三、皇權之爭的解決

　　排除了母權對皇位傳承的掣肘後，道武帝便著手將皇位順利傳遞給兒子做準備。在選擇繼承者中，道武帝借鑒了中原政權「嫡長子繼承制」的傳承方式，以「明睿寬毅，非禮不動」〔註33〕的長子拓跋嗣作為繼任者的首選。

〔註31〕李憑先生認為，賀氏帶著拓跋珪先嫁給了拓跋什翼犍，代國滅亡後，她都帶著拓跋珪再嫁拓跋寔的弟弟拓跋翰，並先後生下拓跋儀、拓跋烈和拓跋觚三子。李憑：《北魏平城時代》，上海古籍出版社，2014 年。
〔註32〕田餘慶：《拓跋史探》，生活·讀書·新知三聯書店，2003 年，第 48 頁。
〔註33〕《魏書》卷三《明元帝紀》，中華書局，1974 年，第 49 頁。

天興六年（403 年），道武帝冊封長子拓跋嗣為齊王、相國並加封車騎大將軍，使他逐步接觸國家的軍政事務，拓跋嗣也由此成為北魏實際意義上的第一位皇儲〔註34〕，為順利實現權力過渡做著準備。

鮮卑族長期以來一直有著「母強子立」的權力傳承傳統，母族的實力和背景成為繼任者能否繼任的重要決定因素，如拓跋力微死後，其孫拓跋弗首先繼位，而後部帥之位又轉入拓跋力微子拓跋祿官，復再由拓跋沙漠汗的另外兩個兒子拓跋猗㐌、拓跋猗盧所取得。若按照世系輩分來看，應該是拓跋力微子首先繼位，但是拓跋力微孫卻打破了這一繼位次序，先於叔父繼任，這必然與他們背後的支持力量有關。根據史書記載，拓跋弗乃拓跋力微繼承人拓跋沙漠汗子，拓跋沙漠汗雖然有「國太子」的地位，但卻沒有真正繼任，便由於拓跋力微誤信讒言而被殺害。拓跋弗的母族蘭氏乃匈奴「國中名族，常與單于婚姻。」〔註35〕「主斷獄聽訟，當決輕重」〔註36〕，有著極高的社會地位和政治影響力。鮮卑佔據匈奴故地後，留居於此的匈奴部落均自號鮮卑，並與鮮卑部落通婚，蘭部作為匈奴貴族，與鮮卑部帥家族聯姻也在情理之中，匈奴蘭部作為拓跋弗母族，更在他與諸叔伯的部帥繼承戰中發揮了重要的作用，成為他繼任部帥的重要依靠。

由於有著母族勢力為依靠，部帥爭奪戰一般都會在前任部帥逝世後爆發，戰爭不僅會造成部落民眾的傷害，削弱部落的戰鬥力，有時甚至還會造成部落聯盟的徹底瓦解。道武帝為了消弭兄弟間為皇權進行戰爭的可能性，實現部落權力的平穩過渡，首先就要瓦解作為他們依靠的母族勢力，改變鮮卑族中長期存在的「母強子立」的傳承模式以及這種模式所帶來的「母權干政」的結果，達到「不令婦人后與國政，使外家為亂。」〔註37〕的目的。

道武帝首先通過「離散諸部，分土定居，不聽遷徙，其君長大人皆同編戶。」〔註38〕的方式將部落體制完全消化與皇權控制之下，但此時的鮮卑部民卻仍然保持著聚居狀態，「離散部落」也只是削弱了部帥對部民的控制力，

〔註34〕 此時北魏尚無皇太子制度，拓跋嗣雖然沒有皇太子之名，卻實際上行使者皇太子的權力。他繼位後，才最終確立了皇太子制度，太武帝拓跋燾也由此成為北魏歷史上第一位皇太子。

〔註35〕 《後漢書》卷八九《南匈奴列傳》，中華書局，1965 年，第 2944～2945 頁。

〔註36〕 《後漢書》卷八九《南匈奴列傳》，中華書局，1965 年，第 2945 頁。

〔註37〕 《魏書》卷三《明元帝紀》，中華書局，1974 年，第 49 頁。

〔註38〕 《魏書》卷八三《外戚列傳·賀訥傳》，中華書局，1974 年，第 1812 頁。

部落體制的影響在短時間內卻不能徹底消除。於是他仿照漢武帝的做法，制定了「後宮產子將為儲貳，其母皆賜死。」〔註39〕（即「子貴母死」）制度。《漢書》卷九七《外戚列傳上‧孝武鉤弋趙婕妤傳》載：

> 後衛太子敗，而燕王旦、廣陵王胥多過失，寵姬王夫人男齊懷王、李夫人男昌邑哀王皆蚤薨，鉤弋子年五六歲，壯大多知，上常言「類我」，又感其生與眾異，甚奇愛之，心欲立焉，以其年稚母少，恐女主顓恣亂國家，猶與久之。

為了防止在新君繼位後，「女主獨居驕蹇，淫亂自恣，莫能禁也。」〔註40〕漢武帝採取了立子殺母的方式，冊立劉弗陵為太子並賜死鉤弋夫人趙氏。

北魏道武帝仿照漢武帝的做法，在冊立長子拓跋嗣為太子的同時賜死了他的生母、獨孤部部帥女劉氏，並將「立子殺母」作為後宮的常制加以貫徹。作為「子貴母死」制度的直接受害者，拓跋嗣在繼位後，也仿照「昭帝即位，追尊鉤弋婕妤為皇太后」〔註41〕的做法不僅追封生母為皇后、為她追加諡號，更將「後宮人為帝母，皆正位配饗焉。」〔註42〕的做法作為「子貴母死」制度的補充。

自此，依靠母族勢力的支持爭奪皇位的事件在北魏徹底消失，其皇位傳承也按照道武帝的設想，通過「父死子繼」的方式進行。

第三節　馮太后與獻文帝的繼位之爭

文成帝皇后馮氏在獻文帝繼位後以皇太后身份首次臨朝，但是由於馮太后與獻文帝既無母子之情，亦無撫育之恩，二人的共同臨朝只是共同利益的驅動，權力爭奪幾乎貫穿整個獻文帝統治時期。

一、合力誅滅乙渾之變

獻文帝拓跋弘乃文成帝的長子，「興光元年秋七月，生於陰山之北。太安

〔註39〕《魏書》卷一三《皇后列傳‧道武宣穆皇后劉氏傳》，中華書局，1974 年，第321 頁。

〔註40〕《史記》卷四九《外戚列傳‧鉤弋夫人姓趙氏傳》，中華書局，1963 年，第1986 頁。

〔註41〕《漢書》卷九七《外戚列傳上》，中華書局，1964 年，第 3956 頁。

〔註42〕《魏書》卷一三《皇后列傳‧道武宣穆皇后劉氏傳》，中華書局，1974 年，第325 頁。

二年二月，立為皇太子。」〔註43〕他被立為太子時年僅三歲。文成帝逝世後，年僅十二歲的獻文帝於「和平六年夏五月甲辰，即皇帝位，大赦天下。尊皇后曰皇太后。」〔註44〕

馮太后本由於父親「（馮）朗坐事誅，後遂入宮。」〔註45〕入宮後她在姑母、太武帝昭儀馮氏的照顧下長大，「年十四，高宗踐極，以選為貴人，後立為皇后。」〔註46〕馮氏在太安二年（456 年）春被冊立為皇后，至和平六年（465 年），獻文帝繼位，她以文成帝皇后的身份被封為皇太后，中間時隔 9 年之久，此時的皇太后馮氏也只有二十三歲。從年齡上看，馮太后和獻文帝都比較年輕，且年齡差距也只有十一歲，但二人卻有著法理上的母子關係。原本馮太后只能居於幕後，根本無法進入前朝參政，但是此時爆發的乙渾之亂卻給了她機會。《魏書》卷六《獻文帝紀》載：

> 車騎大將軍乙渾矯詔殺尚書楊保年、平陽公賈愛仁、南陽公張
> 天度於禁中。戊申，侍中、司徒、平原王陸麗自湯泉入朝，渾又殺
> 之。己酉，以侍中、車騎大將軍乙渾為太尉、錄尚書事，……秋七
> 月癸巳，太尉乙渾為丞相，位居諸王上，事無大小，皆決於渾。

在獻文帝繼位後，乙渾獨斷專權，這也引發了北魏宗親以及鮮卑貴族的強烈不滿。其時「丞相乙渾謀逆，顯祖年十三，居於諒闇，太后密定大策，誅渾」〔註47〕，馮太后和獻文帝共同著手結合朝廷內外勢力，翦滅了乙渾的政變圖謀。在誅滅乙渾之變後，馮太后與獻文帝開始了第一次正式的共同執政。

由於二人在此前並無共同生活的經歷，加之獻文帝的生母李氏也是由於常太后為了扶植馮氏而被殺，馮氏對於他又沒有撫育之情，她只是獻文帝的嫡母，二人間的關係僅僅是法理方面的母子關係，沒有任何母子感情，他們在共同誅滅乙渾叛亂也只是利益使然。此後，二人也都憑藉在誅滅乙渾叛亂中自己形成的政治影響力，爭相發展自己的勢力，獲取對北魏朝政的控制權。

獻文帝和馮太后二人權力之爭的第一階段是對家族勢力的提升。馮太后

〔註43〕《魏書》卷六《獻文帝紀》，中華書局，1974 年，第 125 頁。
〔註44〕《魏書》卷六《獻文帝紀》，中華書局，1974 年，第 125 頁。
〔註45〕《魏書》卷六《獻文帝紀》，中華書局，1974 年，第 125 頁。
〔註46〕《魏書》卷一三《皇后列傳・文成文明皇后馮氏傳》，中華書局，1974 年，第 328 頁。
〔註47〕《魏書》卷一三《皇后列傳・文成文明皇后馮氏傳》，中華書局，1974 年，第 328 頁。

在臨朝後，為了提升自己家族的勢力，著手對其兄馮熙及其家人官爵的冊封。
《魏書》卷八三《外戚列傳上‧馮熙傳》載：

> 使人外訪，知熙所在，征赴京師，拜冠軍將軍，賜爵肥如侯。
>
> 尚恭宗女博陵長公主，拜駙馬都尉。出為定州刺史，進爵昌黎王。
>
> 顯祖即位，為太傅，累拜內都大官。

馮太后不僅對馮熙任以高官，更通過為其賜婚文成帝妹博陵長公主，給予他
駙馬的身份和宗親的地位。

出於與馮太后一樣振興外戚勢力的心理，獻文帝對母家和妻家也大加封
賞，使他們成為可以與馮氏家族抗衡的外戚家族。《魏書》卷八三《外戚列傳‧
李峻傳》載：

> 高宗遣問使諭之，峻與五弟誕、嶷、雅、白、永等前後歸京師。
>
> 拜峻鎮西將軍、涇州刺史、頓丘公。雅、嶷、誕等皆封公位顯。後
>
> 進峻爵為王，徵為太宰，薨。

李峻兄弟是獻文帝的舅舅，他們的獲封在發生於文成帝在位期間，應該是在
李氏被以「子貴母死」賜死前「令后具條記在南兄弟及引所結宗兄洪之，悉
以付託。」〔註48〕他們也由於李氏的死而獲得補償。獻文帝繼位後，為了提
升母族的勢力，於皇興元年（467年）「以頓丘王李峻為太宰。」〔註49〕但由
於此時李峻已經年紀較大，他任職時間不長，就在皇興三年（469年），「侍
中、太宰、頓丘王李峻薨。」〔註50〕由於他的早逝，沒有起到獻文帝所期待
的牽制馮氏家族的作用。

同時，為了實現自己身邊外戚勢力的興盛，獻文帝對寵妃李氏的父親也
大加封賞，意圖引入新的外戚家族，與馮氏家族分庭抗禮。《魏書》卷八三
《外戚列傳上‧李惠傳》載：

> 李惠，中山人，思皇后之父也。父蓋，少知名，歷位殿中、都
>
> 官二尚書，左將軍，南郡公。初，世祖妹武威長公主，故涼王沮渠
>
> 牧犍之妻。世祖平涼州，頗以公主通密計助之，故寵遇差隆。詔蓋
>
> 尚焉。蓋妻與氏，以是而出。是後，蓋加侍中、駙馬都尉，殿中、

〔註48〕《魏書》卷一三《皇后列傳‧文成元皇后李氏傳》，中華書局，1974年，第
331頁。

〔註49〕《魏書》卷六《獻文帝紀》，中華書局，1974年，第127頁。

〔註50〕《魏書》卷六《獻文帝紀》，中華書局，1974年，第129頁。

都官尚書，左僕射，卒官。贈征南大將軍、定州刺史、中山王，諡
曰莊。

惠弱冠襲父爵，妻襄城王韓頹女，生二女，長即后也。惠歷位
散騎常侍、侍中、征西大將軍、秦益二州刺史，進爵為王，轉雍州
刺史、征南大將軍，加長安鎮大將。

雖然李氏出身於官僚家庭，但是出於防止獻文帝擴展勢力、阻止其皇后獲取
後宮控制權的目的，在馮太后的阻撓下，李氏一直未能參與立后的預測，獻
文帝也一直沒有冊立皇后。但為了對抗馮太后外戚家族勢力，李氏家族也成
為他最能夠依賴的家族，於是在皇興二年（468年），獻文帝「以南郡公李惠
為征南大將軍、儀同三司、都督關右諸軍事、雍州刺史，進爵為王。」〔註51〕
宣告了李氏家族作為他身邊的外戚勢力。

在朝臣方面，對於在誅乙渾中有所功勳以及較早投靠她的官員，馮太后
也有所提拔。《魏書》卷六《獻文帝紀》載：

和平六年夏五月，東安王劉尼為司徒，尚書左僕射和其奴為司
空。壬子，以淮南王他為鎮西大將軍、儀同三司，鎮涼州。

六月，封繁陽侯李嶷為丹陽王。

天安二年二月，乙亥，以侍中元孔雀為濮陽王。

這些原本未有顯著官職或是處於宗室邊緣者，由於站在了馮太后的陣營得到
了官爵的提升，這也是馮太后彰顯自身政治影響力的首次嘗試。

獻文帝對於自己身邊在誅滅乙渾叛亂的朝臣也進行了封賞和追封。《魏
書》卷四〇《陸麗列傳》載：

初，（乙）渾勃傲，每為不法，麗數諍之，由是見忌。顯祖甚追
惜麗，諡曰簡王，陪葬金陵。麗二妻，長曰杜氏，次張氏。長子定
國，杜氏所生；次睿，張氏所生。

定國在繈抱，高宗幸其第，詔養宮內，至於遊止常與顯祖同處。
年六歲，為中庶子。及顯祖踐祚，拜散騎常侍，特賜封東郡王，加
鎮南將軍。

陸麗於乙渾擅權中被害，獻文帝對他進行了追封，並將他的兒子陸定國封為
東郡王。

〔註51〕《魏書》卷六《獻文帝紀》，中華書局，1974年，第128頁。

此外，獻文帝作為皇室的代表，北魏皇室宗親就是他最重要的依靠。但是由於獻文帝自己的兄弟在他繼位初期都剛獲封王爵，沒能在朝堂形成自己的勢力，於是他只能將仍然在世的五位外任的叔叔陽平王新成、京兆王子推、濟陰王小新成、汝陰王天賜、任城王雲等都詔回朝，以牽制馮太后及其家族掌控朝政。

二、朝政控制權之爭

文明太后與獻文帝間的矛盾與爭奪，最初只是在官吏任免中爆發，一方面，他們都要按照自己的意願，復興自己的母家或外家；另一方面，他們也都想在朝廷的關鍵部門或關鍵崗位，安插自己的人員，以達到控制更多部門，使自己的政令可以迅速下達和執行的目的。這這種情況下，北魏朝臣也第一次以實際行動，明確了（獻文）帝黨與（馮太）后黨兩派勢力的存在。

獻文帝控制下的帝黨勢力和官員主要以文成帝諸子、獻文帝的叔伯為主，包含北魏皇室成員以及以李惠為代表的外戚家族勢力；馮太后控制下的后黨則以馮氏外戚家族勢力和部分鮮卑宗親為代表。

帝黨和后黨最初爭奪也只是在彼此的試探中前行，進而出現獻文帝繼位後，元孔雀、陸定國同時擔任侍中，又在同一天分別獲封王爵的現象。元孔雀出身不詳，似為皇室遠親。陸定國乃陸麗長子，陸麗在誅滅乙渾政變中被殺，獻文帝繼位後「甚追惜麗，諡曰簡王，陪葬金陵。」〔註52〕陸麗子「定國在繈抱，高宗幸其第，詔養宮內，至於遊止常與顯祖同處。」〔註53〕陸定國與獻文帝的自小情誼，使他成為帝黨的忠實成員由於他也是功勳之後，獻文帝對他官爵的封授，並未遭到馮太后的抵制。而後，他又「拜散騎常侍，特賜封東郡王，加鎮南將軍。定國以承父爵，頻辭不許，又求以父爵讓弟睿，乃聽之。」〔註54〕陸麗的兩個兒子分別獲封爵位，表面上只是由於謙讓而得到了加封，實際上卻是在獻文帝的默許下的擴張勢力。

此後，獻文帝和馮太后便開始針對元孔雀和陸定國的升降進行爭奪，用以彰顯自己的實力。《魏書》卷六《獻文帝紀》載：

> 皇興元年十月，濮陽王孔雀坐怠慢，降爵為公。

〔註52〕《魏書》卷四〇《陸俟列傳》，中華書局，1974 年，第 908 頁。
〔註53〕《魏書》卷四〇《陸俟列傳》，中華書局，1974 年，第 908 頁。
〔註54〕《魏書》卷四〇《陸俟列傳》，中華書局，1974 年，第 908 頁。

皇興五年十二月，復前濮陽王孔雀本封。

承明元年七月，濮陽王孔雀有罪賜死。

元孔雀在獻文帝執政期間幾經沉浮。他在獻文帝繼位初期獲封王爵，但是不久就因為怠慢公務，而被降至公爵。至於他怠慢的對象，自然是獻文帝，而對他下達降爵處罰者，也是獻文帝。而後，元孔雀雖無功績，卻又得以恢復王爵，其主導者自然就是馮太后。直至承明元年（476 年），雖然表面為孝文帝執政，但獻文帝仍以太上皇參政，元孔雀也在此時以罪賜死。元孔雀爵位的升降以及處死，正是獻文帝與馮太后在前朝勢力角逐的直接體現。獻文帝勢強，則元孔雀降爵、賜死，馮太后勢強，則元孔雀復爵。

另一方面，以陸定國、李惠和李訢為代表的帝黨成員，也出現了與元孔雀同樣的境遇。《魏書》卷四〇《陸俟列傳附陸定國傳》載：

> 定國在繈抱，高宗幸其第，詔養宮內，至於遊止常與顯祖同處。……及顯祖踐祚，拜散騎常侍，特賜封東郡王，加鎮南將軍。……俄遷侍中、儀曹書，轉殿中尚書。前後大駕征巡，每擢為行臺錄都曹事，超遷司空。定國恃恩，不修法度，延興五年，坐事免官爵為兵。太和初，復除侍中、鎮南將軍、秦益二州刺史，復王爵。

陸定國自幼生長於宮中，與獻文帝有著密切的關係，其父陸麗是誅滅乙渾的功臣，並死於乙渾之手。獻文帝繼位後，陸定國不僅提升了官職，而且還獲封王爵。在獻文帝與馮太后的朝臣之爭中，作為堅定帝黨成員的陸定國，也被免除官爵。獻文帝逝世後，馮太后最終完全控制了朝政。陸定國不僅是功臣之子，更由於其出身鮮卑貴族家族，其家族先祖「世領部落。……太祖時率部民隨從征伐。數有戰功」〔註55〕，一直處於鮮卑貴族家族中的顯赫地位。出於這兩方面考慮，馮太后最終還是恢復了他的王爵和官職。但帝黨的其他成員卻遠沒有陸定國般幸運，馮太后在執掌朝政後，「至如李訢、李惠之徒，猜嫌覆滅者十餘家，死者數百人，率多枉濫，天下冤之。」〔註56〕

李惠乃李蓋長子，也是獻文帝夫人、孝文帝生母李氏的父親。李蓋妻乃太武帝妹「武威長公主，故涼王沮渠牧犍之妻。世祖平涼州，頗以公主通密計助之，故寵遇差隆。詔蓋尚焉。蓋妻與氏，以是而出。是後，蓋加侍中、駙

〔註55〕《魏書》卷四〇《陸俟列傳》，中華書局，1974 年，第 901 頁。

〔註56〕《魏書》卷一三《皇后列傳·文成文明皇后馮氏傳》，中華書局，1974 年，第 330 頁。

馬都尉，殿中、都官尚書，左僕射，卒官。」〔註57〕雖然李惠不是武威長公主之子，但他作為李惠的長子，卻也在李惠死後得以襲爵，加之其自身能力較強，進而官爵得以提升。《魏書》卷八三《外戚列傳上·李惠傳》載：

> 惠歷位散騎常侍、侍中、征西大將軍、秦益二州刺史，進爵為王，轉雍州刺史、征南大將軍，加長安鎮大將。……後為開府儀同三司、青州刺史，王如故。歷政有美績。惠素為文明太后所忌，誣惠將南叛，誅之。惠二弟，初、樂，與惠諸子同戮。後妻梁氏亦死青州。盡沒其家財。惠本無釁，故天下冤惜焉。

李惠不僅出身宗親家庭，其妻也出身貴族，乃襄城王韓頹女，加之他自身又多有領兵征戰之功。在官職不斷提升的同時，獻文帝繼位後，他又以外戚身份，於皇興二年（468 年）進爵為王，成為帝黨成員的代表。但是在獻文帝逝世後，馮太后掌握了朝政，並以叛亂的罪名，於太和二年（478 年）誅李惠及其諸子、弟弟等家族近親。

此時的孝文帝剛剛繼位，實權為馮太后所掌控，對於自己外祖一家的被誣陷和殺害，他根本無能為力。直至在馮太后逝世、孝文帝真正掌權後，才「詔訪存者。」〔註58〕但也只是對他們賜予侯爵，並未給予顯位官職。孝文帝執政時期也是馮氏家族勢力最強的時期，以致孝文帝「奉馮氏過厚，於李氏過薄，舅家了無敘用。」〔註59〕可以說，隨著李惠的逝世，其家族迅速衰敗，再無復興的可能。

帝黨的另一成員李訢及其家族的境遇就更加慘淡。《魏書》卷四六《李訢列傳》載：

> 高宗即位，以舊恩親寵，遷儀曹尚書，領中秘書，賜爵扶風公，加安東將軍，贈其母孫氏為容城君。……既寵於顯祖，參決軍國大義，兼典選舉，權傾內外，百僚莫不曲節以事之。

> 六月，顯祖崩。遷司空，進爵范陽公。七月，以為侍中、鎮南大將軍、開府儀同三司、徐州刺史。范㧑知文明太后忿也，又知內外疾之。太和元年二月，希旨告外叛。文明太后征至京師，言其叛狀，曰無之。……遂見誅。

〔註57〕《魏書》卷八三《外戚列傳上·李惠傳》，中華書局，1974 年，第 1824 頁。
〔註58〕《魏書》卷八三《外戚列傳上·李惠傳》，中華書局，1974 年，第 1825 頁。
〔註59〕《魏書》卷八三《外戚列傳上·李惠傳》，中華書局，1974 年，第 1825 頁。

李訢在太武帝時期就已經入仕，文成帝時期，「訢以舊恩親寵，遷儀曹尚書，領中秘書，賜爵扶風公，加安東將軍，贈其母孫氏為容城君。」〔註60〕獻文帝以皇太子繼位，李訢作為文成帝的寵臣，在獻文帝與馮太后的朝權鬥爭中自然投向了獻文帝一方，獻文帝也對他大加提拔和任用，這也引起了文明太后的不滿，甚至是憤恨。獻文帝逝世後，李訢便被誣陷外叛而被殺，他的三個兒子中，長子早逝，另外兩個兒子也隨同其一起被殺，其家族也就在此時徹底覆滅。

獻文帝與馮太后的爭權以失敗告終，帝黨成員也都在獻文帝逝世後被清算、殺害。其中陸定國由於出自鮮卑貴族、且為誅乙渾叛亂功臣之後，因而雖然遭到清算，但卻也沒有被殺害，只是一度被免官，後期也獲得恢復。李訢與李惠則都在文明太后的授意下，以外叛罪名被殺。只是李惠乃孝文帝的外祖父，因而在孝文帝親政後，也會對其家族的幸存者加以照拂，而李訢及其家族成員則與孝文帝沒有任何聯繫，因而在他們誅殺後，再未獲得追封或復爵。

三、皇儲的爭奪與繼位

就在二人間的朝堂紛爭愈演愈烈之時，皇興元年（467）八月，獻文帝長子拓跋宏出生，「顯祖尤愛異之。三年夏六月辛未，立為皇太子。」〔註61〕這也成為獻文帝與馮太后紛爭的一個重要分界點。獻文帝和馮太后的權力爭奪在拓跋宏出生後，已經由明轉暗。二人表面上已經達成了和解，私下卻仍然暗潮洶湧。

在朝廷中從處於勢均力敵的雙方，馮太后雖然控制著後宮，但想要順利實施「子貴母死」就必然會要獻文帝首肯，而獻文帝極為寵愛李氏，自然不會同意這種處理方式，但隨著爭權的演進，二者之間達成了一個特殊的協議，即賜死孝文帝生母李氏，幼子由馮太后撫養，作為交換條件，馮太后退出朝堂，專心撫育幼主。這也就造成在拓跋宏出生後，其生母李夫人也最終死於「子貴母死」之下。此後，「太后躬親撫養。是後罷令，不聽政事。」〔註62〕

馮太后在拓跋宏出生後，為了撫養小皇子而退出朝堂，她以退為進的處理方式，確實迷惑了執政經驗不足的獻文帝。此後不久，北魏外部爆發了戰

〔註60〕《魏書》卷四六《李訢列傳》，中華書局，1974年，第1040頁。
〔註61〕《魏書》卷七《孝文帝紀》，中華書局，1974年，第135頁。
〔註62〕《魏書》卷一三《皇后列傳‧文成文明皇后馮氏傳》，中華書局，1974年，第328頁。

爭，或是為了贏得尚武的鮮卑貴族的支持，自認為已經完全權控制朝堂的獻文帝竟然做出了親征的決定，這也使他處於更加被動的境地。《魏書》卷一○三《蠕蠕列傳》載：

> 皇興四年，予成犯塞，車駕北討。京兆王子推、東陽公元丕督諸軍出西道，任城王雲等督軍出東道，汝陰王天賜、濟南公羅烏拔督軍為前鋒，隴西王源賀督諸軍為後繼。……乃選精兵五千人挑戰，多設奇兵以惑之。虜眾奔潰，逐北三十餘里，斬首五萬級，降者萬餘人，戎馬器械不可稱計。

在對蠕蠕用兵中，獻文帝不僅親征，而且還帶上了自己的全部力量，一同參與對外作戰。雖然戰爭獲得了勝利，但獻文帝和諸王的共同出征，卻使北魏朝堂中帝黨勢力空虛，缺乏能夠牽制馮太后的力量，為馮太后在朝堂擴張勢力提供了機會。

此外，在皇興五年（471 年），「西部敕勒叛，詔汝陰王天賜、給事中羅雲討之。雲為敕勒所襲殺，死者十五六。」〔註63〕給事中羅雲的戰死使帝黨勢力再度受到重創。經過了數次戰爭，雖然獻文帝提升了自己的聲望，但是由於自己方面的頻繁領兵在外以及部分人員的戰死，使他在朝廷的權力爭奪中喪失了關鍵的時機。外部戰爭平定後，其已經喪失的朝廷勢力也已無法挽回，馮太后已經處於絕對優勢地位。

在這種權力格局下，獻文帝回朝也無法挽回朝政被馮氏控制的局面，雖然他在此後也有誅殺馮太后寵臣的行為，但也無助於整個朝政局面的改善。《魏書》卷三六《李順列傳》載：

> 敷既見待二世，兄弟親戚在朝者十有餘人。有寵於文明太后。李欣列其隱罪二十餘條，顯祖大怒。皇興四年冬，誅敷兄弟，削順位號為庶人。敷從弟顯德、妹夫廣平宋叔珍等，皆坐關亂公私，同時伏法。

李弈乃馮太后早期的內寵，或是其兄弟並未處於馮太后朝廷布局的核心地位，且李敷在朝中的行為已經引起了很多人的不滿，甚至對於「李欣、李敷之誅也，頵並致諫，太后不從。」〔註64〕對於獻文帝對李敷兄弟的誅殺，馮太后並未予以回擊，而是繼續完成自己的朝廷布局，徹底瓦解帝黨勢力。

〔註63〕《魏書》卷六《獻文帝紀》，中華書局，1974 年，第 131 頁。
〔註64〕《魏書》卷四四《苟頹列傳》，中華書局，1974 年，第 994 頁。

　　獻文帝結束了對外戰事，回朝後發現自己已經處於孤立無援的境地，自己已經完全失去實際上對朝政的掌控，即便繼續在位也只能作為傀儡存在。而馮太后則不僅掌控了朝政大權，更控制著皇太子，她已經具備發動政變的能力，可以隨時將獻文帝趕下皇位，而輔助幼子繼任。

　　有鑑於此，「皇興五年，八月丁亥，車駕還宮。帝雅薄時務，常有遺世之心，欲禪位於叔父京兆王子推。群臣固請，帝乃止。」〔註65〕為了限制馮太后在朝堂的獨斷，年僅十七歲的獻文帝意圖主動讓位給自己的叔叔、京兆王拓跋子推，希望他能夠團結北魏皇室的力量，對抗馮太后的專權。《魏書》卷九四《閹官列傳・趙黑傳》載：

　　　　顯祖將傳位京兆王子推，訪諸群臣，百官唯唯，莫敢先言者，唯源賀等詞義正直，不肯奉詔。顯祖怒，變色，復以問黑。黑曰：「若聖性淵遠，欲頤神味道者，臣黑以死奉戴皇太子，不知其他。」

《魏書》卷一九《景穆十二王列傳・任城王雲傳》又載：

　　　　延興中，顯祖集群僚，欲禪位於京兆王子惟。王公卿士，莫敢先言。雲進曰：「陛下方隆太平，臨覆四海，豈得上違宗廟，下棄兆民？父子相傳，其來久矣，皇魏之興，未之有革。皇儲正統，聖德夙章。陛下必欲割捐塵務，頤神清曠者，冢副之寄，宜紹寶曆，若欲捨儲，輕移宸極，恐非先聖之意，駭動人情。又，天下是祖宗之天下，而陛下輒改神器，上乖七廟之靈，下長姦亂之道，此是禍福所由。願深思慎之。」太尉源賀又進曰：「陛下今欲外選諸王，而禪位於皇叔者，臣恐春秋蒸嘗，昭穆有亂，脫萬世之後，必有逆饗之譏。深願思任城之言。」東陽公元丕等進曰：「皇太子雖聖德夙彰，然實沖幼。陛下富於春秋，始覽機政，普天景仰，率土傒心，欲隆獨善，不以萬物為意，其若宗廟何？其若億兆何？」

獻文帝在傳位京兆王拓跋子推事宜上，首先試探了朝臣的態度，但卻意外遭到了他們的集體反對。作為皇室代表的任城王元雲、鮮卑貴族賀源、宗親東陽公元丕等帝黨成員，也都認為在皇位父子相承已經穩固的情況下，不應該引入外藩繼位。趙黑雖為閹官，卻「得幸兩宮，祿賜優厚。」「加侍中，進爵河內公。」〔註66〕他的反對也代表了部分中立官員的態度。迫於多方面的壓

〔註65〕《魏書》卷六《獻文帝紀》，中華書局，1974年，第131頁。
〔註66〕《魏書》卷九四《閹官列傳・趙黑傳》，中華書局，1974年，第2016頁。

力，皇興五年（471 年），獻文帝最終傳位於太子拓跋宏（即孝文帝），自己則以太上皇之名掌兵權，「國之大事，咸以聞。」〔註67〕

此後的延興年間，獻文帝大都領兵於外，不僅多次與蠕蠕、敕勒作戰，更進行過祭天和南巡。北魏朝堂基本上維持著獻文帝主外部作戰，馮太后主持朝局的局面。但是獻文帝的存在卻一直是馮太后的隱患，加之「太后行不正，內寵李弈。顯祖因事誅之，太后不得意。顯祖暴崩，時言太后為之也。」〔註68〕不管李弈事件是否真的存在，年僅 23 歲的獻文帝於承明元年（476 年）突然暴斃，自然與馮太后及其黨羽脫不了關係。

就在同年，孝文帝「尊皇太后為太皇太后，臨朝稱制。」〔註69〕獻文帝主動讓位後，自稱為太上皇，而馮太后去卻沒有在同一時間晉封太皇太后，這也似乎不合常理，唯一可以解釋的是，為了緩解宗室的不滿情緒，這一時期的北魏朝堂表象上仍是獻文帝掌控朝政，馮太后為了韜光養晦，為自己積聚人脈、擴張勢力，沒有正式走上前臺。在她完全控制了朝政、安定內庭以後，獻文帝的存在便是她臨朝的障礙，遂出現了獻文帝的無病而暴斃，馮太后也在此後以太皇太后身份真正走上前臺。

對於威脅過她掌權的京兆王元子推，她自然也不會放過，但有鑒於他皇室宗王之首的身份，如若誣陷他謀反，容易遭到皇室的集體反抗，暗害他是最好的解決方式。在承明元年（476 年）十一月，馮太后「以太尉、安樂王長樂為定州刺史，京兆王子推為青州刺史，司空李訢為徐州刺史，並開府儀同三司。」〔註70〕馮太后將帝黨代表的核心成員都外放任官，將他們分散與各地，更便於對他們分別處理。其中京兆王拓跋子推便逝世於上任途中，而李訢和元長樂則都以罪被賜死。至此，獻文帝黨勢力徹底瓦解，馮太后一派完全控制了朝政，北魏也正式開啟了太后臨朝的新時代。

第四節　胡太后與孝明帝的皇位爭端

宣武帝逝世後，其獨子元詡繼任，元詡的生母胡太后也在經歷了宮廷

〔註67〕《魏書》卷六《獻文帝紀》，中華書局，1974 年，第 132 頁。
〔註68〕《魏書》卷一三《皇后列傳・文成文明皇后馮氏傳》，中華書局，1974 年，第 328 頁。
〔註69〕《魏書》卷一三《皇后列傳・文成文明皇后馮氏傳》，中華書局，1974 年，第 328 頁。
〔註70〕《魏書》卷七《孝文帝紀》，中華書局，1974 年，第 143 頁。

政變後，順利以帝母的身份獲封皇太后，並開始與年幼的孝明帝共同執政。隨著孝明帝的不斷成長，其與母親胡太后的政見分歧日益嚴重，特別是在元叉政變後，母子間的矛盾衝突也愈發強烈，最終演變為皇位爭端。

一、帝黨與后黨的形成

孝明帝是宣武帝的獨子，雖然「子貴母死」制在孝文帝後期就已經被實際廢止，但卻並未有實際詔令明確說明，因而在宣武帝繼位後，「子貴母死」制度的「餘威」仍然籠罩著後宮，進而造成後宮嬪妃「以國舊制，相與祈祝，皆願生諸王、公主，不願生太子。」〔註71〕即便是已經生育的皇子，或是在宮廷鬥爭中被害（如宣武順皇后于氏子），或是因病而亡（如宣武皇后高氏子），以致宣武帝對於獨子元詡「深加慎護，為擇乳保皆取良家宜子者。養於別宮，皇后及充華嬪皆莫得而撫視焉。」〔註72〕宣武帝為了保護這個唯一的皇子，使他免於在後宮爭鬥中被害或是受到母子親情的影響而在執政後有所掣肘。宣武帝在元詡出生後就有意隔絕他與嫡母、皇后高氏和生母胡嬪的聯絡，這也也造成了胡氏與元詡母子感情的疏離。與此同時，由於有著生母的存在，元詡也未能與照顧他的保母形成實際上的母子感情。這樣，年幼的元詡在宣武帝逝世後，就徹底失去了情感依託。

（一）胡太后初次臨朝

孝明帝元詡是宣武帝的次子，宣武帝長子「皇子昌，三歲夭殤。」〔註73〕而宣武皇后高氏之子也在未得名時就已經逝，以致元詡以宣武帝獨子的身份備受器重。延昌元年（512年）十月，年僅五歲的元詡被冊立為皇太子。延昌四年（515年）正月，年僅九歲的元詡繼任帝位。由於皇帝年幼繼位，宣武帝逝世前就著手安排，由高陽王元雍和任城王元澄輔政，「百官總己以聽於二王」〔註74〕。

孝明帝繼位之初，前朝為元雍、元澄等宗王把持，而後宮鬥爭則在宣武

〔註71〕《魏書》卷一三《皇后列傳·宣武靈皇后胡氏傳》，中華書局，1974年，第337頁。

〔註72〕《魏書》卷一三《皇后列傳·宣武靈皇后胡氏傳》，中華書局，1974年，第337頁。

〔註73〕《魏書》卷一三《皇后列傳·宣武順皇后于氏傳》，中華書局，1974年，第336頁。

〔註74〕《魏書》卷九《孝明帝紀》，中華書局，1974年，第221頁。

皇后與孝明帝生母胡嬪間展開。此時皇后高氏家族的代表高肇由於外任而不在朝中，高氏外戚家族一時間群龍無首，而胡氏則在于忠和崔光的幫助下控制了後宮。延昌四年（515年）二月，高氏被封為皇太后，其目的在於引誘高肇的回歸，同月「司徒高肇至京師，以罪賜死。」〔註75〕隨後，胡氏得封皇太后。次月，皇太后高氏出家，胡氏晉封為皇太后。清河王元懌則在高肇被殺後，接管了他的官職，進入國家的最高輔政官員。

　　對於後宮政變中對胡氏有功的于忠和崔光等人，胡太后也給予了優待，但由於權力分配不均，最終導致了于忠與元雍間矛盾的爆發。《魏書》卷二一《獻文七王列傳·高陽王雍傳》載：

　　　　領軍于忠擅權專恣，僕射郭祚勸雍出之。忠怒，矯詔殺祚及尚
　　書裴植，廢雍，以王歸第。朝有大事，使黃門郎就諮訪之。忠尋復
　　矯詔，將欲殺雍，以問侍中崔光，光拒之。乃止。

在免除了元雍的官職後，清河王元懌進位太尉，廣平王元懷為太尉、領司徒，任城王元澄為司空，于忠為尚書令，崔光為車騎大將軍。從此次人事安排中可以看出，除了原本輔政的任城王元澄外，其他的重要官職都由胡太后一脈擔任，如太后的情人元懌、對她有保護之功的于忠和崔光也在此時已經進入國家統治的核心。國家的朝政大權已經完全掌握在胡太后手中，她由幕後走上臺前的機會已經到來。

　　延昌四年（515年）八月，「群臣奏請皇太后臨朝稱制」〔註76〕，同年九月，「皇太后親覽萬機」〔註77〕，開始了第一次臨朝聽政。《魏書》卷一三《皇后列傳·宣武靈皇后胡氏傳》載：

　　　　及肅宗踐祚，尊后為皇太妃，後尊為皇太后。臨朝聽政，猶稱
　　殿下，下令行事。後改令稱詔，群臣上書曰「陛下」，自稱曰「朕」。
　　太后以肅宗沖幼，未堪親祭，欲傍《周禮》夫人與君交獻之義代行
　　祭禮，訪尋故式。門下召禮官、博士議，以為不可。而太后欲以幃
　　幔自鄣，觀三公行事，重問侍中崔光。光便據漢和熹鄧后薦祭故事，
　　太后大悅，遂攝行初祀。

　　胡太后最初與皇帝共同臨朝等行為，似是對馮太后臨朝的延續，但是她

〔註75〕《魏書》卷九《孝明帝紀》，中華書局，1974年，第221頁。
〔註76〕《魏書》卷九《孝明帝紀》，中華書局，1974年，第222頁。
〔註77〕《魏書》卷九《孝明帝紀》，中華書局，1974年，第222頁。

卻在根基尚未穩固之時，就更進一步的採用了皇帝專用的稱謂和政令，並企圖代替皇帝主持國家祭祀。胡太后的這些直接將后權凌駕於皇權之上的行為，即便皇帝是自己的親生兒子也是無法忍耐的，這也埋下了母子間矛盾的種子。

此外，在胡太后主政期間對外戚家族也大加任用，其中胡國珍作為胡太后的父親，在她臨朝主政後，先「加侍中，封安定郡公」〔註78〕，後又提升為司徒。在胡太后的安排下，胡國珍也開始進入到了國家核心集團。《魏書》卷八三《外戚列傳下·胡國珍傳》載：

> 尚書令、任城王澄奏，安定公屬尊望重，親賢群矚，宜出入禁中，參諮大務。詔可。乃令入決萬幾。尋進位中書監、儀同三司，侍中如故，賞賜累萬，又賜絹歲八百匹，妻梁四百匹，男女姊妹兄弟各有差，皆極豐贍。國珍與太師、高陽王雍，太傅、清河王懌，太保、廣平王懷，入居門下，同釐庶政。……後與侍中崔光俱授帝經，侍直禁中。

胡國珍的參政只是胡太后提升家族成員地位的舉措，目的是實現胡氏家族在北魏的興盛。但由於胡國珍本人的權力欲望並不強烈，加之他又年齡較大，因而對國家建樹不多，影響也不大。但胡太后外戚集團的另一成員元叉的充任宰輔，則徹底改變了北魏最高統治機構的權力格局。

元叉是胡太后的妹夫，他出生於北魏宗室疏屬之家，其父江陽王元繼本南平王霄次子，而道武帝子京兆王黎子元根死後無子，遂以元繼過繼為元根後，因而元繼從血緣上屬陽平王熙之孫。作為次子的元繼本無緣繼承爵位，只是由於他被過繼於京兆王元根為子，才最終得以承襲元根的爵位。元繼也以元叉父親之故為胡太后所信賴，並擔任司空一職，隨後也進入到了國家的權力核心，主要擔任軍職。

此時的北魏朝政在胡太后的掌管下，由元懌、元澄、元繼、于忠、崔光以及胡國珍等人統管，最高決策權完全掌握於胡太后手中。此後，在于忠被貶黜、崔光和元繼逝世後，元叉取代他們進入到了權力核心。

（二）帝黨與后黨的形成

孝明帝繼位之初，其輔臣中最重要的一位便是高陽王元雍，但是在靈太

〔註78〕《魏書》卷八三《外戚列傳下·胡國珍傳》，中華書局，1974 年，第 1833 頁。

后掌控朝政後，元雍便被免官，「以王歸第。朝有大事，使黃門郎就諮訪之。」
〔註 79〕隨著孝明帝的逐漸長大，他也不再甘當母親執政的傀儡，他想要取得
親政權首先就要積聚自身的實力，而籠絡核心官員就是重要的一環。但當時
的北魏朝堂中處於權力核心的官員都在胡太后的掌控中，孝明帝企圖利用元
雍被貶而產生的不滿情緒，希望他能再度充任輔政官員，並為自己所用。由
是，元雍在「蕭宗覽政，除使持節、司州牧，侍中、太師、錄尚書如故。」
〔註 80〕熙平二年（517 年）八月，「詔侍中、太師、高陽王雍入居門下，參決
尚書奏事。」〔註 81〕此後，他又被任命為丞相，「總攝內外，與元叉同決庶
政。」〔註 82〕或是經歷了被貶又提升這樣的大起大落，元雍的心態也發生了
變化，他對於朝政不甚熱心，甚至都「不能守正匡弼，唯唯而已。」〔註 83〕
此時北魏朝權基本集中於元叉和元懌二人手中。

　　清河王元懌乃孝文帝子、宣武帝異母弟，史載他「儀容美麗，端嚴若神，
風流之盛，獨絕當時。溫恭淑慎，動合規矩。言為世則，行成師表。」〔註 84〕
容顏俊美、行為得體的元懌得到了年輕守寡的胡太后的垂青，以致出現「時
太后得志，逼幸清河王懌，淫亂肆情，為天下所惡。」〔註 85〕至於胡太后是
「逼幸」元懌，還是元懌出於政治目的主動靠近她，就目前的資料已經無從
考證，但是二人間的私情卻真真正正的存在。胡太后不僅頻繁將自己家族成
員與元懌家庭成員聯姻，更使其之成為北魏宰輔朝臣之首，以致「太傅清河
王外膺上臺，內荷遺輔，權寵攸歸，勢傾京野」〔註 86〕，元懌也「竭力匡輔，

〔註 79〕《魏書》卷二一《獻文六王列傳上・高陽王雍傳》，中華書局，1974 年，第
　　　　555 頁。

〔註 80〕《魏書》卷二一《獻文六王列傳上・高陽王雍傳》，中華書局，1974 年，第
　　　　556 頁。

〔註 81〕《魏書》卷九《孝明帝紀》，中華書局，1974 年，第 226 頁。

〔註 82〕《魏書》卷二一《獻文六王列傳上・高陽王雍傳》，中華書局，1974 年，第
　　　　556 頁。

〔註 83〕《魏書》卷二一《獻文六王列傳上・高陽王雍傳》，中華書局，1974 年，第
　　　　557 頁。

〔註 84〕趙超：《漢魏南北朝墓誌彙編》，《魏故使持節侍中假黃鉞太師丞相大將軍都
　　　　督中外諸軍事錄尚書事太尉公清河文獻王之誌銘》，天津古籍出版社，2008
　　　　年，第 173 頁。

〔註 85〕《魏書》卷一三《皇后列傳・宣武靈皇后胡氏傳》，中華書局，1974 年，第
　　　　339 頁。

〔註 86〕趙超：《漢魏南北朝墓誌彙編》，《李璧墓誌》，天津古籍出版社，2008 年，第
　　　　118 頁。

以天下為己任。」〔註87〕成為胡太后的臂膀。

　　元叉是胡太后的妹婿，也是北魏的宗親疏屬，其父元繼在孝明帝繼位後也進入到國家核心。元繼晚年由於「疾患積年，枕養於家」〔註88〕，主動辭去了軍職，其領軍之職也由其長子元叉接任。由於元繼長期擔任軍職，這也為他掌控軍隊打下了基礎。元叉更由於胡太后的妹夫身份，「既在門下，兼總禁兵，深為靈太后所信委。」〔註89〕在胡太后的提攜下，他「雖秩班近侍，而任居時宰，朝權國柄，僉望有歸。」〔註90〕

　　權力欲望極強的元懌與元叉二人間，必然會發生權力的爭奪。此時的孝明帝處於傀儡地位，胡太后又不善於調和二者間的矛盾，以致二者間矛盾愈演愈烈，最終演變的無法調和。《魏書》卷一六《道武七王列傳·京兆王黎傳》載：

　　　　太傅、清河王懌，以親賢輔政，參決機事。以叉恃寵驕盈，志
　　欲無限，懌裁之以法。叉輕其為人，每欲斥黜之。

隨著元懌與元叉矛盾的公開化和白熱化，雙方都在尋求通過自己的方式化解對方的權力。元懌作為宗王代表，掌握國家政治，企圖通過法律的方式，對元叉進行制裁。而元叉掌握軍隊，軍事政變是他最有利的處理方式。元叉需要的只是一個合理的理由和藉口。恰逢此時，孝明帝不再甘當傀儡，想要擺脫胡太后控制，這也使元叉最終投向了孝明帝一方。元懌與元叉之間的矛盾，也最終導致了帝黨與后黨間的紛爭。

二、元叉政變前後的北魏朝局

　　孝明帝與胡太后母子由於從未共同生活，母子間的信任度較低。元懌是孝文帝子、孝明帝的叔父，其本人也有著較高的政治才能和政治聲望，特別是他還是胡太后的情人，而此時的胡太后尚且處於青年，如果他們再有孩子，自然會直接威脅到孝明帝的皇位。即便是他們沒有孩子，憑藉元懌與胡

〔註87〕《魏書》卷二二《孝文五王列傳·清河王懌傳》，中華書局，1974 年，第 592頁。

〔註88〕《魏書》卷一六《道武七王列傳·京兆王黎傳》，中華書局，1974 年，第 402頁。

〔註89〕《魏書》卷一六《道武七王列傳·京兆王黎傳》，中華書局，1974 年，第 404頁。

〔註90〕趙超：《漢魏南北朝墓誌彙編》，《魏故使持節侍中驃騎大將軍儀同三司尚書令冀州刺史江陽王元公之墓誌銘》，天津古籍出版社，2008 年，第 182 頁。

太后日益增長得感情，也難免會發生胡太后支持元懌，而廢黜自己的現象。
只有獲得軍隊的支持，才能幫助自己穩固皇位，甚至還有可能爭取到朝政的
控制權，掌握軍權的元叉自然就成為孝明帝的拉攏對象。

　　事實上，元叉發動的政變，最初也獲得了孝明帝的支持，只是政變發生
後，朝廷政局勢並未完全按照孝明帝的計劃發展，才最終導致了二人的分道
揚鑣。而元叉政變計劃能夠順利的實施，其中宦官劉騰也發揮了至關重要的
作用。

　　宦官劉騰「幼充官役，手不解書，裁知署名而已。奸謀有餘，善射人意。」
〔註91〕他不僅文化水平較低，而且為人奸滑。劉騰自宣武帝時期就擔任大長
秋卿，是皇后宮中的重要署官，但是他卻在宣武皇后高氏與孝明帝生母胡氏
的皇太后之爭中，站在了胡氏的一方，並由此得到了胡太后的信賴。《魏書》
卷九四《閹官列傳·劉騰傳》載：

> 　　肅宗踐極之始，以騰預在宮衛，封開國子，食邑三百戶。是年，
> 靈太后臨朝，以與于忠保護之勳，除崇訓太僕，加中侍中，改封長
> 樂縣開國公，食邑一千五百戶。拜其妻時為鉅鹿郡君，每引入內，
> 受賞賚亞於諸主外戚。所養二子，為郡守、尚書郎。……騰幼充官
> 役，手不解書，裁知署名而已。奸謀有餘，善射人意。靈太后臨朝，
> 特蒙進寵，多所干託，內外碎密，棲棲不倦。

孝明帝繼位後，劉騰由於獲得了胡太后的信賴，官職、爵位都不斷得到提
升，從而使他在內庭有著較大的影響力。其時，「吏部嘗望騰意，奏其弟為
郡帶戍，人資乖越，清河王懌抑而不與。騰以為恨，遂與領軍元叉害懌。」
〔註92〕劉騰授意吏部提拔自己弟弟的官職，卻遭到了清河王元懌的反對，這
也使劉騰十分憤恨。投機心裏的指引下，他認為掌握軍隊的元叉一定能夠政
變成功，於是他迅速站到了元叉一方，充當他政變的內應。

　　劉騰對元叉的幫助是他政變成功的最主要因素，元叉政變失敗以至最終
被殺，也是發生在劉騰逝世後，足見劉騰作為內應，對元叉控制內庭發揮了
重要的作用。《魏書》卷九《孝明帝紀》載：

> 　　（正光元年）秋七月丙子，侍中元義、侍中劉騰奉帝幸前殿，
> 矯皇太后詔曰：「……幼主稚弱，夙纂寶曆，曾是宗祐，莫克祇奉。

〔註91〕《魏書》卷九四《閹官列傳·劉騰傳》，中華書局，1974年，第2027頁。
〔註92〕《魏書》卷九四《閹官列傳·劉騰傳》，中華書局，1974年，第2027頁。

朕所以敬順群請,臨朝總政。帝年以長,久思退身,所以往歲殷勤,具陳情旨,百官內外,已照此懷。而僉爾眾意,苦見勤奪,俛俯從事,以迄於茲。自此春來,先疾屢發,藥石攝療,莫能善瘳,夏首及今,數加動劇,便不堪日釐萬務,鉅細兼省。帝齒周星紀,識學逾躋,日就月將,人君道茂,足以撫緝萬邦,諧決百揆。朕當率前志,敬遜別宮,遠惟復子明辟之義,以自綏養。實望群公逮於黎庶,深鑒斯理,……」乃幽皇太后於北宮,殺太傅、領太尉、清河王懌,揔勒禁旅,決事殿中。辛卯,帝加元服,大赦,改年。內外百官進位一等。

《魏書》卷二二《孝文五王列傳·清河王懌傳》載:

又黨人通直郎宗準愛希叉旨,告懌謀反,禁懌門下。訊問左右及朝貴,貴人分明,乃得雪釋焉。

正光元年七月,叉與劉騰逼肅宗於顯陽殿,閉靈太后於後宮,囚懌於門下省,誣懌罪狀,遂害之,時年三十四。

在政變爆發前,元叉統兵於外控制軍權,劉騰親任司空,掌政於內,二人為發動政變做足了安排。元叉首先命人誣告元懌謀反,隨即發動政變,殺害元懌,並將胡太后幽禁於內庭,迫使她還政於孝明帝。

隨後,胡太后一黨也發動了反撲:

太后從子都統僧敬與備身左右張車渠等數十人謀殺叉,復奉太后臨朝,事不克,僧敬坐徙邊,車渠等死,胡氏多免黜。〔註93〕

(正光二年正月)甲午,右衛將軍奚康生於禁內將殺元叉,不果,為叉矯害。〔註94〕

針對元叉發動的政變,北魏宗室卻呈現出不同的態度,高陽王元雍曾上表稱:

清河王臣懌,先帝懿弟,識度寬明,臨眾唱議,非以勤而賞之,懌違權臣之旨,望顏而授。臣知不可,因而從之。〔註95〕

〔註93〕《魏書》卷一三《皇后列傳·宣武靈皇后胡氏傳》,中華書局,1974 年,第339 頁。

〔註94〕《魏書》卷九《孝明帝紀》,中華書局,1974 年,第232 頁。

〔註95〕《魏書》卷二一《孝文五王列傳·高陽王雍傳》,中華書局,1974 年,第555 頁。

他對於元懌的指責，更多的是對他作為權臣，勢力過大的陳述，從中可以看出二人間的關係似乎不是很親密，以致在元懌被害過程中，元雍不僅沒有施以援手，而且還在政變後官職得到了提升，這些都足以說明他與元叉等人達成了某種諒解。

而中山王元熙「兄弟並為清河王懌所昵，及劉騰、元叉隔絕二宮，矯詔殺懌，熙乃起兵」〔註96〕。對此，出土墓誌銘文記載也給予了印證。《魏故使持節大將軍太尉公中山王之墓誌銘》載：

> 王諱熙，字真興，河南洛陽人也。恭宗景穆皇帝之曾孫，儀同三司南安惠王之孫，司徒獻武王之世子。……正光元年，姦臣擅命，離隔二宮，賊害賢輔。王投袂奮戈，志不俟旦，唱起義兵，將為晉陽之舉，遠近翕然，赴若響會。而天未悔禍，蠢起不疑，同義爪牙，受賊重餌，翻然改圖，千里同逆，變起倉卒，受制群凶。八月廿四日，與季弟司徒祭酒纂世子景獻，第二子員外散騎侍郎仲獻，第三子叔獻同時被害。唯第四子叔仁年小得免。〔註97〕

在元叉政變中，作為元懌一黨的元熙，在他死後迅速起兵，意圖為元懌復仇，但卻最終失敗，其一家也幾乎全部被殺。

至此，胡太后一黨幾乎被全部清繳，元叉、劉騰控制了朝權。此後元叉改變了最初「矯情自飾，勞謙待士，時事得失，頗以關懷，而才術空淺，終無遠致。得志之後，便驕愎，耽酒好色，與奪任情。」〔註98〕他的這些行為也引發了朝臣的不滿，此後又先後發生了戰敗歸附的柔然可汗阿那環以黃金賄賂元叉而得放歸，沃野鎮人破六韓拔陵、徐州刺史元法僧據城反等事件，元叉也隨之處於內外交困的局面。

尤其是在此時，高陽王元雍在為政中又與元叉產生了矛盾，加之劉騰的死造成了元叉無法掌控後庭的動態，使他不能及時對胡太后的行動作出及時應對，加之元叉掌權後也並未真正實現孝文帝掌權的目的，「皇上慈忿，爰發皇太后舊獨見之明，翦黜奸權，唯新時政。群寇稍清，闡明大禮。」

〔註96〕《魏書》卷一九《景穆十二王列傳下·南安王楨傳》，中華書局，1974年，第503頁。

〔註97〕趙超：《漢魏南北朝墓誌彙編》，《魏故使持節大將軍太尉公中山王之墓誌銘》，天津古籍出版社，2008年，第170頁。

〔註98〕《魏書》卷一六《道武七王列傳·京兆王黎傳》，中華書局，1974年，第405頁。

〔註99〕胡太后與孝明帝在誅除元叉上達成了一致。於是,「太后與肅宗及高陽王雍為計,解義領軍。」〔註100〕高陽王元雍也出於政治考量,再度投靠了胡太后,成為胡太后反政的重要助力,元叉的政變也最終以失敗告終。此後,元叉一黨也遭到了清算,孝明帝朝的政治格局再度發生變化。《魏書》卷九四《閹官列傳‧賈粲傳》載:

> 賈粲,字季宣,酒泉人也。太和中,坐事腐刑。頗涉書記。世宗末,漸被知識,得充內侍。自崇訓丞為長兼中給事中、中嘗藥典御,轉長兼中常侍。遷光祿少卿、光祿大夫。

> 靈太后之廢,粲與元叉、劉騰等伺帝動靜。……粲既叉黨,威福亦震於京邑。自云本出武威,魏太尉文和之後,遂移家屬焉。時武威太守韋景承粲意,以其兄緒為功曹。

> 靈太后反政,欲誅粲,以叉、騰黨與不一,恐驚動內外乃止。出粲為濟州刺史,未幾,遣武衛將軍刁宣馳驛殺之,資財沒於縣官。

賈粲作為後宮的宦官,也是胡太后宮中官署,他不僅參與了元叉政變,甚至還在劉騰逝世後,充當過元叉的內應,只是由於他能力有限且威勢不足,最終沒能如劉騰般控制住後宮局面,導致了元叉政變由後宮得到化解,他本人也在胡太后返政後被殺。

元叉政變的爆發是胡太后用人不當,且又不加節制的結果。胡太后任用的輔臣中,大都能力不濟,其中唯一能力較強者當屬元懌,他「秉國之均,綱維萬務,理無滯而不申,賢無隱而不舉,政和神悅,謳詠所歸。……輔政六年,太平魏室。」〔註101〕元懌雖然有著能力和聲望,但他與胡太后之間的關係,卻為時人所詬病。此外,胡太后對元叉等外戚大肆攬權和聚斂錢財等行為並未加以制止,加之她對權臣間的內外聯合也不加防範,直接造成了權臣勢力的擴張。但從根本上看,元叉政變也與孝明帝母子權力爭奪相關,尤其

〔註99〕趙超:《漢魏南北朝墓誌彙編》,《魏故使持節侍中假黃鉞太師丞相大將軍都督中外諸軍事錄尚書事太尉公清河文獻王之誌銘》,天津古籍出版社,2008年,第173頁。

〔註100〕《魏書》卷一三《皇后列傳‧宣武靈皇后胡氏傳》,中華書局,1974年,第339頁。

〔註101〕趙超:《漢魏南北朝墓誌彙編》,《魏故使持節侍中假黃鉞太師丞相大將軍都督中外諸軍事錄尚書事太尉公清河文獻王之誌銘》,天津古籍出版社,2008年,第173頁。

是孝明帝不滿母親完全將自己置於傀儡的境地，又大肆任用與自己關係密切者掌控朝權有關。

　　元叉的政變最初應該是獲得了孝明帝的支持，而且他的政變也是打著尊王的旗號進行。政變爆發後，元叉也並未表現出任何對孝明帝的不敬，只是沒有真正的給予孝明帝他想要權力。元叉當政期間也是孝明帝慢慢籠絡朝臣的時期。經過了元叉的政變，孝明帝與胡太后雙方對於內外權力的控制基本達到平衡，只是由於元叉的斂財造成了國內起義不斷，孝明帝才不得不與胡太后聯手，提前解除了元叉的職務，這在元叉的墓誌和史書記載中都有所體現。

　　《魏書》卷一六《道武七王列傳・京兆王黎傳》載：

> 丞相、高陽王雍雖位重於叉，而甚畏憚，欲進言於肅宗，而事無因。……乃進言曰：「……叉總握禁旅，兵皆屬之。父率百萬之眾，虎視京西；弟為都督，總三齊之眾。元叉無心則已，若其有心，聖朝將何以抗？叉雖曰不反，誰見其心？而不可不懼。」太后曰：「然。元郎若忠於朝廷而無反心，何故不去此領軍，以余官輔政？」叉聞之，甚懼，免冠求解。乃以叉為驃騎大將軍、儀同三司、尚書令、侍中、領左右。叉雖去兵權，然總任內外，殊不應有黜廢之理也。後叉出宿，遂解其侍中。旦欲入宮，門者不納。尋除名為民。……有人告叉及其弟爪謀反，欲令其黨攻近京諸縣，破市燒邑郭，以驚動內外；先遣其從弟洪業率六鎮降戶反於定州，又令人勾魯陽諸蠻侵擾伊闕，又兄弟為內應。起事有日，得其手書。靈太后以妹婿之故，未忍便決。……群臣固執不已，肅宗又以為言，太后乃從之。於是叉及弟爪並賜死於家。太后猶以妹故，復追贈叉侍中、驃騎大將軍、儀同三司、尚書令、冀州刺史。

高陽王元雍由於畏懼元叉的權勢而投靠了胡太后，並向孝明帝進言，認為元叉父子兄弟三人掌握了北魏重要的兵權，如若造反則勢不可擋，宜將其解官為民，以保障皇權的安穩。在政變化解後，胡太后又使人誣告元叉謀反，並將其和弟弟一同賜死。元叉是否有謀反之心，就目前資料尚不能形成定論。特別是對胡太后而言，她既然可以為了權勢而殺害兒子，自然不會為了親情而不忍殺妹夫，她的猶豫主要是為了照顧孝明帝的情緒，避免孝明帝一黨的反撲。

《魏故使持節侍中驃騎大將軍儀同三司尚書令冀州刺史江陽王元公之墓誌銘》又載：

> 公諱乂，字伯俊，河南洛陽人也。道武皇帝之玄孫。太師京兆王之世子。……雖秩班近侍，而任居時宰，朝權國柄，僉望有歸。……自以為大權不可久居，大功難可久樹，周公東征，范蠡浮海，乃頓首歸政，固乞骸骨。聖上謙虛，屢詔不許。表疏十上，終不見聽。……乃詔解領軍，更授驃騎大將軍儀同三司尚書令侍中，領左右如故。公沖讓懇款，煩於辭牘，既不獲已，復親庶政。公乃垂淚謁帝，遜還私宅。俄而有詔解公侍中領左右。尋又除名為民。公遂杜門奉養，曾無慍色。……邢茅之報未嘉，藏甲之謗已及。孝昌二年三月廿日，詔遣宿衛禁兵二千人夜圍公第。公神色自若，都無懼容，乃啟太師，開門延使者，與第五弟給事中山賓同時遇害。春秋卅有一。……贈使持節侍中驃騎大將軍儀同三司尚書令冀州刺史。皇太后親臨哭弔，哀動百僚，自薨及葬，賵贈有加。〔註102〕

墓誌中對於元乂前與孝明帝的垂淚告別的記載，更可以看出他對孝明帝尚無反心，而是胡太后一手導演了元乂的謀反。為了照顧孝明帝的情緒，避免元乂一黨完全倒向孝明帝而造成帝黨勢力過大，她只能表現出與元乂的親屬之情，不僅親自出席他的葬禮，而對其進行較多的賞賜，以此爭取時間瓦解元乂的勢力。

經過了元乂政變的孝明帝不僅籠絡了部分朝臣，也在與元乂的交鋒中積累了政治經驗，他更不可能完全聽命於胡太后。胡太后經過了政變也對孝明帝極不信任，她需要繼續擴張自己的勢力，完全控制孝明帝。胡太后與孝明帝母子間的矛盾，也最終導致了北魏末年不可收拾的軍事戰爭。

三、孝明帝之死與河陰之變

處理了元乂和劉騰的政變後，孝昌元年（525 年）四月，「皇太后復臨朝攝政，引群臣面陳得失。」〔註103〕朝政再度控制在胡太后手中。有鑒於初次臨朝中，由於疏於防範而造成的自身被幽禁局面，再度臨朝後的胡太后「自

〔註102〕趙超：《漢魏南北朝墓誌彙編》，《魏故使持節侍中驃騎大將軍儀同三司尚書令冀州刺史江陽王元公之墓誌銘》，天津古籍出版社，2008 年，第 182 頁。
〔註103〕《魏書》卷九《孝明帝紀》，中華書局，1974 年，第 240 頁。

以行不修，懼宗室所嫌，於是內為朋黨，防蔽耳目。」〔註104〕對此，《魏書》卷一三《皇后列傳・宣武靈皇后胡氏傳》載：

> 太后復臨朝，大赦，改元。自是朝政疏緩，威恩不立，天下牧守，所在貪婪。鄭儼污亂宮掖，勢傾海內；李神軌、徐紇並見親侍。一二年中，位總禁要，手握王爵，輕重在心，宣淫於朝，為四方之所厭穢。文武解體，所在亂逆，土崩魚爛，由於此矣。

胡太后再度臨朝後，由於自己所屬官員在政變中遭到了很大的折損，於是她又開始啟用新的官員，只是這些官員素質較極低，品行也不良，直接激化了孝明帝與胡太后間的母子矛盾。在她再度臨朝後任用的官員中，鄭儼「容貌壯麗。初為司徒胡國珍行參軍，因緣為靈太后所幸，時人未之知也。」〔註105〕他在胡太后初次臨朝中就曾成為胡太后的情人，只是由於元懌無論從容貌、品行還是身份、才能都在他之上，他沒有能夠與胡太后形成密切關係。但在胡太后二次臨朝後，元懌已死，胡太后不僅心靈空虛，而且宰輔空缺，鄭儼由是來到胡太后身邊，擔任內庭官員嘗食典御，這一官職雖然品階不高，但是由於主管皇太后與皇帝等人的飲食而能夠隨時出入宮闈，「晝夜禁中，寵愛尤甚。儼每休沐，太后常遣閹童隨侍，儼見其妻，唯得言家事而已。」〔註106〕胡太后對鄭儼的感情日深。

此外，李神軌「孝昌中，為太后寵遇，勢傾朝野，時云見幸帷幄，與鄭儼為雙，時人莫能明也。」〔註107〕徐紇也逐漸在外朝發跡。徐紇曾為元懌幕僚，「又曲事鄭儼，是以特被信任。」〔註108〕其時，「儼以紇有智數，仗為謀主；紇以儼寵幸既盛，傾身承接。共相表裏，勢動內外。城陽王徽微與之合，當時政令歸於儼等。」〔註109〕

北魏政令掌握於這些人的手中，自然也引起了孝明帝的不滿，但此時孝明帝身邊也缺乏有政治經驗和能力的朝臣，他在與胡太后的權力爭奪中逐漸處於弱勢。《魏書》卷一三《皇后列傳・宣武靈皇后胡氏傳》載：

〔註104〕《魏書》卷一三《皇后列傳・宣武靈皇后胡氏傳》，中華書局，1974年，第339頁。
〔註105〕《魏書》卷九三《恩倖列傳・鄭儼傳》，中華書局，1974年，第2007頁。
〔註106〕《魏書》卷九三《恩倖列傳・鄭儼傳》，中華書局，1974年，第2007頁。
〔註107〕《魏書》卷六六《李崇列傳》，中華書局，1977年，第1475頁。
〔註108〕《魏書》卷九三《恩倖列傳・徐紇傳》，中華書局，1974年，第2008頁。
〔註109〕《魏書》卷九三《恩倖列傳・鄭儼傳》，中華書局，1974年，第2007頁。

> 肅宗所親幸者，太后多以事害焉。有蜜多道人，能胡語，肅宗
> 置於左右。太后慮其傳致消息，三月三日於城南大巷中殺之。方懸
> 賞募賊，又於禁中殺領左右、鴻臚少卿谷會、紹達，並帝所親也。
> 母子之間，嫌隙屢起。

胡太后在大加任用自己黨羽成員的同時，對於孝明帝親近之人也不斷的打壓和殺害，最終造成了母子間不可調和的矛盾。

為了防止帝黨成員內外勾連，再度將其拉下臨朝之位，胡太后對帝黨成員大肆殺戮，特別是紹達的被殺，更導致后黨與帝黨間衝突的進一步爆發。《魏書》卷三三《谷渾列傳》載：

> 士恢，字紹達。少好琴書。初為世宗挽郎，除奉朝請。正光中，
> 入侍，甚為肅宗寵待。元乂之出，靈太后反政，紹達預有力焉。……
> 太后嬖幸鄭儼，懼紹達間構於帝，每因言次，導紹達為州。紹達耽
> 寵，不願出外。太后誣其罪而殺之。

谷士恢在誅滅元乂政變中有功，但卻由於與孝明帝親近，鄭儼則擔心他會有奪權之心而使其外任。作為孝明帝的寵臣，谷士恢在孝明帝的默許下拒絕，但卻由此而被胡太后所殺。這一事件的發生，與其說是谷士恢與鄭儼由於爭權導致的矛盾，不如說是孝明帝與胡太后在朝政上的較量，谷士恢被殺也直接導致了孝明帝與胡太后關係的徹底劈裂。

此時的北魏朝中，胡太后黨成員「（徐）紇既處腹心，參斷機密，勢傾一時，遠近填湊。與鄭儼、李神軌寵任相亞，時稱徐、鄭焉。」〔註110〕為了改變這一局面，孝明帝只能從胡太后的寵臣處著手，瓦解胡太后的勢力。但此時國家的軍事力量也掌握在胡太后手中，孝明帝在朝中已經沒有能力與胡太后抗衡，他能依靠的只有六鎮鮮卑勢力盤踞地帶的將領，尒朱榮作為其中的代表，其女尒朱氏又在宮中為嬪，便於內外溝通消息。這樣，就在孝明帝的支持下，尒朱榮以誅殺徐紇、鄭儼之名率兵奔赴洛陽。

尒朱榮的起兵造成了北魏朝臣的恐慌，「太后淫昏，天下大壞，上春秋方壯，誅諸佞臣。由是鄭儼等竦懼，遂說太后鴆帝。」〔註111〕鄭儼當時整擔任嘗食典御，主管後宮的飲食事宜，這也使他有機會實施毒殺皇帝的計劃。為了迅速化解尒朱榮的政變，只能以孝明帝逝世，新君繼位的方式，使尒朱榮

〔註110〕《魏書》卷九三《恩倖列傳·徐紇傳》，中華書局，1974年，第2008頁。
〔註111〕《魏書》卷一〇五《天象志四》，中華書局，1974年，第2439頁。

失去應皇帝之詔，率兵入朝的理由。但此時孝明帝年僅十九，尚無子，如若外藩繼任，定然會影響胡太后的臨朝，這也是她的猶豫之處。

在鄭儼等人的勸說下，「太后乃奉潘嬪女言太子即位。經數日，見人心已安，始言潘嬪本實生女，今宜更擇嗣君。遂立臨洮王子釗為主，年始三歲，天下愕然。」〔註112〕胡太后以帝女冒充皇子繼位，迅速穩定了朝局，但是以皇女繼位自然不是長久之計，於是她在朝局穩定後，又選立了幼帝，意圖繼續臨朝，控制朝局。但他們始料未及的是，此時的尒朱榮已經起兵，如果他停止進軍甚至返回故地，也依然會遭到胡太后一黨的清算。尒朱榮則順勢加快進軍，並「謂鄭儼、徐紇為之，與元天穆等密議稱兵入匡朝廷，討定之。」〔註113〕

隨著孝明帝的突然逝世、新君的迅速繼位，尒朱榮的起兵也由最初的應孝明帝之請，清理佞臣的勤王之舉，演變為反叛作亂，這種突變也是尒朱榮始料未及的，他在盛怒之下只能以更激烈的方式處理胡太后。「及武泰元年，尒朱榮稱兵渡河，太后盡召肅宗六宮皆令入道，太后亦自落髮。榮遣騎拘送太后及幼主於河陰。」〔註114〕按照北魏慣例，無論是政治鬥爭多麼激烈，出家都可以免除一死，如孝文帝廢皇后馮氏、宣武皇后高氏都是以出家宣布自己政治鬥爭失敗，並以此求得生存的機會，但是胡太后通過弒殺孝明帝的方式，不僅使尒朱榮的女兒失去了丈夫、無緣皇后之位，更將尒朱榮和他的家族變成了叛軍。或是出於報復的心理，即便「太后對榮多所陳說，榮拂衣而起。太后及幼主並沉於河。」〔註115〕胡太后的求饒也未能改變尒朱榮的決定，胡太后與幼主最終死於尒朱榮政變，北魏太后臨朝的局面也由此宣告終結。

皇太后與皇帝的繼位之爭，本質上就是對皇位和朝權掌控上的爭奪，無論傳位於皇子還是皇弟，他們的目的都是使自己可以更長久的控制朝權，而並非僅僅是對皇位繼承模式優劣的選擇。從爭奪結果上看，皇太后與皇帝爭

〔註112〕《魏書》卷一三《皇后列傳·宣武靈皇后胡氏傳》，中華書局，1974年，第340頁。

〔註113〕《魏書》卷七四《尒朱榮列傳》，中華書局，1974年，第1646頁。

〔註114〕《魏書》卷一三《皇后列傳·宣武靈皇后胡氏傳》，中華書局，1974年，第340頁。

〔註115〕《魏書》卷一三《皇后列傳·宣武靈皇后胡氏傳》，中華書局，1974年，第340頁。

奪互有勝負、甚至兩敗俱傷，其結果最終取決於自身實力的強弱，與繼承人的身份、年齡等因素相關性不大。